江苏人民教育家培养工程丛书（第三辑）

守正 出新

——新时期学校文化建设的实践探索

SHOUZHENG CHUXIN
XINSHIQI XUEXIAO WENHUA JIANSHE DE SHIJIAN TANSUO

李桂强 著

图书在版编目(CIP)数据

守正　出新：新时期学校文化建设的实践探索 / 李桂强著. 一南京：江苏凤凰教育出版社，2020.11
(江苏人民教育家培养工程丛书. 第三辑)
ISBN 978-7-5499-9040-5

Ⅰ. ①守… Ⅱ. ①李… Ⅲ. ①校园文化一建设一研究一中国 Ⅳ. ①G47

中国版本图书馆 CIP 数据核字(2020)第 234377 号

江苏人民教育家培养工程丛书(第三辑)

书　　名	守正　出新——新时期学校文化建设的实践探索
作　　者	李桂强
责任编辑	俞　婷
出版发行	江苏凤凰教育出版社(南京市湖南路 1 号 A 楼　邮编 210009)
苏教网址	http://www.1088.com.cn
照　　排	江苏凤凰制版有限公司
印　　刷	南京顺和印刷有限责任公司
厂　　址	南京市江宁区麒麟街道天和路 78 号
开　　本	787 mm×1092 mm　1/16
印　　张	11.75
插　　页	2
版　　次	2020 年 12 月第 1 版
印　　次	2020 年 12 月第 1 次印刷
书　　号	ISBN 978-7-5499-9040-5
定　　价	32.00 元
网店地址	http://jsfhjycbs.tmall.com
公 众 号	苏教服务(微信号:jsfhjyfw)
邮购电话	025-85406265,025-85400774,短信 02585420909
盗版举报	025-83658579

江苏人民教育家培养工程丛书(第三辑)
编委会

总序

FOREWORD

为江苏未来教育家成长奠基

纵观世界教育史，每一次深刻的教育变革都离不开教育家的参与和推动。邓小平同志在1986年就提出“希望中国出现一大批三四十岁的优秀的科学家、教育家、文学家和其他各种专家”。2007年《国家教育事业发展“十一五”规划纲要》明确提出了“倡导教育家办学”的方针。《国家中长期教育改革和发展规划纲要(2010—2020年)》也明确提出，要创造有利条件，鼓励教师和校长在实践中大胆探索，创新教育思想、教育模式和教育方法，形成教学特色和办学风格，造就一批教育家，倡导教育家办学。

倡导教育家办学，要在扎根于民族文化土壤的同时，吸纳一切人类文明成果，形成具有本土特色和全球视野的教育实践和教育智慧。在我国源远流长的几千年文明发展进程中，不仅积淀了丰富的教育话语体系，而且涌现出一批又一批的优秀教育家。如，有被推崇为“大成至圣先师”“万世师表”的孔子，有“匹夫而为百世师，一言而为天下法”的韩愈，有“捧着一颗心来，不带半根草去”的人民教育家陶行知，等等。

江苏素有重教兴学的优良传统。明清两代全国202名状元中，有66人出自江苏，约占总数的三分之一。新中国成立以来，两院院士三分之一以上是江苏籍。“十一五”规划以来，江苏认真贯彻国家、省教育规划纲要，坚持把优先发展教育作为强省之基，把科教与人才强省作为经济社会发展的基础战略，扎实做好教育改革发展各项工作。为顺应发展要求，江苏在2009年启动实施“江苏人民教育家培养工程”，旨在通过培养一批具有教育家潜质的校长、教师，带动全省师资队伍建设，提高全省教育质量。工程启动和实施以来，得到了省内外同行的高度关注，《中国教育报》《人民教育》等权威教育媒体纷纷予以报道，给予了很多的支持和鼓励。在工程的带动下，全省基础教育人才队伍建设工作蓬勃开展，人才梯队不断优化，人才培养形成常态化。无锡的教育名家培养工程、常州和镇江的名师工作室、苏州的姑苏人才计划、南通和淮安的名师名校长培养工程、连云港的中小学高层次人才“333”工程、泰州的中小学卓越教师培养计划、扬州的领雁工程等都取得了良好成效，为江苏基础教育事业的明天提供了人才支撑。

一、设计思路

古今中外的教育家，虽然成长路径各不相同，但他们身上都有一个共同特点，那就是都有强烈的发展愿景，都是积极主动、持之以恒地追求自我发展。而有计划的培养可以促其自觉、促其坚定、催其奋进、助其提高。实践证明，通过有效地整合社会资源，建立系统而完整的培养制度，对培养对象进行引领、促进、支持，给予他们相对良好的成长空间和必要的规制，有助于他们更快更好地成长。我们认为，确立“人民教育家是可以培养的”观念，是科学的人才观、发展观在师资队伍建设中的体现。

确立目标宗旨。为一批立志终身从教、教育理念新、科研能力强、专长突出、风格鲜明、发展潜力大的中小学教师和校长创造条件，提供平台，给予重点培养，帮助他们在教育理论素养和创新实践能力等方面得到全面提升，使其个人专长更加凸显，特色风格更加鲜明，为他们成长为社会公认的人民教育家奠定基础，并以此带动和促进全省中小学师资队伍水平的整体提升，为江苏建设教育强省、率先实现教育现代化、办人民满意的教育做出更大的贡献。

制订培养计划。工程实施的目标是培养基础教育高端人才。从 2009 年起，计划在全省范围内分四批选拔 200 名特级教师进行重点培养。200 个培养名额，低于特级教师总数的 20%，不到中小学专任教师总数的万分之三。分四批培养，每批 50 人，确保每一名培养对象都能享有足够好、足够多的专家资源、活动资源、财力资源和实践平台，保证培养过程更加具有科学性、针对性和有效性。

明晰选拔标准。分析近代以来我国教育家表现出来的特质，我们发现他们具有三个方面的共同特质：一是志存高远，具有远大的教育理想，“敢探未发明的新理”，善于发现和潜心研究教育问题，形成自己独到的教育思想；二是学高为师，具有丰富的学识和科学的经验，勇于探索，在办学理念和思路、学校建设与管理、教育教学方式等方面形成鲜明的特色和风格；三是身正为范，具有高尚的人格魅力，热爱学生，尊重学生，对学生有大爱之心，并有较大的社会影响。为此，在培养对象的选拔上，我们确定了“坚持一个基本条件、着重考察三个方面”的遴选原则。基本条件必须是特级教师，是“师德的表率、育人的模范、教学的专家”。在此基础上，着重考察培养对象是否有正确的、强烈的成长动机，有为人民教育事业奋斗终身的坚定理想和不懈追求；是否具有深厚的教育理论素养、文化素养和专业素养，有成为人民教育家的基础条件和发展潜力；是否具有高尚的人格魅力，在区域和学科专业领域内声望高、影响大、示范性强，受到同行、学生、家长和社会的广泛敬重和好评。

二、制度建构

"江苏人民教育家培养工程"是一项系统性工程，旨在探索高端教育人才培养的政策、制度和实践模式，以培养对象的教育思想、办学行为和先进事迹激发全省所有校长、教师的教育热情和奉献精神。经过五年的实践探索，逐步形成了一套比较完整的培养体系，制定了《江苏人民教育家培养工程实施指南》，形成了管理、培养、考核"三位一体"的培养工作机制。

建立了管理机构。在管理上，教育厅成立了"江苏省人民教育家培养工程领导小组"，负责培养工作的整体把握和指导，指定江苏省教育科学研究院负责工程的具体实施工作。根据培养对象的特点和研究方向，成立了分学段或分学科领域和学校管理等不同培养方向的五个研修组。与培养对象相对应，组建了五个专家指导小组，通过个别指导和集体指导相结合的模式，就培养对象的发展规划、研究方向、课题研究进行指导。

搭建了培养平台。在培养上，以"政府创设平台、专家引领指导、个人主动发展、团队共同提高"为培养机制，以帮助培养对象"提高师德修养、拓展教育视野、创新教学理念、提高教育教学能力水平"为核心培养内容，规划实施了九大系列培养计划：催生教育主张——培养对象理论素养提升计划；聆听高端讲座——培养对象知识结构更新计划；牵手农村教育——培养对象责任修炼计划；推动教育创新——培养对象实践模式构建计划；走近教育家——培养对象分类阅读计划；聚焦实践问题——培养对象小组合作研究计划；带动共同发展——培养对象团队建设计划；教育家办学——影响力论坛计划；行者无疆——教育考察计划。围绕计划，在2014年至2019年第三期培养对象培养期内，共开展省级集中活动20余次、小组活动近100次。

制定了考核制度。在考核上，省教育厅委托省教育科学研究院与培养对象签订"目标责任书"，依据目标责任书开展年度考核、中期考核和终期考核工作。其中，年度考核实行报告评价式考核，研修小组和培养对象每年要做一次工作总结，报告一次研修心得；中期考核在培养期的第三年举行，实行发展性评估考核；终期考核按目标责任书实行目标考核。培养周期完成，在个人考核的基础上，成立"培养工作评估项目组"，对项目实施情况进行整体评估。

提供了条件保障。主要从专家、平台、经费等方面为工程实施及培养对象提供专业支持、环境支持和政策支持。一是组建了专家指导团队，聘请了国内一流专家。目前共聘请专家119人次，其中为第三期培养对象聘请的专家有35人。二是设立省教育科学规划“十三五”人民教育家培养对象专项课题，鼓励培养对象申报教育科研课题研究项目，通过课题研究推动培养对象成长。三是为每位培养对象至少安排一次出国研修的机会、召开一次教育思想研讨会、资助出版一部专著，为他们形成教育教学思想创造条件。

三、实践成效

工程实施以来，每一位培养对象都以教育家的素养标准要求自己，经过五年努力，提升了综合素养，取得了很多教育教学成果，带动了区域内多元团队的共同发展，还通过跨区域的合作在更大范围发挥了重要作用。

素质显著提高。五年的研修对每一个培养对象来说都是一个迅速进步的过程，他们的专业素养与教育能力不断提升，教育思想已现雏形。其一，潜心读书，提升了专业素养。有的培养对象五年阅读了100多部专著，撰写了40多万字的读书笔记。其二，实践探索，提高了教育能力。通过构建自己的课堂教学模式提高课堂教学质量，通过成立名师工作室和建设学科基地发挥辐射作用，通过管理模式的变革寻求学校的优质发展，已成为培养对象的行为自觉。其三，活动研修，拓宽了教育视野，丰富了发展内涵，增强了服务江苏教育发展的责任感与使命感。其四，自省反思，凝练了教育思想。通过回顾和反思、梳理和归纳，做到更深刻地认识、更清晰地表达自己的教育理念，初步形成了自己的教育思想。

研究成果丰硕。五年来，各位培养对象在实践研究方面积极进取，取得了丰硕成果。据不完全统计，第三期培养对象公开发表论文880篇，其中在核心期刊发表191篇；编著图书79本，出版专著35本；主持市级以上课题（项目）研究166项，开设县级以上公开课、讲座1821节（次）；被媒体报道210次。教学办学上，他们不仅善于把自己的教育理念运用到实践中去，而且非常注重特色成果的形成，成为江苏基础教育改革大背景下一例例鲜活的典型。他们的教育教学实践获得了广泛认可，产生了深远的影响，累计获得各级各类荣誉表彰300余项。这些成果来之不易，体现了各培养对象不断超越、勤于探索的精神。

带动效应显著。培养对象皆有自己领衔的发展团队，不仅有学校管理团队、教师集体和学科教师团队，而且有市（区、县）的名师团队、骨干教师团队，为带动当地教师发展做出了很大贡献。在团队发展过程中逐渐形成了由“被动发展”走向“主动发展”、由“短期性发展”走向“持续式发展”的良好格局，表现出相当高的发展水平与强大的辐射力。另外，第三期培养对象共开展“牵手农村教育”活动近30次，覆盖近30个县、市（区）50多所农村学校，发挥了培养对象的专业服务作用，带动了农村地区教师专业发展。难能可贵的是，他们在成为“培养对象”后，依然有着清醒的自我认识。他们常常淡看自己的努力和成就，却对“机遇”怀有感恩之心。正如一位培养对象所说：“孔子的彼岸是闻达于诸侯，我在想我们的彼岸是什么？也许我一辈子也成不了教育家，但我可以拥有教育家的志向、教育家的情怀、教育家的理想。在培养工程一千多个日日夜夜里，我如农夫般日日耕耘，如哲人般时时自省。从此岸到彼岸，是岁月的距离，更是成长的步履。让我们揣着梦想、带着感恩、携着激情，执着行走在成为教育家的路上，不为彼岸只为海！”

当前，江苏教育系统正在全面学习贯彻落实党的“十九大”精神，全力推进教育现代化建设，坚持以立德树人为根本，以发展素质教育为主题，以提高教育质量为核心，以促进教育公平为重点，以服务经济社会发展为重任，以深化教育教学改革为动力，以扩大教育对外开放、提升教育国际合作交流水平为重要路径，以教育信息化为着力点，以争取加大教育投入、建设高素质专业化教师队伍为关键，探索建立中国特色现代学校制度，努力营造健康向上的校园文化和有利于教育改革发展的社会氛围，努力办好人民满意的教育。衷心地希望“江苏人民教育家培养工程”的实践探索能给我国推进教育发展和办学专业化、促进高端教育人才成长提供借鉴。

编委会
2020 年 11 月

目录 CONTENTS

绪　论

近年来，人们往往热衷于通过政策和行政命令的方式从外部来改进学校，却很少关注如何从内部来改进学校。关于学校改进的广泛研究表明，单纯从外部的改变无法根本性地改进学校。那么，从学校的内部来看，提升一所学校办学质量的关键在哪里呢？我们认为，文化引领是从内部改进一所学校的必然选择，这应该引起学校管理者的高度重视。就作为学校主要管理者之一的校长而言，“不少研究逐渐强调校长有责任去塑造具有创新性和适应性的文化……换言之，我们确证了学校领导的首要职责是变革文化”①。

一、文化与学校文化

“文化”一词在中国语言系统中古已有之，《易经》曰：“刚柔交错，天文也；文明以止，人文也。关乎天文，以察时变，关乎人文，以化成天下。”据此，“文化”一词可以理解为“人文化成”。事实上，“文化”一词在中国古代并不很流行，“文化”作为一个内涵丰富、外延宽广的概念，是由近代欧洲人提出的。1871 年，英国人类学家泰勒在《原始文化》一书中对文化作了系统的阐释，他将“文化”界定为“包括知识、信仰、艺术、道德、法律、习惯以及作为社会成员的人所掌握和接受的任何其他的才能和习惯的复合体”。② 我国文化学者梁漱溟认为：“文化，就是吾人生活所依靠之一切……文化之本义，应在经济、政治，乃至一切无所不包。”③

每一所学校都拥有自己的文化。学校文化的存在可以追溯到学校出现之时，但那只是一种自然的还不被关注的文化样态。当人们意识到学校文化的重要性和必要性时，已经是 20 世纪了。最早提出“学校文化”这一概念的，是美国学者华勒，他于 1932 年在其《教育社会学》一书中使用了“学校文化”一词。他给学校文化下的定义是：“学校中形成的特别的文化。”随后，许多学者从不同的视角对“学校文化”给出不同的解读，而经常被引用的当属霍克曼对于学校文化的理解了。他认为，学校文化可以理解为教师、学生和校长所持有的共同信念，这些信念支配着他们的行为方式；同时，学校文化和学

---

① 莎朗・D.克鲁斯，凯伦・S.路易斯著，朱炜，刘琼译：《构建强大的学校文化》，北京大学出版社，2013 年，第 3 页。

② 李建中：《中国文化概论》，武汉大学出版社，2018 年，第 1～2 页。

③ 梁漱溟：《中国文化要义》，上海人民出版社，2003 年，第 1 页。

校本身的传统与历史也有密切的关系。也就是说，学校文化应该是学校校长、教师和学生所共同具有的和共享的信念，其形成又是与特定的学校历史传统相联系的。[①] 再换句话说，“一所学校的文化深深植根于传统、价值观和信仰之中。这些传统、价值观和信仰，有的是学校所共有的，有的则是唯一的，深嵌在这所学校特有的历史与地理位置里面。文化告诉我们‘在这里做事’的方式，以及变化时是怎样被感知的。一所学校基于积累的经验而形成的规则和制度、政策和程序，不管是否明文规定，都是既有的组织的稳定性人工制品。”[②]

我们认为，学校文化是教师、学生、家长和管理人员通过共同努力，在处理危机和取得成绩的过程中逐渐创立起来的一个复杂模式。这一文化模式应该具有高度的持久性，对人们的行为产生重要的影响。积极的学校文化能够涵养师生的精神面貌，提高学校组织的效率，改善师生的日常行为，促进学校的成功转型。

毋庸置疑，学校文化重在建设。在这方面有许多专家、学者和一线教育工作者进行了一系列深入且卓有成效的探索。2016 年 3 月 29 日，江苏省教育科学研究院面向全国举办“教育示范性综合改革项目网络研修之校长沙龙”直播活动，本次活动以“文化引领——质量提升的必然选择”为主题进行了近三个小时的现场研讨，线上线下积极互动，反响良好。主讲团队是徐州市第二中学校长李桂强、教科室主任赵秦乙和德育处主任张望等。

在专家点评环节，特邀专家蒋亦华教授认为，从逻辑上来讲，学校文化建设涉及四个问题：一是学校文化是什么，二是为什么要进行学校文化建设，三是我们应当建设什么样的学校文化，四是如何来建设学校文化。显然，这四个问题彼此关联，而且形成前后递进的关系。只有把这四个问题真正搞清楚了，才能保证我们所建设的文化是真文化，而不是假文化，才能避免出现在学校文化建设方面的口号化和形式化现象。蒋教授认为，我国学术界对学校文化的研究开始于 20 世纪 80 年代。学者们对学校文化的解读很多，而且相互之间的差异还是比较明显的。其中，具有代表性的观点主要有四个：第一，认为学校文化是学校全体成员或者部分成员共同具有的思想观念和行为方式；第二，认为学校文化以师生核心价值观为核心，包括呈现这些价值观的活动形式和物质形态；第三，认为学校文化是学校的总体文明状态，它包括学校的物质财富、环境资源条件，还包括精神财富；第四，认为学校文化是积淀而成的教育实践活动方式以及所创造的成果的总和。认真研究可以发现，以上四个观点的共同点主要有三：一是学校文化的主体是学校的所有成员，既包括校长、教师、学生，还包括非教学人员；二是学校文化不仅表现在思想观念和行为活动中，还表现在学校的规章制度上面(此处所说的规章制度既包括显性的，也包括隐性的)；三是学校文化的核心或者灵魂不是别的，是价值观。

① 余清臣，卢元锴：《学校文化学》，北京师范大学出版社，2010 年，第 1～2 页。

② 莎朗・D.克鲁斯，凯伦・S.路易斯著，朱炜，刘琼译：《构建强大的学校文化》，北京大学出版社，2013 年，第3 页。

为什么要进行学校文化建设？或者说我们应当把学校文化建设放在一个什么样的位置？蒋教授认为，这是学校文化建设首先要解决的问题。关于学校文化建设的重要性，国内不少学者从不同的角度进行了阐述。比如，有学者认为，我国基础教育面临的问题本质上就是文化问题；还有的学者提出，我们基础教育学校的目标、任务是培养有文化的新人，所以学校首先要有文化，正视文化实际上就是还基础教育以本来面貌；还有的学者提出，我们进行学校文化建设的主要价值在于构建师生的认同感和责任感，增强师生的目标意识，使得学校全体成员的能量和活力得以增强。从上面这些不同学者的观点可以看出学校文化的价值所在。也正是因为学校文化的价值，所以学校文化建设被视为促进学校发展的重要方式，被视为当代学校发展的方向，更被视为学校品格的重要标志。我国现阶段的基础教育正处于转型当中，由外延扩张向内涵建设转变，由局部改变向整体提升转变，由同质化发展向特色化发展转变。在这个变革过程中，如何发挥文化的价值，做有文化的教育，这不仅仅是我们教育学的学者应当关注的问题，更是我们每一所学校、每一个校长都应当思考的问题。

在建设一个什么样的学校文化方面，有不少人认为文化总是有价值的，文化总是好的，这实际上是对文化的一种误解。文化本质上是一个中性概念，有积极的，也有消极的。因此，我们必须要明确我们到底要建设一个什么样的学校文化。蒋亦华先生认为，建设学校文化，必须要明确学校文化的内容和结构。文化学对文化的理解主要有“二分法”“三分法”和“四分法”。“二分法”认为文化包含着物质层面和精神层面；“三分法”是在“二分法”的基础上增加了制度层面；“四分法”是在“三分法”的基础上又增加了行为层面。所以学校文化也有相应的“二分法”“三分法”和“四分法”。比如，华东师范大学的赵中建教授认为，学校文化应当包括精神文化、制度文化、行为文化和物质文化。这是文化“四分法”在学校文化建设方面的一种比较明显的运用。还有学者认为，学校文化包括制度文化、教师文化、学生文化和环境文化，这种分类方法表面上是“四分法”，实际上是“三分法”。台湾的学者林清江教授认为，学校文化包括六个方面，即教师文化、学生文化、行政人员文化、社区文化、学校物质文化和学校制度文化。这可以说是一种“六分法”。目前我国学界较为普遍的是认同“四分法”，即认为学校文化包括精神文化、行为文化、制度文化和物质文化。主要原因是这样分类的内在逻辑关系非常清楚。

关于如何建设学校文化的问题，蒋教授认为，学校文化建设没有固定的模式，可以有不同的角度和路径，但是在建设过程中，必须要坚持，或者遵循一些基本的原则。第一，要明确人始终是文化建设的主体。在此，我们并不否认物质、技术在学校文化建设过程中的重要性，但是，物质和技术本质上都是手段，而不是目的。评价学校文化建设成效的核心指标应是学校所提倡的文化精神是否真正进入到人的内心，是否改变了人的生活和处事方式。第二，要明晰学校文化建设的路径是自上而下，还是自下而上，是自外而内，还是自内而外。应当说，我国基础教育阶段的学校文化建设自上而下、自外而内的路径是相对比较明显的。我们的文化建设更多的是由教育行政部门统一安排、统一部署的，有的学校往往干脆花重金邀请一些专家来“设计”学校的文化，这是一个比较常见的现象。虽然有的时候这样做是无可奈何，也可能会收到一些效果，但是却忽视了我们的老师和学生才是学校文化最真实、最直接、最具体的承受者。第三，要重视文化建设的整体性。文化建设整体性包括两层含义：一层是指文化建设的四个方面，即精神文化、行为文化、制度文化、物质文化是一个整体，不能割裂开来，不能互不相干，也不能仅仅侧重于某一个方面；另一层含义指的是学校文化内部的各种亚文化、子文化，比如，教师文化与学生文化、男生文化与女生文化、学术文化与行政文化，这些之间也应该是一个整体性的关系。第四，要充分认识到学校文化建设是一个循序渐进的过程。学校文化，尤其是以价值观为核心的精神文化，只能靠逐渐累积。急于求成，一步到位，甚至把学校文化视为阶段性工程，这是与学校文化内在的生长逻辑相违背的。

二、学校文化与校园文化

在学校教育实践中，经常会出现“学校文化”与“校园文化”混用的现象。事实上，自20世纪80年代以来，较之“学校文化”，人们更为熟悉并且谈论更多的往往是“校园文化”。后来的研究表明，较之“校园文化”，“学校文化”涵盖了更多的研究内涵，更能体现我们研究的取向。因此，在进行这一领域的研究过程中，我们主张用“学校文化”代替“校园文化”，主张从“校园文化”研究走向“学校文化”研究。①

我们认为，校园文化建设是学校文化建设的重要组成部分。学校文化建设是一项牵一发而动全身的系统工程。抓好学校文化建设，对于构建和谐校园、提高教育质量、提升办学品位、促进学校可持续发展等都起着举足轻重的作用。

三、教育行政部门对学校文化建设的要求

我国教育行政部门对学校文化建设高度重视。2006年4月，教育部印发了《关于大力加强中小学校园文化建设的通知》。该文件明确指出：“校园文化是学校教育的重要组成部分，是全面育人不可或缺的重要环节，是展现校长教育理念、学校特色的重要平台，是规范办学的重要体现，也是德育体系中亟待加强的重要方面。”因此，教育部强调，中小学校园文化建设是基础教育战线贯彻落实《中共中央国务院关于进一步加强和改进未成年人思想道德建设的若干意见》的一项长期工作，必须给予高度重视，认真抓好落实。这是新中国改革开放以来教育部出台的以中小学学校文化建设为主题的唯一一份政策文件，因而具有标志性意义。

随着社会主义核心价值观的提出、培育和践行以及改革的深化，教育部随后又陆续出台了一些相关政策文件。如，为进一步增强中小学德育工作的时代性、实效性，2014年出台了《关于培育和践行社会主义核心价值观进一步加强中小学德育工作的意见》，

① 赵中建：《学校文化》，华东师范大学出版社，2004年，第23～25页。

该文件在“改进文化育人”部分强调:“因地制宜开展校园文化建设,将社会主义核心价值观融入校园物质文化、精神文化、制度文化、行为文化之中。”为深入推进学校精神文明建设,2015 年教育部和中央文明办出台了《关于深入开展文明校园创建活动的实施意见》,该文件制定了文明校园的标准,即“六好”标准:领导班子建设好、思想道德教育好、活动阵地好、教师队伍好、校园文化好和校园环境好。其中,“校园文化好”强调:“建设优良校风、教风、学风,运用校训、校史、校歌、校徽、校标等校园文化符号,激励学生爱学校、爱学习、共建文明校园。”为落实立德树人的根本任务,进一步加强中小学德育工作,2017 年教育部出台了《中小学德育工作指南》,明确提出了六大育人途径,其中之一是“文化育人”,该文件指出:“要依据学校办学理念,结合文明校园创建活动,因地制宜开展校园文化建设,使校园秩序良好、环境优美,校园文化积极向上、格调高雅,提高校园文明水平,使校园处处成为育人的场所。”

据此,我们有这样的认识:中小学学校文化是整个社会主义文化的重要组成部分,是社会主义精神文明建设的重要内容。学校文化是学校教育的重要组成部分,是学校环境、学校活动、学校秩序、学校精神和学校制度的综合体现,是全面育人不可或缺的重要环节。加强学校文化建设是实现“中国梦”的时代要求。中小学生是实现“中国梦”的后备力量,其世界观、人生观、价值观对国家和民族的未来至关重要。校园是育人的主阵地,学校文化对学生的价值取向、思想品德和生活方式具有潜移默化、滴水穿石的作用。加强校园文化建设,充分发挥其导向功能,对于帮助学生打好生命底色,勇敢肩负起时代赋予的重任,在实现民族复兴的伟大征程中锻造人生梦想具有重要的现实意义。加强学校文化建设是深化教育改革的内在诉求。基础教育正处于全面深化改革的重要时期,学校要创新人才培养模式和管理机制,改革教学内容、方法、手段,建设现代学校制度等都离不开广大教师和学生的充分参与。学校文化因其具有较强的教育功能、凝聚功能、激励和创新功能,理应成为学校教育改革的重要窗口,成为素质教育的重要载体。加强学校文化建设,对于形成强烈的向心力、凝聚力,营造改革氛围,引领师生参与教育教学改革,有着独具特性的推动作用。加强学校文化建设是提高学生素质的有效途径。因为,人的素质不仅要靠知识传授来养成,更要借助于环境的长期熏陶。和谐美丽的校园环境,丰富多彩、积极向上的文化活动,优良的校风、教风、学风,其所形成的学校文化既可以培养学生的科学精神,又可以培育他们的人文素养。加强学校文化建设,是坚持立德树人、培养中华文化的继承者和发扬者、培养德智体美全面发展的合格建设者和可靠接班人的强有力保障。

第一章 文化自信:探寻教育之“正”

总体上说,幅员之辽阔,民族之众多,历史之悠久,构成中国文化的重要特征。因此,所谓“中国文化”,正是指中华民族在古老华夏大地上所创造出来的具有恒久生命力的文化。英国著名历史学家阿诺德·约瑟夫·汤因比认为,在近6000年的人类历史上,出现过26个文明形态,但是在全世界,只有中国的文化体系是长期延续发展而从未中断过的。中国文化长期以来以明显的先进性,多次“同化”以武力入主中原的北方游牧民族,从而显示出自身强大的生命力和无与伦比的延续力。中国文化是世界文化之瑰宝,“独具特色的语言文字,浩如烟海的文化典籍,嘉惠世界的科技工艺,精彩纷呈的文学艺术,充满智慧的哲学宗教,完备深刻的道德伦理,共同构成中国文化的基本内容”[①]。

中国共产党第十八次代表大会以来,习近平总书记将“文化自信”阐释为继“道路自信、理论自信、制度自信”后的第四个自信,并发表了一系列关于文化自信的讲话,形成了相对完整的文化自信观。

2014年5月4日,习近平总书记考察北京大学时指出,中华文明绵延数千年,有其独特的价值体系。中华优秀传统文化已经成为中华民族的基因,植根在中国人内心,潜移默化地影响着中国人的思想方式和行为方式。今天,我们提倡和弘扬社会主义核心价值观,必须从中汲取丰富营养,否则就不会有生命力和影响力。

2014年10月15日,习近平总书记在文艺工作座谈会上的讲话中指出:“求木之长者,必固其根本;欲流之远者,必浚其泉源。”中华优秀传统文化是中华民族的精神命脉,是涵养社会主义核心价值观的重要源泉,也是我们在世界文化激荡中站稳脚跟的坚实根基。增强文化自觉和文化自信,是坚定道路自信、理论自信、制度自信的题中应有之义。

2016年7月1日,习近平总书记在庆祝中国共产党成立95周年大会上的讲话中强调:“文化自信,是更基础、更广泛、更深厚的自信。在5000多年文明发展中孕育的中华优秀传统文化,在党和人民伟大斗争中孕育的革命文化和社会主义先进文化,积淀着中华民族最深层的精神追求,代表着中华民族独特的精神标识。”

党的十九大报告强调:“文化是一个国家、一个民族的灵魂。文化兴国运兴,文化强

---

① 李建中:《中国文化概论》,武汉大学出版社,2018年,第4～5页。

民族强。没有高度的文化自信，没有文化的繁荣兴盛，就没有中华民族伟大复兴。”可见，坚定文化自信，是事关国运兴衰、事关文化安全、事关民族精神独立性的大问题。

学者陈先达认为，在当代中国，文化自信既不是源自文化哲学的理性思辨，也不是文化民粹主义的非理性狂躁。它与道路自信、理论自信、制度自信共同构成中国特色社会主义的“四个自信”。其中文化自信具有更基本深沉持久的精神支柱作用，但它同样离不开其他三个“自信”。我们不能局限在文化领域阐述文化，而应该从历史的认知和中国特色社会主义的道路、理论、制度的伟大成就基础上阐述文化自信的历史渊源和现实根据。其主要观点有三：一是国家统一强大是文化传承连续性的根本保障；二是发展经济、优化制度是坚定文化自信的深厚基础；三是在守正创新中坚定文化自信。①

2020 年，肆虐全球的新型冠状病毒（COVID－19）给人类带来沉重的灾难，这场突如其来的疫情考验着世界各国的治理能力。没有比较就没有伤害，新型冠状病毒如同那个揭穿皇帝新装的“诚实的孩子”，将西方国家的普世价值观的华丽装束撕得一丝不挂。从某种意义上来说，这场疫情对于我们认清真实的西方，对于我们建立“四个自信”是一次难得的全民教育机会。

第一节　使命：中国传统文化与教育之“正”

传承中国优秀传统文化是历史赋予我们的神圣使命。

从传统文化的悠久历史来看，“中华民族具有五千多年连绵不断的文明历史，创造了博大精深的中华文化，为人类文明进步作出了不可磨灭的贡献”。中华民族所创造出的优秀传统文化，蕴含着中华文明的精髓，“积淀着中华民族最深沉的精神追求，包含着中华民族最根本的精神基因，代表着中华民族独特的精神标识，是中华民族生生不息、发展壮大的丰厚滋养”。②

一、中国传统文化概述

任何一种文化都发生并存在于特定的时空之中。从历时性角度看，中国文化既包括源远流长的传统文化，又包括中国文化传统发生剧烈演变的近代文化与现代文化。所谓“中国传统文化”，是指 1840 年鸦片战争之前的中国文化，大体上历经上古原始文化、殷商西周文化、春秋战国文化、秦汉文化、魏晋南北朝文化、隋唐文化、两宋文化、辽夏金文化、明清文化等发展阶段或时期。

中国传统文化构成非常复杂，其自身既有共时性的悖立，亦有历时性的变异；而在

---

① 陈先达：《筑牢文化自信的理论和现实基础》，光明日报，2019 年 4 月 15 日。

② 中共中央宣传部：《习近平总书记系列重要讲话读本》，学习出版社、人民出版社，2016 年，第 201 页。

与外来文化的交流或碰撞中，既有排异或同化，亦有接纳或顺应。其主要特征有：

（一）一统与多元[①]

自从汉武帝“罢黜百家，独尊儒术”后，儒家便由先前的“百家之一”变为“百家唯一”，从而形成儒家文化一统天下的格局。作为中国文化之正统，儒学的礼乐制度、血亲意识、等级观念、伦理规范等，构成了中国古代社会的文化支撑。汉代以后，中国历朝历代的统治者尊孔祭孔、崇儒奉儒，看中的正是孔子及其儒学的文化一统。当然，对于儒学在中国文化格局中的正宗地位及其巨大影响，我们要作实事求是的分析。儒家的宗法等级观念及其相应的礼乐制度，对于维护专制制度的确提供了一种理论的和文化的支撑。而与此同时，儒家的仁爱精神、民本思想、人格理想、道德境界、学术意识、艺术理论等，为几千年来中国的哲学文化、政治文化、学术文化和审美文化提供了精神营养和思想资料。从某种意义上说，中国文化恒久的生命力和强大的凝聚力，主要源于儒家文化，以至于在全球化的今天，文化学界要用“儒家文化圈”来对中国文化作地域性界定。

所谓“儒学一统”是概而言之，若从历时性与共时性层面作具体的分析，则不难看出与儒学一统相悖相济的还有多元文化。汉武帝“独尊儒术”之前，先有殷商神本文化向西周人本文化的变迁，后有春秋战国的诸子蜂起、百家争鸣。事实上，春秋战国时期的文化是真正的学派林立、文化多元。西汉中期，以儒学独尊为内核、以经学为主干的文化模式基本定型，中国文化由多元走向一元。东汉末年，随着汉帝国的崩溃瓦解，儒学一统的文化模式为多元发展的文化局面所取代。在魏晋南北朝时期，既有庄学复兴、玄学崛起，又有道教创制、佛教传入，从而导致二学（儒学、玄学）、二教（道教、佛教）的相互融合、相与激荡。

如果说，从两汉到六朝，中国文化大体上呈现出由一统到多元的趋势，那么，从隋唐到两宋，中国文化的发展趋向则正好相反：从多元开放、兼容并包、气魄宏大的唐型文化，走入相对封闭、内倾精致、尊崇理学的宋型文化。宋代理学家肩负儒学复兴的使命，力图在援佛、道入孔儒的前提下创立新儒学。然而，宋代理学家不仅未能重温汉代“儒学一统”的旧梦，而且于宋代之后逐渐衍生出与正统儒学相悖的异端思潮。明清两代的文化，既有对文化专制和文化一统的强化，又有反叛意识和异端思潮的萌生。先是王阳明以“致良知”打破程朱理学的一统天下，后是李贽以“童心说”对抗假道学，明清之际的三大思想家——黄宗羲、顾炎武、王夫之更是从不同侧面与理学正宗展开论战，从而形成早期启蒙思潮。中国文化的发展演变，正是在一统与多元的相悖相济之中，从专制走向启蒙的。儒学作为文化正宗能在中国历史上绵延几千年，其中一个重要原因就是多种文化流派（尤其是道家和佛学）对它的补充和修正。

---

① 李建中：《中国文化概论》，武汉大学出版社，2018 年，第 5～6 页。

（二）群体与个体[①]

与西方文化强调个体、尊重个性的传统不同，中国文化有着“群体和谐”“家族至上”的伦理传统。中国文化的伦理型特征，根源于半封闭的大陆性地域环境、精耕细作的小农经济以及专制与宗法相结合的社会政治结构。黑格尔认为，中国纯粹建筑在这一种道德的结合上，国家的特性便是客观的家庭孝敬。与世界各国不同，中国是在血缘纽带解体不充分的情况下步入现代文明社会的，从而形成独特的宗法体系，并逐渐形成宗法式的伦理道德，长久地左右着人们的社会心理和行为规范。伦理型文化压抑个性的发展，限制个人的创造力，最终也会使群体缺乏必要的生机与活力。当然，伦理型文化追求群体和谐，也有其优长的一面。在这种伦理观念的制约下，社会有较强的凝聚力和向心力，国家、民族和家族很容易形成“命运共同体”。总之，以儒学为主体的中国伦理型文化，通过道德自觉而达到理想人格的建树，强化了中华民族注重气节和德操、注重社会责任与历史使命的文化性格。

其实，在中国传统文化的复杂构成之中，既有占据主导地位的“群体认同”，也有作为补充甚至对抗的“个性关注”和“个性自由”。一般认为，儒家强调群体认同与群体和谐，道家关注个体生命与个体自由。道家所理解的人，首先并非以群体的形式出现，而是表现为一个一个的自我。《老子》中有“自知者明”，既以肯定“我”的存在为前提，又意味着唤起“我”的自觉。魏晋时期，儒学式微，道学复兴，儒家的群体认同受到魏晋个性自由思潮的冲击。以阮籍、嵇康为代表的魏晋名士，反对以儒家名教束缚自我，主张“越名教而任自然”，主张“彷徉足以舒其意，浮腾足以逞其情”，其中的基本精神，就是道家尊重个性的原则，这对中国文化及其文化人格产生了巨大的影响，我们从李白的飘逸、苏轼的旷达、李贽的率性、曹雪芹的深情之中，都可以看到魏晋名士崇尚个性自由和人格独立对后世的影响。另外，在儒家文化的群体认同之中，也或多或少地蕴含着对个体价值的体认，如《孟子》中的“人人有贵于己者”，就是对主体内在价值的肯定。从这一前提出发，儒家提出了“为己”和“成己”之说。“为己”与“为人”相对，“为人”指迎合他人以获得外在的赞誉，个体的行为准则及评价标准以他人取向为转移；“为己”则指自我的完善，其目标在于实现自我的内在价值，即“成己”。孔子说：“君子求诸己，小人求诸人。”个体的人格塑造和道德实践，取决于主体自身的选择及努力，而不是依靠外部的力量。“为己”“成己”是人格塑造的目标，“求诸己”则是人格塑造的方式，在这两个方面，儒家都是肯定个体价值的。

（三）事功与审美

中国传统文化是一种农业文化，“一分耕耘一分收获”的农耕生活，培育出华夏先民的务实精神和实用-经验理性。在中国早期文化中，墨家和法家尤其有着“重实际而黜玄想”的特征。《墨子・兼爱（下）》：“仁人之所以为事者，必兴天下之利，除去天下之害，

---

① 李建中：《中国文化概论》，武汉大学出版社，2018 年，第 8～9 页。

以此为事者也。”墨家之“尚贤”“尚同”“节葬”“节用”“非攻”“非乐”等主张,均以事功原则为终极根据。较之墨家,法家的事功原则更是采取了极端的形式。《商君书·算地》:“名与利交至,民之性。”在法家看来,追求功利是人的本性。因此,人与人之间的关系必然以利益为纽带。值得庆幸的是,法家这种极端的功利主义,在秦代之后并无嗣续,更没有成为中国文化的主要价值取向。中国传统文化价值观的主流,是事功与审美的统一,是儒家有为与道家无为的互补。儒家有三不朽:立德、立功、立言。儒家的人格理想是“内圣外王”,而实现这一理想的途径则是《大学》所说的“修身、齐家、治国、平天下”。这里的“立功”“外王”和“治国平天下”均表现出儒家文化建功立业、兼济天下的功利主义价值取向。

道家文化从一开始就表现出与儒家功利主义不同的价值取向。儒家主张有为,甚至主张“知其不可而为之”。道家则主张顺其自然,超迈无为。在社会政治领域,道家主张无为而治,希言自然;在人生哲学和伦理道德领域,道家主张虚静其心,行不言之教。就文学艺术而言,道家文化的“虚静论”不仅直接表现于文艺创作及批评理论,而且以不同于儒家的方式和旨趣,塑造着一种超越功利的艺术人格。而儒家的文艺观,其主导思想是事功的和教化论的。儒家文化功利主义的价值取向,在赋予文学艺术以厚重的政治使命感和社会责任感的同时,却忽略了文学艺术的审美特质。也正是在这一点上,道家文化的“法天贵真”“自然无为”“大音希声”“得意忘言”,以其超功利、重审美的价值取向,弥补了儒家文化的不足。

当然,中国传统文化的类型特征及其复杂构成绝不止于上述三个方面。概言之,中国传统文化以儒家为主流或正宗,以伦理为主要类型,同时具有一统与多元、群体与个体、事功与审美等诸多层面的相悖相生、相兼相济。[①]

二、教育之“正”

教育是民族振兴、社会进步的基石。教育的本质是传播文化,以文化人,进而实现立德树人,提升生命的价值。显然,文化是教育的基础,没有文化,就没有教育。因为没有文化就没有教育内容,没有文化就没有教育者,没有文化也就吸引不到受教育者。

如众所知,教育对文化的作用主要有三点:一是传递功能。人类文化有一个极其重要的特征,那就是它只能学而知之,而不能通过遗传的方式获得。这就决定了人类文化从它产生的那天起就与教育有着不可分割的关系。在人类早期先民那里,与人类的社会生产和生活融合在一起的教育,通过口头和行为传授的形式,传递着原始的文化。随着人类社会的发展、人类文化的丰富,特别是由于文字的出现,人类文化单纯靠口头和行为传播的形式已不能胜任,人类社会有了设立专门传授文化的机构的需要。这时,学校教育便产生了。教育传递着文化,使得新生一代能较为迅速、经济、高效地占有人类

① 李建中:《中国文化概论》,武汉大学出版社,2018 年,第 10～11 页。

创造的文化财富，使一个人从毫无文化内容的“自然人”变成一个具有鉴赏、创造文化能力的“文化人”。如果人类文化不从上一代传递给下一代，那么，人类文化的保存、积累与发展就将成为不可能。新的一代如果仅仅去重复他们的前辈所经历的事，人类就不可能进化，就永远只能停留在结绳记事、钻木取火的蒙昧时代。就世代交替的人类整体而言，人类是文化的创造者，也是文化的承继者。就其每一代人而言，人们首先是文化的承继者，然后才是文化的创造者。马克思曾经说过，人们创造自己的历史，但是他们并不是随心所欲地创造，而是在直接碰到的、既定的、从过去承接下来的条件下创造。只有先占有文化，然后才能创造文化。二是选择功能。教育是有目的、有计划、有系统地培养人的过程。这一过程离不开确定的教育内容。而确定教育内容的过程，实际上就是选择文化的过程。教育内容之所以需要“确定”，首先是因为，随着时代的发展，任何文化都包容着先进与落后、崇高与卑下、文雅与粗野的成分，而学校教育，作为一种有目的的文化价值的引导工作，需要撷取文化的精华编成教材，向受教育者提供适应社会生活发展变化需要的观念、态度、价值、行为方式以及知识与技能；其次是因为，作为教育对象的青少年其身心发展是有一定规律的，人们的认识能力、道德实践能力的发展都有一个过程，教育内容的确定必须考虑这一规律；另外，人脑容量的有限性与人类文化知识的无限广阔性构成了一对矛盾，教育不可能把人类的全部文化知识在一定的时间内都传给受教育者，这也就需要确定教育内容。学校教育对文化的选择还可以通过对教师的选择得以实现。因为“学校的真正性质和方向并不是由地方组织和良好愿望决定，不由学生委员会的决议决定，也不由‘教育大纲’等决定，而是由教学人员决定的”①。蔡元培先生任北京大学校长时，实行“学术自由”“兼容并包”的办学方针，在当时的北大，既有讲授马克思主义的，也有宣传资产阶级学说的，还有鼓吹中国传统儒家学说的。这实质上就是教师在利用教育对文化进行选择。教育对文化的选择，在多种文化观念相冲突的历史时期表现得尤为明显和重要。如在我们今天的社会文化观念中，除了占统治地位的社会主义、共产主义文化观念外，还有封建主义的文化观念、西方的文化观念、半殖民地半封建的文化观念、资本主义的文化观念等。对于传播、传递什么样的文化观念，教育的选择功能的意义就更加重要和突出。三是创新功能。教育不仅仅是传递固有的文化，而且要随着时代的发展和社会的变迁，在人类已有的旧文化中力求更新与创新，使之适应新的社会环境。人类为了自身的生存与发展也必须不断地创造与更新文化。而人类正是通过教育，把已有的文化财富内化为受教育者个体的精神财富，培养、造就他们与文化发展相关的个性和创造力，从而使文化得以发展和更新。新的一代通过教育，迅捷而有效地分享、占有人类文化的精华，然后即可站在前人的肩膀上进行新的创造。因此，教育作为传递人类文化的手段，不仅具有保存文化的功能，同时也具有“文化繁殖”、发展—更新文化的功能。换言之，教育传递文化，实质上是一

---

①《列宁全集》(中文第二版)，第 15 卷，人民出版社，1990 年，第 441 页。

个"文化移植""文化增殖"和文化再生产的过程。这个过程是扩大再生产的过程，且具有经济、高效、模仿和接受的特点，是不断重组和建构的过程。人类学家格里库里·贝特森认为:"文化本身是复杂的，学习文化的过程也是复杂的，从某种意义上看，每一代人不仅学习他们自己的文化，而且重新建构自己的文化。"[①]

中国悠久的文化是中国教育最厚重的基础，正是中国悠久的文化孕育了中国悠久的教育。我们认为，所谓教育之"正"，主要是指教育的优良传统和本真规律。教育对文化的选择性赋予了教育之"正"丰富的内涵。

中国的教育传统是多方面和多层次的，由此构成了世界上仅有的、绵延不断的教育历史。学者程方平认为，中国教育的优良传统主要有以下几方面:[②]

(一) 中国的教育一直被当作国家发展民族兴旺的最重要的基础之一

《礼记·学记》明确指出:"建国君民，教学为先。"中国的先民们早在原始社会就已经注意总结生产和生活方面的经验，并通过教育一代又一代地传承下去，从而奠定中国教育最初的基础。可以说，没有中国的教育发展就没有中国的文明历史。

(二) 中国有着丰富的教育理论和教育实验

中国古代的教育理论在先秦时达到高峰，以孔子为最杰出的代表，仅在《论语》中就记载了许多至今看来仍有重要价值的教育理论。如，他认为教师应把仁爱奉献给社会，并提出了"有教无类"的思想。他既提倡青年人要"学而优则仕"，又提倡中年人要"仕而优则学"，其中已有终身学习的意识。在求学中，他主张"知之为知之，不知为不知"，不能不懂装懂，应明了"博学之、审问之、慎思之、明辨之、笃行之"的学习过程。在教学中，他提倡"学而不厌，诲人不倦""因材施教""循循善诱"，引导学生"温故知新""敏而好学""举一反三""见贤思齐""不耻下问""当仁不让于师"，树立良好的学风。他慎选诗书作为教材，鼓励学生"以文会友，以友辅仁"，以"己所不欲，勿施于人"的态度来对待他人，以"知耻近乎勇"和"过而不改是为过也"来激励学生在修正错误中成长。

中国传统的教育思想和实践，一直关注以下重要的教育问题，并尝试在教学实践中使其不断完善:人性、环境和教育的关系问题，德才学识合一的人才标准的问题，在学习过程中的学、思、行、问难、论辩、考察、实用等途径和方法的问题，对教师作用和水平的认识和评价问题，教材的选定和开放性阅读的关系问题，营造适宜的教育环境的问题，注重学生身心发展的问题，以及家庭教育、学校教育和终身教育的问题等，几乎涉及了与教育相关的各种问题。只是在当时特定的历史条件下，人们的眼界和社会的需要都受到一定的局限，未能将这些问题的研究推向深入。

---

① 刘艺红，李向丽:《论教育的文化功能与优秀的民族文化教育》，许昌师专学报，1997年第4期。

② 程方平:《略论中国教育的重要传统》，纪念《教育史研究》创刊二十周年论文集(2)，2009年。程方平:《中国教育的优良传统》，宣讲家网，2016年6月。程方平:《中国文化和教育的"中国化"能力》，中国教育报，2016年11月3日第6版。

（三）重视充实和丰富教育资源

在中国悠久的教育历史中，历代的教育者都创造积累了极为丰富多彩的教育资源。这些资源包括正规学校的教材资源、社会上流行的学习资源、具有地方特色的环境资源等，是中国教育取之不尽、用之不竭的重要资源。除了有形的教育资源外，在中国社会的传统道德规范中，在中国人认识自然和社会的特殊方式中，在中国社会和家庭的基本观念中，在中国各地的民风民俗中，在中国人的生活习惯中，都蕴涵着极为丰富的无形的教育资源。

（四）重视教育的改革与创新

教育的改革与创新是教育能够不断延续和发展的主要原因。汉字的改革与发展就是一个非常有力的例证。

（五）重视教育管理和教育评价

中国的学校教育在数千年的发展过程中积累了丰富的管理与评价的经验，据《周礼・地官》记载，周朝时，朝廷就已有专门分管文化教育的官员。秦汉以后，随着官吏制度的不断健全和完善，对教育的管理也不断细化。

对教育的评价在一定意义上是对人才的评价，即对教育成果和考试结果的评价。其源头也可追溯到上古时代。据《尚书》和《左传》记载，在尧舜时代就已经出现了选贤举能的做法，当时评判贤德人才的主要标准是“在知人，在安民”“克（能）明俊德，以亲九族”。此后，历代王朝在选贤用能、品评人才方面均不断地进行探索，并对选举考试制度进行了不断地改造。另外，在传统的中国社会，“三百六十行，行行出状元”和“浪子回头金不换”等思想，都体现了积极、开放、包容、辩证和发展的人才观、评价观，对今天的教育改革仍有积极的借鉴价值。

（六）通过多种途径和方式进行教育活动

从古至今，中国的教育是通过多种途径和方式进行的。其教育途径包括家学、私学、官学、学馆、学宫、义学等，包含了教育的诸多方面和诸多层次。在教育方式上，父子相承、师徒相继是最为传统的教育方式。到春秋时，“天子失官，学在四夷”，教师从官方独有变成社会共有。“见贤思齐”“有教无类”成为求学者和施教者的主要指导思想。而孔子的“三人行则必有吾师焉”“当仁不让于师”和“教学相长”的思想则将教学和师生关系视为一种相对的和互动的关系，为教学的民主性和开放性确立了重要的原则。随后又相继出现了导生制、分斋（专门学科）制和分层教学方式，出现过百家学派之争、“师学”与“家学”之争、“理学”与“心学”之争等。

具体到学校教育而言，教育之“正”至少包含道德之正、学问之正、处世之正、行事之正等四个方面的内容。道德之正，指传承优秀道德理念和规范，形成良好的道德自觉；学问之正，指完整继承前人学术成果，养成严谨学风，师生共同进步；处世之正，指笃守正道，诚实平和，严以律己，养成团队精神；行事之正，指勤于实践，扎实做事。

三、道德之“正”

凡论教育者,无不率先阐明教育的本义。《大学》言明:“大学之道,在明明德,在亲民,在止于至善。”也就是说,大学的目的在于使学生明晰道德,彰明美好的德行。《学记》亦强调:“人不学,不知道。”“虽有至道,弗学,不知其善也。”

(一) 中国传统文化与道德教育的关系

中国优秀传统文化与现代道德教育的关系,实际上是道德教育与文化的关系。因而分析和把握中国传统文化与现代道德教育的关系,必须首先认识道德教育与文化的关系。

文化蕴含着独特的道德教育功能。文化是人类社会特有的现象,它伴随人类的产生而产生,伴随人类的进步而发展,是人类文明深层积淀的产物。恩格斯说:“文化上的每一个进步,都是迈向自由的一步。”这表明,一切文化活动都自觉不自觉地指向一定的道德价值。文化在“文化人”的过程中,与道德教育的目标、内容、方法等是一致的,它隐性地执行着道德教育的功能。因而文化的发展直接影响和制约着道德教育的基本活动。①

道德教育继承和弘扬中国优秀传统文化。由于道德教育与文化具有内在的联系,因而道德教育在弘扬中国优秀传统文化中具有不可替代的作用和优势,是继承和弘扬传统文化的有效方式。道德教育内容非常丰富:从内涵看,包括思想、政治和道德品质等方面的教育;从社会关系看,道德教育的内容隐含在人际关系之中,其范围涉及人类生活和交往的各个方面;从内容来源看,道德教育的信息源多种多样,千姿百态。

由此可见,道德教育内容实际上涉及每个人生活的方方面面,所以优秀传统文化能够在最大程度上与道德教育内容相互融合,在现代道德教育中弘扬优秀传统文化,可以古为今用,把它作为一种教育资源延续它的价值。

在当前的时代中,道德教育应当承担起自己的历史使命,即文化自觉。道德教育的文化自觉意味着:面对文化全球化、多元化的冲击和挑战,确立道德文化的本土意识,促进传统道德文化的现代性转换,重新筹划人的道德性,重塑道德理想,培养新的道德人格,引领人们寻求生命的意义与价值。只有这样,道德教育才能真正地走向文化自觉,真正地继承和弘扬中国优秀传统文化。

(二) 中国传统文化中的道德之“正”

自古以来,中国就非常重视道德教育,可以说,中国传统文化就是一种德性文化,中国传统社会就是一个伦理社会,中国古代教育就是一种道德教育。这种道德教育对于维护中华民族的团结统一、推动中国社会的发展起到了重大作用。

中国传统文化具有非常浓厚的道德色彩。中国古代思想家的思想与理论中充满了

---

① 石书臣:《中国优秀传统文化与现代德育的内在联系》,思想理论教育,2012 年第 2 期(上)。

道德观点，道德甚至成了他们全部思想的焦点。儒家是中国传统文化中的主要流派，儒学从其整体上说就是一个道德学说。[①] 孔子的道德学说主导中国传统思想文化的重心，就是伦理道德学说，中国传统思想文化的核心精神，就是道德精神。这一点，在中华民族有文字可考的历史文化中随处可见，而中国也因此常常被称为礼仪之邦。这种把道德看作文化的核心并进行不间断的建设和推广，是世界其他民族文化体系所罕见的。"中华传统美德是中华文化精髓，是道德建设的不竭源泉。"[②]

中华民族在漫长的历史发展中，建构了成熟的道德价值体系，形成了丰富的个人伦理、家庭伦理、国家伦理乃至宇宙伦理的道德规范体系，并有一套完备的道德教育理论。它们是我国民族传统文化中的重要内容。道德伦理对于增强民族内聚力、振奋民族精神、整合社会价值、协调社会秩序有着极其重要的作用。

认真梳理文献可以发现，中国传统文化中的道德之"正"至少包括以下几个方面：

德育为先。主要强调以德为首。如，《论语·学而》中的"入则孝，出则悌，谨而信，泛爱众，而亲仁，行有余力，则以学文"，主张先行德育，后行智育；《资治通鉴（卷一）》中的"才者，德之资也；德者，才之帅也""是故才德全尽谓之'圣人'，才德兼亡谓之'愚人'，德胜才谓之'君子'，才胜德谓之'小人'"，从德与才的关系方面强调了德育的重要性。

以人为本。主要体现在人贵于物的思想、民本思想等方面。如，《尚书》中提出"人是万物之灵"的思想；《管子·霸言》中的"夫霸王之所始也，以人为本，本理则国固，本乱则国危"，说明管仲明确意识到民心民意对国家存亡的重要性。

和谐发展。高度重视人与社会的和谐、人与人的和谐、人与自然的和谐以及人的自身素质的和谐与全面发展。如，"天人相应"思想、"和而不同"思想、"仁爱"思想以及孔子倡导的六艺之学等，均较好地阐释了和谐发展的理念。

知行合一。知与行是中国古代哲学特有的一对范畴，在不同的历史时期有着不同的表现形式。如，在孔子看来，君子应言行一致、以行为本，而不能夸大言辞，超出所行，要"听其言而观其行"；王阳明的"知行合一"说则不是一般地讲认识和行为之间的关系，而是更多地侧重道德认识与道德实践的关系，对于提高整个社会的道德水平有着重要的指导意义。

天下为公。"天下为公"的思想注重群体的利益。由"小家"推及"大家"，再到"家国一体"，"家"就是"国"，"国"就是"家"，从而推出"天下为公"的思想。《尚书·周官》记载："以公灭私，民其允怀。"以国家和民族的利益为重就是"公"，以个人利益为重就是"私"，用公心消灭私心，百姓才会认可。

以义制利。随着社会阶层的分化，小生产者和市民阶层的出现，在中国传统道德中，义利之辩一直伴随着传统文化的发展而存在，其中以儒家思想中"以义统利，义为利

---

① 黄楠森：《中国优秀传统文化中的德育主义评析》，保定师专学报，2000 年第 1 期。

② 中共中央、国务院：《新时代公民道德建设实施纲要》，人民日报，2019 年 10 月 28 日第 4 版。

上”的义利观对人们的影响最为深刻。“君子喻于义,小人喻于利”,孔子把义和利的差别与君子和小人的区分联系在一起,认为君子重义而小人重利,君子与小人的对比,更加彰显出义和利的差别所在。孟子则更加推崇“义”,他认为:“生,亦我所欲也;义,亦我所欲也;二者不可得兼,舍生而取义者也。”孟子认为“义”比生命更有价值。

四、学问之“正”

中国传统文化中的“学问”,内涵极其丰富,诸如经、史、子、集、诗、词、歌、赋以至于农学、医学、兵学、厨艺、琴、棋、画等等。“学问观”则是一个约定俗成的说法。一般认为,学问观是人们对学问的基本看法、见解与信念,是人们对学问本质、来源、范围、标准、价值等的种种假设,是人们关于学问的总体认识。中国传统的学问观是以传统经典为核心内容、崇尚伦理、注重道德修养、以科举入仕为目的的。如,《论语·学而》篇讲做学问的宗旨,囊括教学的目的、态度及方法等内容。

中国传统文化中的学问之“正”主要包含四个方面:一是经世致用。中国传统学问就是围绕国家与民众的需要发展起来的。如,《易》曰:“是故形而上者谓之道,形而下者谓之器,化而裁之谓之变,推而行之谓之通,举而措之天下之民谓之事业。”这里强调“化而裁之”“推而行之”“举而措之”都是为了天下之民,这就是我们的事业。[①] 二是整体观。中国传统学问主张整体内诸部分是相互联系、相互影响、相互转化、不停运动与演进的有机整体。如八卦体系中的阴阳、刚柔、虚实、隐显和动静等是一个有机整体。三是辩证思维。如,《易》曰:“为道也屡迁,变动不居,周流六虚,上下无常,刚柔相易,不可为典要,唯变所适。”充分体现了辩证法。四是君子之学。学问的最高境界是懂得做人做事。《论语·雍也》曰:“质胜文则野,文胜质则史。文质彬彬,然后君子。”就是说一个人既有广博的知识,又有质朴的内在,才堪称君子。中国传统文化中的学问观认为学问重在人格的培育,做人做事进而做功德,最终才可达到教育和学问的目标,完成人伦大道。

五、处世与行事之“正”

《论语》:“子夏曰:贤贤易色,事父母能竭其力;事君能致其身;与朋友交,言而有信。虽曰未学,吾必谓之学矣。”阐明学问的目的是学会为人处事。

(一)中国传统文化中的处世与行事原则

从文化传统看,中国人的社会是一个极其重视人际关系的社会,处世之道与行事原则在中国人的心目中占据着特别重要的地位。从古到今,有关处世的箴言、训诫汗牛充栋,从大雅君子到草头百姓,总结处世经验、教训的言论林林总总,深刻地影响着一代又一代中国人的处世与行事方式。

---

① 商宏宽:《以易学理论探讨中国传统学问的特点》,安阳大学学报,2003年第2期。

概而言之，中国传统的处世之道与行事原则主要包含以下几点：①

其一，诚。“诚”是中国传统道德规范中的重要德目。《中庸》释“诚”为“一也”，即一心一意、真实无妄。作为传统处世之道的范畴之一，“诚”的正面意义是显而易见的。“待物莫如诚”，诚既是笃实的内心信念和切实的日常行为，也是待人处世最好的方法。常言道：“精诚所至，金石为开。”“以诚感人者，人亦诚而应。”“实言实行实心，无不孚人之理。”“两心不可得一人，一心可以得百人。”可见，“开诚心，布公道”具有化解矛盾、消除成见、沟通情感的积极作用。

其二，信。“信”与“诚”有相通之处，其初始意义是指祭祀时对上天和祖先所说的诚实不欺之语。《说文解字》曰：“信，诚也，从人言。”作为一种处世品格，“信”的基本要求是“言必信，行必果”，强调说话算数，言行一致，讲究信用。中国人的“信”观念不仅包括“信”的价值意义，而且直接涉及“信”在人际交往中的实际运用。首先是守信，其次是信任，其三是不轻诺，其四是以诚待人。孔子说：“人而无信，不知其可也。”一语道出了“信”在中国处世之道中的地位。

其三，恕。“恕”的基本含义是“己所不欲，勿施于人”。这一思想是由孔子最早提出的。孟子以人的内在良心作为恕的依据，提出了“老吾老，以及人之老；幼吾幼，以及人之幼”的著名命题。孔孟关于恕的概说奠定了中国式恕道的基础，以后历代伦理思想家在此基础上补充发挥。东晋时的葛洪虽然修仙炼丹，但对尘世并非漠不关心，他关于“恕己及人”的具体论述就很有特色。明人吕坤有一更为精彩的议论：“肯替别人想，是天下第一等学问。”淋漓尽致地表现了中国恕道的真精神。

其四，和。在中国古代的经典论述中，“和”的基本含义是和谐，而“和为贵”的价值目标则意味着人际之间的和睦、和平、和谐，以及社会的秩序与平衡。“和为贵”作为中国人待人处世的基本原则，在实际的人际关系运作中，主要表现为以下四种模式：一是大家各守本份，互不干涉，每个人都按特定的角色规范去生活，既不要有过多的非分之想，也不要越出自己的利益范围去多管闲事，从而达成和平宁静的秩序状态。所谓“井水不犯河水”“各人自扫门前雪，莫管他人瓦上霜”等俗语正是这一行为模式的表现。二是“和而不同”，求同存异，谋求与对立面的和睦相处。三是遇到矛盾分歧时，尽量避免正面冲突，保持表面上的和谐一致。四是一旦发生了公开冲突，则力求化解，诚所谓“冤家宜解不宜结”。而“和”终归能带来“安”，带来“乐”。

（二）处世之“正”与行事之“正”

处世之正，即为人处世当笃守正道，诚实平和，严以律己，宽以待人，善于与人合作，具有团队精神。行事之正，即倡导勇于实践、善于实践、勤于实践的作风；扎实做事，不浮不躁；严谨行事，一丝不苟。

---

① 郭莹：《中国传统处世之道的文化分析》，江汉论坛，1996年第8期。

第二节　溯源:国家对传统文化教育的重视

中国共产党作为近代中国社会转型的主要推动者,必然也是中国传统文化现代转型的主要引导者。中国共产党人是马克思主义者,不是历史虚无主义者,也不是文化虚无主义者,中国共产党人始终是中国优秀传统文化的忠实继承者和弘扬者。在马克思主义中国化历程中,中国共产党对待传统文化的态度经历了从“破”到“立”、从辩证否定到辩证肯定、从工具理性到价值理性的历史嬗变,内含实践与文化两个维度。在实践维度上,这是马克思主义与中国传统文化的关系从彼此决裂到相互融合、从简单相加到深度转化、从形式借鉴到内容互通演变的逻辑必然;在文化维度上,代表了中国传统文化经历新民主主义文化与社会主义文化两次转型,在正确处理传统与现代、民族与世界、历史与现实的关系中实现“守”与“变”动态统一的转型方向。①

随着我国对外开放的日益扩大,国外各种社会文化思潮汹涌而入,再加上一大批“代言人”的鼓噪,当下的中国在一定程度上出现了以洋为美、以洋为尊,甚至贬低、漠视中国优秀传统文化的现象。“放眼中国的各级各类教育和学术发展,迷失自我的‘全盘西化’已无处不在。在哲学、方法、内容、形式和评价标准等方面,以往我们曾经反省过的‘言必称希腊’问题,在今天已经达到了登峰造极的地步。”②

人类发展的历史表明,文化是社会发展最重要的内容之一,是人类进步的显著标志。一个民族的兴盛,必定是从文化的繁荣开始的;一个民族的发展,离不开文化的支撑。

中国共产党一直高度重视文化建设。在各异质文明空前冲突和融合的过程中,只有民族的文化才是具有生命力的文化、个性的文化,才是世界性的文化。在对待中华民族的文化遗产上,1938 年,毛泽东在《中国共产党在民族战争中的地位》一文中指出,学习我们的历史遗产,用马克思主义的方法给以批判的总结,是我们学习的另一任务。我们这个民族有数千年的历史,有它的特点,有它的许多珍贵品。对于这些,我们还是小学生。今天的中国是历史的中国的一个发展;我们是马克思主义的历史主义者,我们不应当割断历史。从孔夫子到孙中山,我们应当给以总结,承继这一份珍贵遗产。这对于指导当前的伟大的运动,是有重要的帮助的。

1956 年,中共“八大”对社会主义新文化建设中如何保持民族性提出明确要求,对于中国过去的和外国的一切有益的文化知识,必须加以继承和吸收,并且必须利用现代的科学文化来整理我们优秀的文化遗产,努力创造社会主义的民族的新文化。

① 马军,高晓雁:《中国共产党对待传统文化态度的历史演进》,理论导刊,2017 年第 9 期。

② 程方平:《中国文化和教育的“中国化”能力》,中国教育报,2016 年 11 月 3 日第 6 版。

1990 年，当时主管意识形态工作的国家领导人李瑞环做了新中国成立以来关于弘扬民族优秀传统文化的最高规格讲话，他指出，“面对西方资产阶级和平演变的攻势，弘扬民族文化是振奋民族精神，提高民族自尊心和自信心，发扬爱国主义精神，顶住一切外来压力的一个重要条件”，强调“我们既要看到文化遗产的阶级性、时代性，又要重视它的继承性和借鉴性”。①

1995 年 3 月，国家颁布《中华人民共和国教育法》，第七条明确规定：“教育应当继承和弘扬中华民族优秀的历史文化传统，吸收人类文明发展的一切优秀成果。”随后，2009 年和 2015 年，国家两次修正《教育法》，对第七条均予以保留。

1997 年，中共“十五大”提出中国特色社会主义文化是“综合国力的重要标志”，“它渊源于中华民族五千年文明史，又植根于中国特色社会主义的实践”。

2006 年，胡锦涛在美国耶鲁大学演讲时说：“一个民族的文化，往往凝聚着这个民族对世界和生命的历史认知和现实感受，也往往积淀着这个民族最深层的精神追求和行为准则。”

文化的核心是价值观。2014 年 5 月 4 日，习近平在北京大学师生座谈会上指出，“今天，我们提倡和弘扬社会主义核心价值观，必须从中汲取丰富营养，否则就不会有生命力和影响力。比如，中华文化强调‘民惟邦本’‘天人合一’‘和而不同’，强调‘天行健，君子以自强不息’‘大道之行也，天下为公’；强调‘天下兴亡，匹夫有责’，主张以德治国、以文化人；强调‘君子喻于义’‘君子坦荡荡’‘君子义以为质’；强调‘言必信，行必果’‘人而无信，不知其可也’；强调‘德不孤，必有邻’‘仁者爱人’‘与人为善’‘己所不欲，勿施于人’‘出入相友，守望相助’‘老吾老以及人之老，幼吾幼以及人之幼’‘扶贫济困’‘不患寡而患不均’，等等。像这样的思想和理念，不论过去还是现在，都有其鲜明的民族特色，都有其永不褪色的时代价值。这些思想和理念，既随着时间推移和时代变迁而不断与时俱进，又有其自身的连续性和稳定性。我们生而为中国人，最根本的是我们有中国人的独特精神世界，有百姓日用而不觉的价值观。我们提倡的社会主义核心价值观，就充分体现了对中华优秀传统文化的传承和升华。”“中国古代历来讲格物致知、诚意正心、修身齐家、治国平天下。从某种角度看，格物致知、诚意正心、修身是个人层面的要求，齐家是社会层面的要求，治国平天下是国家层面的要求。我们提出的社会主义核心价值观，把涉及国家、社会、公民的价值要求融为一体，既体现了社会主义本质要求，继承了中华优秀传统文化，也吸收了世界文明有益成果，体现了时代精神。”

2014 年 9 月 24 日，习近平在纪念孔子诞辰 2565 周年国际学术研讨会暨国际儒学联合会第五届会员大会开幕会上指出：“孔子创立的儒家学说以及在此基础上发展起来的儒家思想，对中华文明产生了深刻影响，是中国传统文化的重要组成部分。儒家思想同中华民族形成和发展过程中所产生的其他思想文化一道，记载了中华民族自古以来

---

① 中共中央文献研究室编：《十三大以来重要文献选编（中）》，人民出版社，1991 年。

在建设家园的奋斗中开展的精神活动、进行的理性思维、创造的文化成果,反映了中华民族的精神追求,是中华民族生生不息、发展壮大的重要滋养。中华文明,不仅对中国发展产生了深刻影响,而且对人类文明进步作出了重大贡献。”

“从历史的角度看,包括儒家思想在内的中国传统思想文化中的优秀成分,对中华文明形成并延续发展几千年而从未中断,对形成和维护中国团结统一的政治局面,对形成和巩固中国多民族和合一体的大家庭,对形成和丰富中华民族精神,对激励中华儿女维护民族独立、反抗外来侵略,对推动中国社会发展进步、促进中国社会利益和社会关系平衡,都发挥了十分重要的作用。”

“世界上一些有识之士认为,包括儒家思想在内的中国优秀传统文化中蕴藏着解决当代人类面临的难题的重要启示,比如,关于道法自然、天人合一的思想,关于天下为公、大同世界的思想,关于自强不息、厚德载物的思想,关于以民为本、安民富民乐民的思想,关于为政以德、政者正也的思想,关于苟日新日日新又日新、革故鼎新、与时俱进的思想,关于脚踏实地、实事求是的思想,关于经世致用、知行合一、躬行实践的思想,关于集思广益、博施众利、群策群力的思想,关于仁者爱人、以德立人的思想,关于以诚待人、讲信修睦的思想,关于清廉从政、勤勉奉公的思想,关于俭约自守、力戒奢华的思想,关于中和、泰和、求同存异、和而不同、和谐相处的思想,关于安不忘危、存不忘亡、治不忘乱、居安思危的思想,等等。中国优秀传统文化的丰富哲学思想、人文精神、教化思想、道德理念等,可以为人们认识和改造世界提供有益启迪,可以为治国理政提供有益启示,也可以为道德建设提供有益启发。对传统文化中适合于调理社会关系和鼓励人们向上向善的内容,我们要结合时代条件加以继承和发扬,赋予其新的涵义。”

“不忘历史才能开辟未来,善于继承才能善于创新。优秀传统文化是一个国家、一个民族传承和发展的根本,如果丢掉了,就割断了精神命脉。我们要善于把弘扬优秀传统文化和发展现实文化有机统一起来,紧密结合起来,在继承中发展,在发展中继承。”

学者李志峰等认为:“传统文化在其形成和发展过程中,不可避免会受到当时人们的认识水平、时代条件、社会制度的局限性的制约和影响,因而也不可避免会存在陈旧过时或已成为糟粕性的东西。”在实现“中国梦”的进程中,中国优秀传统文化与社会主义市场经济、民主政治、先进文化、社会治理等还存在需要调适的地方。这正是传统文化进一步创造性转化、创新性发展的机会与空间。如中国传统的做法与观念是所谓“重农抑商”,但至少从南宋叶适、陈亮起就有所谓的功利主义、事功之学,主张优先考虑事功而不是坐谈心性。在民主政治方面,从先秦的孟子到明清的黄宗羲、戴震,都有不少相关论述。在文化领域,实际上作为中国传统文化主要代表之一的儒学与马克思主义有不少契合的内容。如有学者认为:儒学与马克思主义都取理想主义的态度;儒学与马克思主义都是实践的哲学;儒学与马克思主义都是从社会关系定义人等。进而指出,儒学与马克思主义有互补之处。具体而言,马克思主义对儒学可以有两个方面的纠正:一是儒学必须特别重视经济基础的问题;二是必须克服过于重视人治而忽视法治的倾向,也就说要克服道德至上主义。而另一方面，儒学对马克思主义也有两点可补充和纠正之处：一是要重视传统；二是马克思、恩格斯的著作中具体讨论人的道德修养问题不多，但儒学中这方面的论述特别丰富，马克思主义可以从中吸取某些有益的理念。在社会治理方面，儒家讲“治道”，就相当于现代讲的政治哲学与管理哲学等。[①]

学者金耀基认为，中国现代化运动将不可避免地大量废弃中国的事物，以及大量地接受外国事物，但是，中国现代化运动决不是斩绝中华传统的反古运动，也绝不会全盘地同化于西方的运动，中国现代化运动绝不是中国文化的死亡，而是中国文化的“再造”。[②]

其实，中国传统文化中的许多基本观点与马克思主义理论也多有相通之处。如，《史记・管晏列传》中的“仓廪实而知礼节，衣食足而知荣辱，上服度则六亲固”体现了唯物论；《老子》中的“祸兮，福之所倚；福兮，祸之所伏”以及《易经》中的“一阴一阳之谓道”“刚柔相推而生变化”体现了辩证法；《礼记・礼运》中的“大道之行也，天下为公”则体现了大同的社会理想。

总之，“不要抽象地争论马克思主义指导和中国传统文化的关系，尤其是非历史主义地争论马克思主义与儒学的高下优劣抑扬褒贬。一个是中国革命和社会主义建设的思想理论指导，一个是中华民族的精神血脉和中华民族的文化之根。应该用历史唯物主义观点处理马克思主义与中国传统文化的关系，反对蔑视以儒学为主导的中国传统文化的文化虚无主义，中国的马克思主义可以从中国传统文化的精髓中得到思想资源、智慧和启发，但也要防止以高扬传统文化为旗帜，反对马克思主义、拒斥西方先进文化的保守主义思潮的沉渣泛起。”[③]

对文化建设的高度重视，还体现在国家从战略高度先后制定了一系列的大政方针上。2006 年 9 月，中共中央办公厅、国务院办公厅印发了《国家“十一五”时期文化发展规划纲要》(以下简称《纲要》)，这是我国第一个专门部署文化建设的中长期规划。文件从经济社会发展的全局出发，对未来五年文化发展的指导思想、方针原则、目标任务作出了全面阐述，描绘了“十一五”时期文化发展的壮丽图景，对指导未来五年文化建设、促进社会主义先进文化的繁荣发展，具有十分重要的意义。《纲要》明确指出：“文化是国家和民族的灵魂，集中体现了国家和民族的品格。文化的力量，深深熔铸在民族的生命力、创造力和凝聚力之中，是团结人民、推动发展的精神支撑。五千年悠久灿烂的中华文化，为人类文明进步作出了巨大贡献，是中华民族生生不息、国脉传承的精神纽带，是中华民族面临严峻挑战以及各种复杂环境屹立不倒、历经劫难而百折不挠的力量源泉。在开创中华民族美好未来的历史进程中，文化既为经济社会全面协调发展提供强

---

① 李志峰，乐爱国：《中国共产党对待传统文化态度与政策演变思考》，人民论坛，2014 年第 11 期(中)。

② 金耀基：《从传统到现代》，法律出版社，2017 年，第 156 页。

③ 陈先达：《马克思主义和中国传统文化》，光明日报，2015 年 7 月 3 日第 1 版。

大的精神动力,也是经济社会发展的重要内容。繁荣发展社会主义先进文化、树立民族自信、振奋民族精神,必将为实现全面建设小康社会宏伟目标、构建社会主义和谐社会提供思想保证和精神动力。”《纲要》明确要求:“重视中华优秀传统文化教育和传统经典、技艺的传承。在有条件的小学开设书法、绘画、传统工艺等课程,在中学语文课程中适当增加传统经典范文、诗词的比重,中小学各学科课程都要结合学科特点融入中华优秀传统文化内容。高等学校要创造条件,面向全体大学生开设中国语文课。加强传统文化教学与研究基地建设,推动相关学科发展。在社会教育中,广泛开展吟诵古典诗词、传习传统技艺等优秀传统文化普及活动,努力提高全民族的人文素养,树立良好社会风气。”

2012 年 2 月和 2017 年 5 月,中共中央办公厅、国务院办公厅又先后印发了《国家“十二五”时期文化改革发展规划纲要》《国家“十三五”时期文化发展改革规划纲要》。其中,在“十三五”规划纲要中,进一步明确要求:“传承弘扬中华优秀传统文化。坚守中华文化立场,坚持客观科学礼敬的态度,扬弃继承、转化创新,推动中华文化现代化,让中华优秀传统文化拥有更多的传承载体、传播渠道和传习人群,增强做中国人的骨气和底气。”并在“开展中华优秀传统文化普及”方面明确要求:“完善中华优秀传统文化教育,加强中华文化基因校园传承。推动中华优秀传统文化图书音像版权资源共享。加强戏曲保护与传承。普及中华诗词、音乐舞蹈、书法绘画等,举办经典诵读、国学讲堂、文化讲坛、专题展览等活动。鼓励媒体开办主题专栏、节目。利用互联网,推动中华优秀传统文化网络传播。加强语言文字研究和信息化开发应用,大力推广和规范使用国家通用语言文字,科学保护各民族语言文字。”

2014 年 3 月,教育部印发《完善中华优秀传统文化教育指导纲要》,强调开展中华优秀传统文化教育,要以弘扬爱国主义精神为核心,以家国情怀教育、社会关爱教育和人格修养教育为重点,着力完善青少年学生的道德品质,培育理想人格,提升政治素养。强调分学段有序推进中华优秀传统文化教育,把中华优秀传统文化教育系统融入课程和教材体系,全面提升中华优秀传统文化教育的师资队伍水平,着力增强中华优秀传统文化教育的多元支撑。

2017 年 1 月,中共中央办公厅、国务院办公厅印发《关于实施中华优秀传统文化传承发展工程的意见》,明确指出:中华文化源远流长、灿烂辉煌。在 5000 多年文明发展中孕育的中华优秀传统文化,积淀着中华民族最深沉的精神追求,代表着中华民族独特的精神标识,是中华民族生生不息、发展壮大的丰厚滋养,是中国特色社会主义植根的文化沃土,是当代中国发展的突出优势,对延续和发展中华文明、促进人类文明进步发挥着重要作用。这是中共中央第一次以中央文件形式专题阐述中华优秀传统文化传承发展工作,其意义深远而重大。中共中央为何如此重视优秀传统文化的传承?中共中央宣传部负责同志就意见的有关问题回答记者提问时强调:[①]“中华优秀传统文化积淀

① 详见 2017 年 2 月 7 日《人民日报》第 1 版。

着中华民族最深沉的精神追求，代表着中华民族独特的精神标识，是中华民族生生不息、发展壮大的丰厚滋养，是中国特色社会主义植根的文化沃土，是当代中国发展的突出优势。近年来，社会各界对传统文化的热情大大增强，基层和民间的参与面很广，参与主体很多，形式载体多样，总的势头很好。但是，在如何看待优秀传统文化的地位作用、如何阐释其核心内容以及如何传承弘扬等问题上存在一些思想认识上的不统一，优秀传统文化保护的基础性工作仍然薄弱，在生产生活中转化运用仍存在不足，有的还存在重形式轻内容、简单复古的现象。随着我国对外开放日益扩大，西方各种社会文化思潮大量涌入，一定程度上出现了以洋为美、以洋为尊，甚至贬低、漠视优秀传统文化的现象。这都迫切需要加强党对文化工作的领导，加强顶层设计，推动中华优秀传统文化传承发展走上积极健康、规范有序的轨道。以中央文件形式专题阐述中华优秀传统文化传承发展工作还是第一次。可以说，这是建设社会主义文化强国的重大战略任务，对于延续中华文脉、全面提升人民群众文化素养、维护国家文化安全、增强国家文化软实力、推进国家治理体系和治理能力现代化，具有重要意义。”

中共中央宣传部负责同志还强调：“出台这一意见，旨在‘四个讲清楚’，阐明我们党对于中华优秀传统文化地位作用的认识，阐明中华优秀传统文化的思想精华和道德精髓以及一些值得注意的重大问题等，从而为传承发展提供根本方向和重要遵循。一是中华优秀传统文化传承发展的主要内容。意见从核心思想理念、中华传统美德、中华人文精神三个方面，对传统文化进行梳理，萃取精华，提炼符合当今时代的思想观点，并作出当代性的阐释。意见指出，要大力弘扬讲仁爱、重民本、守诚信、崇正义、尚和合、求大同等核心思想理念，大力弘扬自强不息、敬业乐群、扶危济困、见义勇为、孝老爱亲等中华传统美德，大力弘扬有利于促进社会和谐、鼓励人们向上向善的思想文化内容。二是把握坚持马克思主义和传承发展中华优秀传统文化的关系。意见指出，传承发展中华优秀传统文化必须坚持中国特色社会主义文化发展道路，立足于巩固马克思主义在意识形态领域的指导地位、巩固全党全国人民团结奋斗的共同思想基础。同时指出，中华优秀传统文化是发展当代中国马克思主义的丰厚滋养，是建设中国特色社会主义事业的实践之需。传承发展中华优秀传统文化，要在辩证唯物主义和历史唯物主义指导下，结合时代实践特点，科学地传承和发展中华优秀传统文化，抵制历史文化虚无主义，抵制复古主义。三是把握传承发展中华优秀传统文化和借鉴吸收外来优秀文化的关系。意见强调，坚持交流互鉴、开放包容，以我为主、为我所用，取长补短、择善而从，既不简单拿来，也不盲目排外，吸收借鉴国外优秀文明成果，积极参与世界文化的对话交流，不断丰富和发展中华文化。也就是说，传承发展中华优秀传统文化，要不忘本来、吸收外来、面向未来。”

在回答“实施传承发展工程，为什么强调融入教育、融入生产生活”的提问时，中共中央宣传部负责同志指出：“优秀传统文化只有全方位融入国民教育各个领域、各个环节，与人民生产生活深度融合，才能有长久生命力，真正实现活起来、传下去。为此，意见强调把优秀传统文化贯穿国民教育始终、滋养文艺创作、融入生产生活,并提出了一系列相关重点任务和措施,如构建中华文化课程和教材体系,加强国民礼仪教育,推进戏曲、书法、高雅艺术、传统体育等进校园,实施传统戏曲振兴工程、中国经典民间故事动漫创作工程、中华老字号保护发展工程、中国传统节日振兴工程,将传统文化标志性元素纳入城镇化建设、城市规划设计、城市公共空间,加强对传统历法、节气、生肖和饮食、医药等的研究阐释、活态利用,实施中华节庆礼仪服装服饰计划,大力发展文化旅游、传统体育,培育符合现代人需求的传统休闲文化,支持中华医药、中华烹饪、中华武术、中华典籍、中国文物、中国园林、中国节日等代表性项目走出去,积极宣传推介戏曲、民乐、书法、国画等。通过这些有力措施,让中华优秀传统文化内涵更好更多地融入生产生活各方面,转化为不可或缺的日常组成部分,形成人人传承发展中华优秀传统文化的生动局面,在全社会形成参与守护、传播和弘扬优秀传统文化的良好环境。”

2017年8月,教育部印发《中小学德育工作指南》,也明确指出:“开展家国情怀教育、社会关爱教育和人格修养教育,传承发展中华优秀传统文化,大力弘扬核心思想理念、中华传统美德、中华人文精神,引导学生了解中华优秀传统文化的历史渊源、发展脉络、精神内涵,增强文化自觉和文化自信。”

2018年5月,教育部发布《关于开展中华优秀传统文化传承基地建设的通知》,决定在全国普通高校开展中华优秀传统文化传承基地建设,计划到2020年在全国范围内建设100个左右中华优秀传统文化传承基地,探索构建具有高校特色和特点的中华优秀传统文化传承发展体系,在教育普及、保护传承、创新发展、传播交流等方面协同推进并取得重要成果。2019年6月,教育部办公厅发布《关于做好2019年全国中小学中华优秀传统文化传承学校遴选工作的通知》,决定在全国中小学校和中等职业学校开展2019年中华优秀传统文化传承学校遴选工作。计划遴选2000所左右中华优秀传统文化传承学校。这两个文件显然是从操作层面来进一步落实中共中央部署。

第三节 突围:传统文化教育的困境及超越

《完善中华优秀传统文化教育指导纲要》(以下简称《指导纲要》)在指出“加强中华优秀传统文化教育的重要性和紧迫性”以及“加强中华优秀传统文化教育的指导思想、基本原则和主要内容”后,明确要求分学段有序推进中华优秀传统文化教育,具体如下:

小学低年级:以培育学生对中华优秀传统文化的亲切感为重点,开展启蒙教育,培养学生热爱中华优秀传统文化的感情。认识常用汉字,学习独立识字,初步感受汉字的形体美;诵读浅近的古诗,获得初步的情感体验,感受语言的优美;了解一些爱国志士的故事,知道中华民族重要传统节日,了解家乡的生活习俗,明白自己是中华民族的一员;初步了解传统礼仪,学会待人接物的基本礼节;初步感受经典的民间艺术。引导学生孝敬父母、尊敬师长、友爱同学、礼貌待人，养成勤俭节约、吃苦耐劳、言行一致的生活习惯和行为规范，培育热爱家乡、热爱生活、亲近自然的情感。

小学高年级：以提高学生对中华优秀传统文化的感受力为重点，开展认知教育，了解中华优秀传统文化的丰富多彩。熟练书写正楷字，理解汉字的文化含义，体会汉字优美的结构艺术；诵读古代诗文经典篇目，理解作品大意，体会其意境和情感；了解中华民族历代仁人志士为国家富强、民族团结作出的牺牲和贡献；知道重要传统节日的文化内涵和家乡生活习俗变迁；感受各民族艺术的丰富表现形式和特点，尝试运用喜爱的艺术形式表达情感；培养学生对传统体育活动的兴趣爱好。引导学生学会理解他人，懂得感恩，逐步提高辨别是非、善恶、美丑的能力，开始树立人生理想和远大志向，热爱祖国河山、悠久历史和宝贵文化。

初中阶段：以增强学生对中华优秀传统文化的理解力为重点，提高对中华优秀传统文化的认同度，引导学生认识我国统一多民族国家的文化传统和基本国情。临摹名家书法，体会书法的美感与意境；诵读古代诗词，初步了解古诗词格律，阅读浅易文言文，注重积累、感悟和运用，提高欣赏品位；知道中国历史的重要史实和发展的基本线索，理解国家统一和民族团结的重要性，认识中华文明的历史价值和现实意义；欣赏传统音乐、戏剧、美术等艺术作品，感受其中表达的情感和思想；参加传统礼仪和节庆活动，了解传统习俗的文化内涵。引导学生尊重各民族传统文化习俗，珍视各民族共同创造的中华优秀文明成果，培养作为中华民族一员的归属感和自豪感。

高中阶段：以增强学生对中华优秀传统文化的理性认识为重点，引导学生感悟中华优秀传统文化的精神内涵，增强学生对中华优秀传统文化的自信心。阅读篇幅较长的传统文化经典作品，提高古典文学和传统艺术鉴赏能力；认识中华文明形成的悠久历史进程，感悟中华文明在世界历史中的重要地位；认识人民群众创造历史的决定作用和杰出人物的贡献，吸取前人经验和智慧，培养豁达乐观的人生态度和抵抗困难挫折的能力；感悟传统美德与时俱进的品质，自觉以中华传统美德律己修身；了解传统艺术的丰富表现形式和特点，感受不同时代、地域、民族特色的艺术风格，接触和体验祖国各地的风土人情、民俗风尚，了解中华民族丰富的文化遗产。引导学生深入理解中华民族最深沉的精神追求，更加全面客观地认识当代中国，看待外部世界，认识国家前途命运与个人价值实现的统一关系，自觉维护国家的尊严、安全和利益。

大学阶段：以提高学生对中华优秀传统文化的自主学习和探究能力为重点，培养学生的文化创新意识，增强学生传承弘扬中华优秀传统文化的责任感和使命感。深入学习中国古代思想文化的重要典籍，理解中华优秀传统文化的精髓，强化学生文化主体意识和文化创新意识；深刻认识中华优秀传统文化是中国特色社会主义植根的沃土，辩证看待中华优秀传统文化的当代价值，正确把握中华优秀传统文化与中国化马克思主义、社会主义核心价值观的关系。引导学生完善人格修养，关心国家命运，自觉把个人理想和国家梦想、个人价值与国家发展结合起来，坚定为实现中华民族伟大复兴的中国梦不懈奋斗的理想信念。

同时,《指导纲要》还要求“把中华优秀传统文化教育系统融入课程和教材体系”“全面提升中华优秀传统文化教育的师资队伍水平”“着力增强中华优秀传统文化教育的多元支撑”和“加强中华优秀传统文化教育的组织实施和条件保障”。2017 年 1 月,中共中央办公厅、国务院办公厅印发《关于实施中华优秀传统文化传承发展工程的意见》,进一步要求中华优秀传统文化教育要贯穿国民教育始终,希望从国家顶层设计上进一步加强中华优秀传统文化教育。

但是,理想很丰满,现实很骨感。如,就青少年传统文化教育而言,2016 年一项对全国 35 所高校的 3500 名大学生的调查发现,95.6%的大学生“为中华文化感到自豪”,91.1%的大学生认为“中华民族一定能创造文化新辉煌”,89.6%的大学生认为“中华优秀传统文化具有超越时空的永恒魅力”。但是,大部分大学生对传统文化的熟悉和了解程度明显不足。57.8%的大学生未完整读过“四书”中的任何一本,完整读过《大学》《中庸》《论语》《孟子》的比例分别为 12.8%、9.6%、38.3%和 12.5%。大学生是接受了完整基础教育且学业较为优秀的群体,他们对传统文化尚且缺乏深入的学习和理解,可见传统文化在青少年群体中的传播和影响非常有限。① 事实上,传统文化在现实生活中的处境则更为尴尬。

之所以出现上述困境,学者郭万超和孟晓雪认为,主要问题有五:一是中华传统文化与当代中国文化之间割裂现象比较严重。全球化的深入发展和我国对外开放的深化客观上给中华传统文化带来相当严重的冲击;我国工业化、现代化、城市化进程加快给中华优秀传统文化传承与弘扬带来巨大压力;社会上对中华优秀传统文化的当代价值认识不清,存在对中华文化全盘否定的倾向。二是缺乏结合当代中国文化发展创新时代需要的深入系统的挖掘研究。缺乏结合当代文化需求对中华传统文化全面、科学、系统的挖掘;缺乏对中华传统文化现代性转化、赋予民族传统文化以时代精神和适宜形式等方面的研究和实践;缺乏对优秀传统文化与社会主义核心价值观之间辩证关系的深入阐释,缺乏对中华优秀传统文化的科学的通俗化阐释。三是传承与弘扬中华传统文化的创新能力相对较弱,活化利用水平有待提高。对中华优秀传统文化的有效利用不足和“建设性破坏”的现象同时存在。四是传承与弘扬体制机制有待进一步完善。文化遗产保护理念薄弱,缺乏统一协调的管理体制机制,相应的法律和制度还不健全,相关保障措施执行不力。五是传承和弘扬的方式和手段相对单一。中华优秀传统文化传承和弘扬的社会参与程度相对较低,政府包办文化传承的现象仍然存在,一定程度上存在政府和民间在优秀传统文化传承和弘扬上“各自为政”“两张皮”的现象。中华优秀传统文化缺乏有效的现代传播手段。②

---

① 何芳:《青少年传统文化教育的现实、困境与对策》,当代青年研究,2018 年第 7 期。

② 郭万超,孟晓雪:《中华传统文化传承和弘扬存在的主要问题》,学术前沿,2017 年第 1 期。

学者黄丹则从新媒体时代的视角反思中国传统文化传承的困境。她认为，新媒体时代中国传统文化传承面临困境。于外，后殖民时期，现代西方文化霸权通过操控各种大众媒介来传播并强化其主流文化观念和价值取向，欲图通过“颜色革命”达到文化殖民的目的；于内，发达的电子媒介通过改变中国人的生活、交往方式而彻底改变了社会机体。形而下的“变局”或者“断裂”，必然会导致形而上失去“滋养”和“依托”，出现“文化滞差”。①

如何突破中国传统文化传承的困境？学者翟博认为：第一，加强中华优秀传统文化教育，必须认真学习领悟、深入阐发中华优秀传统文化的思想精华和文化精髓。要讲清楚中华优秀传统文化的历史渊源、发展脉络、基本走向，讲清楚中华文化的独特创造、价值理念、鲜明特色。要处理好继承和创新的关系，实现中华优秀传统文化创造性转化和创新性发展。第二，加强中华优秀传统文化教育，必须继承和弘扬中华优秀传统美德。加强全社会的思想道德建设，激发人们形成善良的道德意愿、道德情感，培育正确的道德判断和道德责任，提高道德实践能力尤其是自觉践行能力，引导人们向往和追求讲道德、遵道德、守道德的生活，形成向上、向善的力量。第三，加强中华优秀传统文化教育，必须加强爱国主义、集体主义、社会主义教育。坚持以事启人、以情感人、以理服人、以行引人，引导人民群众树立和坚持正确的历史观、民族观、国家观、文化观，不断增强做中国人的骨气、底气和朝气。第四，加强中华优秀传统文化教育，必须树立文化自觉，增强文化自信和价值观自信。用博大精深、源远流长的中华优秀传统文化滋养自己，让扎根中国大地、具有时代精气神的中华优秀传统文化成为我们实现复兴、走向世界的坚实根基。第五，加强中华优秀传统文化教育，必须将其贯穿国民教育全过程，特别是在学校教育中，要践行全员育人、全程育人、全方位育人。加强中华优秀传统文化类课程和教材体系建设，在中小学全面开展中华优秀传统文化进教材、进课堂、进头脑工作，在高校开设中华传统文化类课程，为学生提供丰富选择。把中华优秀传统文化全方位融入思想道德教育、文化知识教育、艺术教育、体育、社会实践教育各环节，贯穿于启蒙教育、基础教育、职业教育、高等教育、继续教育各领域。第六，加强中华优秀传统文化教育，必须充分调动全社会的积极性和创造性。加大宣传教育力度，讲活中国故事。坚持全党动手、全社会参与，把中华优秀传统文化教育的各项任务分解、落实到农村、企业、社区、机关、学校等，形成齐抓共管、共建共学的新局面。②

我们认为，要突破传承优秀传统文化的困境，关键是要将《完善中华优秀传统文化教育指导纲要》真正落实到位。其实，《指导纲要》及其他有关文件已经明确提出了相关要求以及落实措施。

---

① 黄丹：《新媒体时代中国传统文化传承的困境与反思》，重庆邮电大学学报（社会科学版），2017 年第 9 期。

② 翟博：《加强中华优秀传统文化教育》，中国教育报，2017 年 8 月 31 日第 1 版。

一、加强中华优秀传统文化教育的组织实施和条件保障

1. 加强组织领导。各级党委和政府要从坚定文化自信、坚持和发展中国特色社会主义、实现中华民族伟大复兴的高度,切实把中华优秀传统文化传承发展工作摆上重要日程,加强宏观指导,提高组织化程度,纳入经济社会发展总体规划,纳入考核评价体系,纳入各级党校、行政学院教学的重要内容。各级党委宣传部门要发挥综合协调作用,整合各类资源,调动各方力量,推动形成党委统一领导、党政群协同推进、有关部门各负其责、全社会共同参与的中华优秀传统文化传承发展工作新格局。各有关部门和群团组织要按照责任分工,制定实施方案,完善工作机制,把各项任务落到实处。

2. 加强政策保障。加强中华优秀传统文化传承发展相关扶持政策的制定与实施,注重政策措施的系统性、协同性、操作性。加大中央和地方各级财政支持力度,同时统筹整合现有相关资金,支持中华优秀传统文化传承发展重点项目。制定和完善惠及中华优秀传统文化传承发展工程项目的金融支持政策。加大对国家重要文化和自然遗产、国家级非物质文化遗产等珍贵遗产资源保护利用设施建设的支持力度。建立中华优秀传统文化传承发展相关领域和部门合作共建机制。制定文物保护和非物质文化遗产保护专项规划。制定和完善历史文化名城、名镇、名村和历史文化街区的相关保护政策。完善相关奖励、补贴政策,落实税收优惠政策,引导和鼓励企业、社会组织及个人捐赠或共建相关文化项目。建立健全中华优秀传统文化传承发展重大项目首席专家制度,培养造就一批人民喜爱、有国际影响的中华文化代表人物。完善中华优秀传统文化传承发展的激励表彰制度,对为中华优秀传统文化传承发展和传播交流作出贡献、建立功勋、享有声誉的杰出海内外人士按规定授予功勋荣誉或进行表彰奖励。有关部门要研究出台入学、住房保障等方面的倾斜政策和措施,用以倡导和鼓励自强不息、敬业乐群、扶正扬善、扶危济困、见义勇为、孝老爱亲等传统美德。

3. 加强文化法治环境建设。修订文物保护法,制定文化产业促进法、公共图书馆法等相关法律,对中华优秀传统文化传承发展有关工作作出制度性安排。在教育、科技、卫生、体育、城乡建设、互联网、交通、旅游、语言文字等领域相关法律法规的制定修订中,增加中华优秀传统文化传承发展内容。加大涉及保护、传承和弘扬中华优秀传统文化法律法规施行力度,加强对法律法规实施情况的监督检查。充分发挥各行政主管部门在传承发展中华优秀传统文化中的重要作用,建立完善联动机制,严厉打击违法经营行为。加强法治宣传教育,增强全社会依法传承发展中华优秀传统文化的自觉意识,形成礼敬守护和传承发展中华优秀传统文化的良好法治环境。各地要根据本地传统文化传承保护的现状,制定完善地方性法规和政府规章。

4. 充分调动全社会积极性、创造性。传承发展中华优秀传统文化是全体中华儿女的共同责任。坚持全党动手、全社会参与,把中华优秀传统文化传承发展的各项任务落实到农村、企业、社区、机关、学校等城乡基层。各类文化单位机构、各级文化阵地平台,

都要担负起守护、传播和弘扬中华优秀传统文化的职责。各类企业和社会组织要积极参与文化资源的开发、保护与利用，生产丰富多样、社会价值和市场价值相统一、人民喜闻乐见的优质文化产品，扩大中高端文化产品和服务的供给。充分尊重工人、农民、知识分子的主体地位，发挥领导干部的带头作用，发挥公众人物的示范作用，发挥青少年的生力军作用，发挥先进模范的表率作用，发挥非公有制经济组织和社会组织从业人员的积极作用，发挥文化志愿者、文化辅导员、文艺骨干、文化经营者的重要作用，形成人人传承发展中华优秀传统文化的生动局面。

二、着力增强中华优秀传统文化教育的多元支撑

1. 建设不断适应时代需要的中华优秀传统文化网络教育平台。利用好现有全国文化资源共享工程、公共电子阅览室建设工程、数字图书馆推广计划等数字文化惠民工程的数据资源成果，推动优秀传统文化网络传播，制作适合互联网、手机等新兴媒体传播的传统文化精品佳作。重点打造一批有广泛影响的传统文化特色网站，支持和鼓励学校网站开设传统文化专栏。加强校园网络建设，依托高校网络文化示范中心、大学生网络文化工作室等，拓宽适合青少年学生学习特点的线上教育平台。选取一批有代表性的中华优秀传统文化经典诗文，建设“中华经典资源库”。在中国大学生在线、易班网等设立中华优秀传统文化教育专栏，进行形式活泼、内容丰富的在线学习。

2. 加强中华优秀传统文化校园教育活动。利用学校博物馆、校史馆、图书馆、档案馆等，结合校史、院史、学科史和人物史的挖掘、整理和研究，发挥其独特的文化育人作用。深入开展创建中华优秀传统文化艺术传承学校活动，邀请传统文化名家、非物质文化遗产传承人等进校园、进课堂。依托少先队、共青团、学生党支部、学生会、学生社团等，开展主题教育、理论研讨、社会实践、志愿服务、文艺体育等形式多样、丰富多彩的活动。

3. 构建互为补充、相互协作的中华优秀传统文化教育格局。充分利用博物馆、纪念馆、文化馆（站）、图书馆、美术馆、音乐厅、剧院、故居旧址、名胜古迹、文化遗产、具有历史文化风貌的街区等，组织学生进行实地考察和现场教学，建立中小学生定期参观博物馆、纪念馆、遗址等公共文化机构的长效机制。积极配合文化、新闻出版广电等部门，提倡和扶持弘扬中华优秀传统文化的各类文艺作品创作，在评奖、宣传等方面加强引导，办好青少年电视频道，做好图书出版规划，创作、出版一批青少年喜爱的影视片、音像制品和文学艺术作品，为加强中华优秀传统文化教育提供丰富、生动的教育资源。

4. 充分发挥家庭在中华传统文化教育中的重要作用。要重视发挥中小学家长委员会以及各级各类家长学校、家庭教育指导机构、校外活动场所的作用，把学校教育与家庭教育紧密结合起来，积极组织开展学生和家长共同参与的传统文化体验、主题教育实践活动、志愿者服务和公益性活动，践行中华优秀传统美德，弘扬中华优秀传统文化。倡导家长通过言传身教，形成爱国守法、遵守公德、珍视亲情、勤俭持家、邻里和睦的良

好家风，营造弘扬中华优秀传统文化的家庭教育氛围。

三、全面提升中华优秀传统文化教育的师资队伍水平

1. 打造一支中华优秀传统文化教育骨干队伍。在中小学教师资格考试内容中增加中华优秀传统文化的比重。在师范院校开设中华优秀传统文化课程。鼓励民间艺人、技艺大师、非物质文化遗产传承人参与职业教育教学。建立非物质文化遗产传承人“双向进入”机制，设立技艺指导大师特设岗位，鼓励有条件的职业院校成立大师工作室。在长江学者奖励计划、新世纪优秀人才支持计划、高等学校青年教师培养计划等各类人才计划，以及“万人计划”教学名师评选中，增加传统文化教学和研究人才比重，培养和造就一批中华优秀传统文化教学名师和学科领军人才。

2. 加强面向全体教师的中华优秀传统文化教育培训。在哲学社会科学教学科研骨干研修、高校思想政治理论课骨干教师研修、高校辅导员骨干培训中加大中华优秀传统文化内容比重。在中小学教师国家级培训计划、义务教育学校校长和农村幼儿园园长研修培训计划、职业学校教师和校长素质提高计划中增加中华优秀传统文化培训内容，提高各级各类学校教师开展中华优秀传统文化教育的能力。

四、把中华优秀传统文化教育系统融入课程和教材体系

1. 在课程建设和课程标准修订中强化中华优秀传统文化内容。围绕中华优秀传统文化教育的主要任务，适时启动课程标准修订和课程开发的研究论证、试点探索和推广评估工作。在中小学德育、语文、历史、艺术、体育等课程标准修订中，增加中华优秀传统文化内容比重。地理、数学、物理、化学、生物等课程，应结合教学环节渗透中华优秀传统文化相关内容。鼓励各地各学校充分挖掘和利用本地中华优秀传统文化教育资源，开设专题的地方课程和校本课程。开展职业院校民族文化传承与创新示范专业点建设。鼓励有条件的高等学校统一开设中华优秀传统文化必修课，拓宽中华优秀传统文化选修课覆盖面。面向各级各类学校重点建设一批中华优秀传统文化精品视频公开课。加强中华优秀传统文化相关学科建设。

2. 修订相关教材和组织编写中华优秀传统文化普及读物。根据修订后的中小学课程标准，修订相关教材。制作内容精、形式活、受欢迎的数字化课件。在高等学校统一推广使用马克思主义理论研究和建设工程重点教材《中国文化概论》。鼓励有条件的地方结合地方课程需要编写具有地域特色的中华优秀传统文化读本。组织知名专家编写多层次、成系列的普及读物。

3. 充分发挥中小学德育课和高校思想政治理论课的重要作用。促进思想政治教育与中华优秀传统文化教育的紧密结合，以爱国主义教育为核心，深入挖掘中华优秀传统文化中蕴含的丰富思想政治教育资源，进一步丰富中小学德育课和高校思想政治理论课的教学内容，创新教学方法和手段，提升教学效果。

第二章　正本清源:谋划顶层设计

迄今,笔者从事教育工作32年,其中,从事学校管理工作二十多年,先后在6所中学工作过,2013年8月调任徐州市第二中学校长。

徐州二中是一所具有悠久传统文化底蕴的学校。老校区坐落在市区中心,校址为徐州府学宫旧址。据徐州府志记载:明洪武二年(1369年),为振兴文教,广设学校,知州文景宗将学宫"移建城东北",即彭城路北,黉(洪)学巷东。"明洪武二年秋八月孔子庙学成。"这期间,朝代更替,世事沧桑,学庙亦历经劫难,或毁于天灾,或毁于人祸。历代当权者,深知"人才之兴衰,视乎学校之隆替",因此,为了"兴贤育才",曾多次拨款修复。一些名宦先达也都捐资济助。所以,学庙相继重建、增修,延至晚清,已颇具规模。经过明、清两代经营缔造的府学宫,设计严正和谐,造型雄伟瑰丽,布局完美精巧。今天的校园内仅存学宫正殿(即大成殿)及其"戟门",也叫"大成门"。19世纪末期,科举制度废除后,在府学宫基础上先后创办了"乙种讲习所""甲种师范讲习所""私立徐州中学",1923年,改办为铜山县立师范,直至1938年停办。1938年,在府学宫建"徐州市立中学"。抗战胜利后,国民党政府在此基础上成立"铜山县县立中学"。1948年,徐州解放,铜山县立中学宣告结束,人民政府成立徐州市第二中学。

徐州二中也是一所具有光荣革命传统的学校。五四运动期间、"五卅惨案"后、1929年、1930年、1933年,学校先后五次爆发规模较大的学潮,引领徐州地区学潮运动。1991年,徐州市政府在学校立革命纪念标志碑一块,上书"徐州学潮活动旧址"。1928年5月,中国共产党为了反对国民党的反动统治,在师生中间发展进步力量,在学校建立了党的地下支部,属"徐州特支"领导。学校另建有"学生抗日救国会""学生读书会""学生红军之友会""学生反帝大同盟"等一些外围组织,这些组织在党的引导下开展各种活动。1921年以来,学校先后培养出以顾永田、郭影秋为代表的一大批仁人志士、革命英模。其中,顾永田烈士解放前曾先后担任中共山西工卫旅第二十二团团长、文水县县长、晋绥边区第八行政专员公署专员等职,1941年1月壮烈牺牲,2014年入选全国首批著名抗日英烈名录。郭影秋解放前先后任中共湖西军分区司令员、冀鲁豫军区政治部主任、解放军十八军政治部主任等职,解放后历任云南省长、南京大学校长兼党委书记、中国人民大学党委书记兼副校长等职。

第一节 文化:指引学校前行的航标

徐州二中是徐州文脉传承的重要基地,得尊师重教之天时,具府学文庙之地利,仰万众期待之人和。棂星门、泮池、大成门、大成殿等从建筑意义上来说是静态的,但对于学生的教育却是弘扬优秀传统文化的活教材。这些建筑背后的每一个细节,都蕴含着深厚的府学文化:一是尊师、尚礼;二是兴教育、兴文治;三是崇尚教化、劝学后人;四是传承、赓续道统。府学文化的教育价值主要有记录历史,展示文化,载托灵魂,提供认同,增强自信,明确责任,志存高远。“教育应当继承和弘扬中华民族优秀的历史文化传统,吸收人类文明发展的一切优秀成果。”[①]于是,“承先贤遗泽”“为后学奠基”便理所当然地成为学校的责任担当。那么,究竟如何来完成这一光荣的历史使命?我们认为,关键是在国家政策的引领下充分考虑学校的历史渊源,谋划好顶层设计,重点建设好学校文化,以文化来引领学校全面发展。

如众所知,学校文化由观念文化、规范文化和物质文化构成。观念文化也叫精神文化,包括学校愿景、办学理念、校训和办学目标等。观念文化是学校文化的内核和灵魂,是学校组织发展的精神动力。规范文化也叫制度文化,是一种确立组织机构、明确成员角色与职责、规范成员行为的文化。规范文化是育人职能的制度保证。物质文化是学校文化的空间位置形态形式,是学校精神文化的物质载体,也是学校教育教学及其管理活动的物质基础。对于徐州二中的学校文化建设,我们是沿着如下的路径来探索的。

我们首先认真梳理了学校已有的观念文化。

据1986年编写的《校志》记载,校风是“有理想、勤学习、守纪律、敬师长”,学风是“尊师守纪,刻苦动脑”,教风是“治学严谨,为人师表”。

1995年前后,校风是“文明、勤奋、求实、创新”,学风是“勤奋、踏实、刻苦、多思”,教风是“严谨治学,敬业奉献”。

以上两个时期没有出现学校的愿景、办学理念、校训和发展目标等项目。

2007年前后,校训是“贵仁”,校风是“爱国、厚德、笃志、合和”,学风是“尚学、勤奋、博学、善思”。这一时期没有学校的愿景、办学理念、教风和发展目标等项目。

2013年,基于对学校的历史考察和现状分析,我们认为,此前的几个版本的“一训三风”不足以凸显学校的历史渊源和内涵。于是,我们结合现代教育理念和学校办学渊源,提出“守正、出新”的办学理念,以此来统领整个学校文化系统。在此理念指导下,确立了“扎文化之根、育栋梁之才”的学校愿景,凝炼出“贵仁、励学”的校训、“明伦、崇德、宏志”的校风、“尚礼、启智、鼎新”的教风以及“勤学、慎思、笃行”的学风,发展目标则是“建设一所优秀传统文化与现代文明相融合,有特色、高质量的江苏省四星级高中”。

---

① 详见《中华人民共和国教育法》第七条。

基于办学理念、学校愿景和校训精神,我们提出了"四轮驱动发展"的办学策略,即通过规范发展、特色打造、传统弘扬、现代引领,最终促进学校的内涵发展。具体地讲,注重规范,以实现学校稳步发展:着重从规范教师教学、规范学生行为习惯、规范后勤管理三方面落实。强化特色,以实现个性及特色发展:着重从学校仁爱和谐管理文化特色、教师校本研修特色、学生特色项目推进三方面落实。弘扬传统,以实现文化内涵发展:着重从百年校史追溯传统文化、校园环境再现传统文化、校本课程激活传统文化三方面落实。现代引领,以实现与时代同步发展:着重从现代教育理念引导、现代教学模式创新、现代教学设施保障三方面落实。

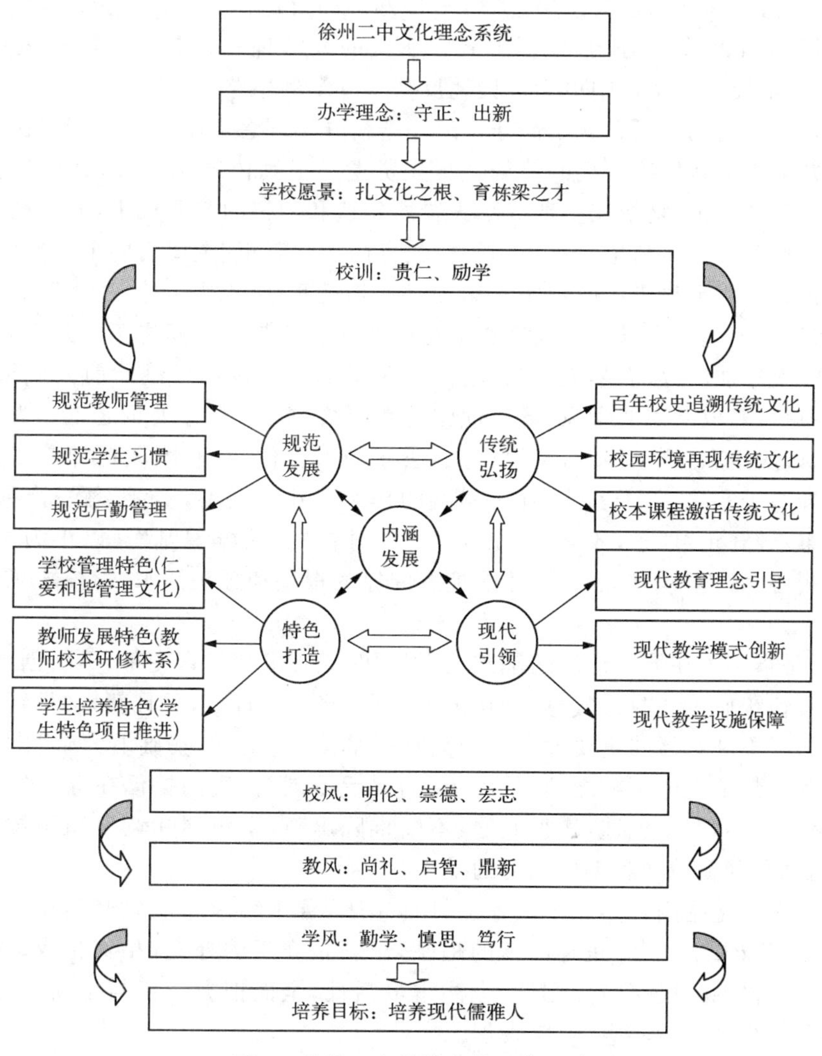

图 1　徐州二中学校文化理念系统

就文化理念系统中的有关概念我们分别作出以下解读：

一、办学理念：守正、出新

办学理念又叫办学思想，是校长基于"办怎么样的学校"和"怎样办好学校"的深层次思考的结晶，是一定的教育思想、管理思想与学校实际的有机结合。从某种意义上说，办学理念就是学校生存理由、生存动力、生存期望的有机构成。这其中也就包含了校长对学校特色的认识、挖掘，因为学校特色是其独立发展、获得卓越办学成就的重要着力点。

简而言之，办学理念包含两层意思：一是办学的价值信念，二是办学理想。明确办学理念，即明确学校发展方向、发展方式。明确的办学理念正是指引学校发展的导航器，它在整个学校精神文化中更为直接地反映了办学的思路。

守正，出自《史记》，意思就是恪守正道。学校办学理念当中的"守正"意在继承学校六百多年办学历史和传统文化的精华，"承先贤遗泽辛勤传道顺天心，为后学奠基积极树人当己任"。"守正"是指完整地继承先贤所创造和积累的文明成果，准确地理解历代大师的精辟见解和笃实结论。具体到学校教育而言，"守正"主要有四个方面内容：一是守道德之正。要尊重和传承前辈所积累的优秀道德理念和规范，教育学生形成良好的道德，并在社会上起到引导和传播优秀道德的作用。二是守学问之正。凡学问之形成，均为历代学人累加所致，而学人所为，起点必是继承。我校倡导继承前人成果，准确地理解前人思想，养成严谨的学风，形成优化的知能结构。三是守处世之正。为人处世当笃守正道，诚实平和，严以律己，宽以待人，善于与人合作，具有团队精神。四是守行事之正。倡导勇于实践、善于实践、勤于实践的作风。扎实做事，不浮不躁；严谨行事，一丝不苟。秉承"守正"理念，才能"承先贤遗泽"，才能"为后学奠基"。以正为本，以极大的信心和耐心"守正"，学校的发展才能拥有深厚的根基和源头活水，学校才能拥有更加灿烂的明天。

出新，是指学校在继承传统的基础上，根据时代要求和教育变革，不断创新，使学校的办学兼具传统底色和时代气息。《礼记・大学》曰："苟日新，日日新，又日新。"从动态的角度强调了不断革新的重要性。学校只有在坚持"守正"的基础上力求"出新"，才能在教育改革形势下立于不败之地。"出新"的要旨是创新，我们提倡在继承先贤遗泽的基础上，勇于开拓，善于创造，懂得变通，不断推陈出新，紧跟国际竞争和科技发展的形势，培养出具有创新精神和创造能力的学生。

习近平总书记指出："不忘本来才能开辟未来，善于继承才能更好创新。"守正与出新共生互补，辩证统一。守正是出新的根基，出新是守正的补充，相辅相成。守正不离出新，出新不舍守正，既坚持原则性，也注重灵活性，全面把握守正与出新二者的关系，推动学校各项事业生生不息、科学发展。

二、学校愿景:扎文化之根、育栋梁之材

《现代汉语词典》(第5版)将“愿景”解释为“所向往的前景”。“愿景”强调的是人们内心的向往与憧憬,它既是宏伟的又是激动人心的,是一个预见未来的美景,这个美景给人以动力,给人以奋进的精神支柱。学校发展愿景是学校对未来理想和长远战略目标所描绘的纲领性蓝图,是学校的发展目标,也是全体师生的共同愿望。它有以下三个基本要素:大家愿意看到的(期望的)、大家愿意为之努力的(主动的)、通过努力可以一步一步接近的(可接近的)。一所学校如果没有共同愿景,就像一艘没有航舵的船。相反,学校愿景清晰了,学校的发展就有了灵魂,同时也就有了明确的发展方向和路径。

悬挂在学校老校区明伦门两侧的楹联“德尊学富师严道圣誉驰中外,源远流长气正风和泽被古今”,诠释了学校作为徐州教育文化变迁的永恒载体和“庙学合一”文化现象的承载者,在儒家文化、府学文化和红色文化的多重影响下,形成了文化资源丰富、传统色彩浓厚、具有独特校园风情的学校文化特征,为打造学校特色品牌战略提供了良好的文化基础和历史文化土壤。扎根于厚重的历史文化土壤中,我们的学校文化就有了源头活水,就有了生生不息的传承和发展。

宋代大儒胡瑗曰:“致天下之治者在人才,成天下之才者在教化。”古往今来,人才向来是事业发展的灵魂和根本,是引领人先的标杆和旗帜。学校崇德门两旁的楹联“融人类文明善施化雨滋桃李,汲儒家精髓广布春风育栋梁”,昭示着今天的二中人的孜孜追求,“育栋梁之材”也就理所当然地成为我们的使命和愿景。

三、办学方略:四轮驱动发展

办学方略就是学校为实现办学目标,从现实形态中高度概括出来的,学校在某一发展阶段工作的实施策略,是学校一定时期内办学活动的指导原则,反映了学校领导的办学思路和质量决策,是学校全体教职员工必须遵守的准则和行动纲领。

“四轮驱动发展”战略是指通过规范发展、特色打造、传统弘扬、现代引领,实现传统与现代的融合、规范与特色的联姻,最终促进学校的内涵发展。

规范发展:着重从规范教师教学、规范学生学习行为习惯、规范后勤管理三方面落实。建立并完善各项规章制度,形成强有力的制度文化,规范办学行为,规范学生习惯。规范就是标准,规范就是生命和质量,它是保证学校稳步发展的基石。

特色打造:着重从学校仁爱和谐管理文化特色、教师校本研修特色、学生特色项目推进三方面落实。和谐管理特色,彰显仁爱和谐的文化,塑造民主、开放、主动、和谐的人文管理氛围,让教师乐教、学生乐学。教师校本研修特色是学校发展的主轴,得教师者得天下,只有拥有了一支素质高、凝聚力强的教师团队,学校的发展才有坚实的支撑。我们充分发挥教师的团队智慧,确立了学校校本研修的三个基本策略:一是读书对话,

即构建学习型校园，旨在解决教师专业底子薄、文化素质不高的现状；二是科研驱动，即通过教育研究，唤醒教师的话语权意识，解决教师不善于发现、研究、表达的话语权缺失问题；三是评价激励，即通过建立系列评价机制，让每个教师都能找到"兴奋点"，从而自信面对自己的工作，潜沉下去，让自己的思想落地。学生特色项目推进，学校长期坚持开办校园科技节、艺术节、围棋节等，除此之外，学校特别关注学生社团建设，为学生素质培养找到了合适的载体，取得了很好的效果。

弘扬传统：着重从百年校史追溯传统文化、校园环境再现传统文化、校本课程激活传统文化三方面落实。历史是最好的教科书，追溯学校的文化传统，继承学校六百年历史积淀，无疑是学校发展的厚重根基。继承传统，离不开校园环境的熏陶，我们通过"中轴带两翼"的校园文化长廊的打造和"一场三门五院"的文化元素的彰显，为校园环境注入了鲜活的文化基因，使之成为文化传承的重要纽带。除此之外，学校还通过丰富多彩的校本课程，将文化传承长期化、常态化。

现代引领：着重从现代教育理念引导、现代教学模式创新、现代教学设施保障三方面落实。现代教育理念，引领着教学模式的创新和现代教学技术的发展，而教学模式的创新和现代教学技术的应用反过来又会促进学校的内涵发展。

概而言之，规范与特色并存、传统与现代兼容，让学校气质不凡。规范，是办学之基，通过行政管理规范、教师教学规范、学生言行规范来保障办学质量；特色，是办学之魂，通过管理制度创新、教师发展创新、课堂教学创新、课外活动创新、学校特色项目等来实现人无我有、人有我优的特色发展；传统，是办学之源，六百年的办学历史，千年的中华传统文化，赋予了学校深厚的文化底蕴和人文内涵；现代，是办学之实，通过现代办学理念，来引导办学行为、办学模式、办学条件环境和办学效果的现代化。最终旨在实现优质教育，实现培养现代儒雅人的育人目标。

四、校训：贵仁、励学

"校训"，中华书局1930年出版的《中华百科辞典》对此的解释是："学校为训育之便利，选若干德育条目制成匾额，悬见于校中公见之地"，"目的在于使个人随时注意而实践之"。1988年出版的《汉语大词典》的解释是："校训，即学校为了进行道德教育的方便，选择若干符合本校办学宗旨的醒目词语，作为学校全体人员的奋斗目标。"

我们认为，校训是学校提出的对全体师生具有规范、警策与导向作用的行动口号，它是学校核心理念的具体写照，反映出学校的整体价值追求、独特气质及文化底蕴，蕴含师生的道德理想、学术人格和历史责任。同时它也是一种文化，是一种面向社会的精神标志，是学校历史和文化的积淀，是一个学校精神核心的抽象凝聚和形象再现。无论对学校的发展还是对师生的导引，校训都起着潜移默化和耳濡目染的巨大作用。

中国文化重人，重人文、人生、人道、人间、人伦、人格、人情、人性，而孔子提出的

“仁”字便是中国文化的代名词，郑玄曰：“仁，相人偶也。”仁从二人，由此可见，仁是讲“人际”之道，亦即是“做一个人须要尽人道，尽人道即是仁”。孟子说：“仁也者，人也。合而言之道也。”荀子说：“先人之道，仁之隆也。”“道者，非天之道，非地之道，人之所以道也。”故儒家一切之意识形态皆自“人”为出发点，又以“人”为归宿点，故“天之道”之宗教在中国不发达（当然中国的原始之文化精神中亦有宗教性的超越的感情，此从中国天人相与、天人合一、天人之际等思想可以看出），“地之道”之自然科学在中国亦不得开展（当然也有利用厚生等之技术观念，但此皆是小道，地之道，非君子之所乐为也）。《论语》：“子夏曰：虽小道，必有可观者焉，致远恐泥，是以君子不为也。”晦翁注：“小道，如农圃医卜之属。”唯独“人之道”的人生哲学发荣滋长，蔚成大观。梁任公说：“顾儒家所确信者以为‘人能弘道，非道弘人’，故天之道，池之道悉以置诸第二位，而唯以‘人之所以为道’为第一位的，质言之，则儒家舍人生哲学外无学问。”真是一语破的。儒家重“人之道”的人生哲学，其主要之目的便是安顿人生，使生命在地上落实，使人真正成人。因此《中庸》所说“成人之性”的学问遂见发达，此中国所以能开出辉煌之伦理学、政治哲学、文学、艺术也。[①]

孔子把“仁”作为最高的道德原则、道德标准和道德境界。他将整体的道德规范集于一体，形成了以“仁”为核心的伦理思想结构，包括孝、弟（悌）、忠、恕、礼、知、勇、恭、宽、信、敏、惠等内容。《论语·雍也》曰：“夫仁者，己欲立而立人，己欲达而达人。能近取譬，可谓仁之方也已。”立，就是立足社会，有所成就之意；达，就是事遂人愿，大显身手之意。自己求立，并使人也立；自己求达，并使人也达。也就是说自己努力不止，同时也善于为他人着想，意即成己成人。换个角度说，仁就是“己所不欲，勿施于人”。

“仁者爱人”，但并不是每个人都可以做到这一点。首先，你必须是一位“仁者”。怎样才能成为一位仁者？“为仁由己”，注重自身道德文化素质与思想品行的修养。遵守社会基本的道德规范，不逾越规范相对应的准则，努力从善，身体力行，塑造出良好的个人道德。当社会个体的道德修养达到一定境界后，社会成员就会主动地遵循社会行为规范，也会自然地形成爱人这一良好的社会现象。基于上述思考，我们的校训中便有了“贵仁”二字，以体现学校规范师生行为、提高师生思想道德素质的办学追求。

“励学”，即发奋学习。语出北齐颜之推《颜氏家训·勉学》：“勃然奋励，不可恐慑也。”在知、行方面，“励学”强调通过主动、刻苦、认真地学习，提高自身的人生境界和知能水平。清代学者梁章钜在《归田琐记·谢古梅先生》中说：“先生敦品励学，实为儒宗。”他以“敦品励学”来评价可为儒者典范的人，反映了学者致力于自身道德修养、发奋学习的高尚境界。学校校址所在地历经朝代更替，世事沧桑，无论是文庙、书院，还是学

---

① 金耀基：《从传统到现代》，法律出版社，2017 年，第 280～281 页。

堂、讲习所、新学校，向来都鼓励学生潜心向学，始终是徐州地区文脉之所在。学校这块文化沃土也一直书声琅琅，学风浓郁。以“励学”为校训，既有历史的传承，又有现实的新义——意在鼓励学以致用的人文思考，砥砺踏实严谨的求学精神。它要求师生做到邃密群科，勤勉拼搏，知行合一，学以致用，致力于打造一片崇尚真理、励志读书的求学圣地、精神家园。

总之，学校以“贵仁、励学”为校训，反映了师生追求道德、学问，胸怀广阔，意志刚强的品质和决心成为国家栋梁之材的理想，体现了培育儒雅现代人、树立优良校风的时代精神，以此提升学校的凝聚力和向心力，从而加强师生及校友对学校的认同感、荣誉感，符合学校人才培养的定位。

五、校风：明伦、崇德、宏志

校风是一所学校各种风气的总和，是学校在办学过程中长期积淀而成的具有行为和道德意义的风气，是在校内乃至社会上具有极大影响并被普遍认可的思想和行为风尚。校风是校训的拓宽、延伸和具体化，其要素包括学校领导的工作作风、教师的教风和学生的学风及学校积淀的传统文化精神与学术探索所形成的风气和氛围，集中体现了学校的办学理念、育人方针、学术追求和办学特色，是学校品位和格调的重要标志之一。

“明伦”二字出自《孟子·滕文公上》：“夏曰校，殷曰序，周曰庠；学则三代共之，皆所以明人伦也，人伦明于上，小民亲于下。”意思是说无论是乡学还是国学，共同的目的都是阐明并教导人们懂得人与人之间的伦理道德标准。人伦道德思想源远流长，并在促进社会和谐、维系社会稳定和发展中发挥了重要的历史作用。在今天，随着社会主义市场经济的发展，传统伦理道德面临前所未有的冲击和挑战。学校的“明伦”旨在倡导学生在弘扬优秀传统伦理道德的基础上学会如何做人以追求完美道德，体现了学校在社会发展的新形势下，努力寻求传统伦理与现代文明结合的契合点，培养具有现代人伦素养、适应社会发展的高素质人才的追求。

“崇”是推崇、尊崇，“德”指德性、品格。中国的传统文化重“德性”、重“教化”，我国素有“进德修业”“德才兼备”“修已安人”的主张。《中庸》提出“尊德性而道问学”，强调的是道德的先导、引领、统率和调节作用。“德性”既是“问学”的前提，也是它的最终归宿。《墨子·修身》曰：“志不强者智不达。”“德”有着丰富的内涵。德者，正也，才之帅也，有德之人，必定做人正派，做事正直，行走正道。德是博爱，道德高尚的人肯定是主动关心他人、关心社会、关爱自然，懂得换位思考，己所不欲、勿施于人的人。德是尚善，有德之人必是行善尚善之人，他们助人为乐，先人后己，善利万物而不争，甘居下游而不腐。德是责任，有德之人必定是责任心强的人，他们敢于担当，勇于奉献，不怕牺牲，有着舍我其谁、责无旁贷的精神气魄。育德立人，强智达人，我校“崇德”就是要坚持以德立品，以智广才，以德引领学生的全面发展，为培养人才奠定可持续发展的深厚基础，这是我们肩负的使命。

“宏志”即光大志向。三国时期的政治家诸葛亮说:“学须志也,才须学也,非学无以广才,非志无以成学。”明代思想家王守仁说:“志不立,天下无可成之事。”学生在厚重校风的浸润下,在老师的悉心教育下,应该会明白,作为青少年要想成才,不仅要早立志,而且要“志当存高远”。因为志向越大,越能激发学习的自觉性,越能集中精力,勤奋耕耘,锲而不舍。

六、教风:尚礼、启智、鼎新

教风,是学校教师群体在长期的教育教学实践中表现出来的教学风气和习惯。教风直接影响学风。教师要忠于党的教育事业,有崇高信念、高尚的思想品格和道德修养,注重完善师德、师仪、师艺。师德是教风之魂,缺乏师德,就算业务水平再高,也达不到教书育人的基本目的。师仪是教风之形,良好的形象、文雅的仪表、得体的举止,就是树立在学生面前现实生动的参照榜样。师艺是教风之本,渊博的学识、独立的见解、丰富的教学手段,对学生不仅仅是一种知识的传递,也是一种人生境界的张扬。

“不学礼,无以立。”“礼”是社会生活中的社会准则和道德规范,它来源于儒家倡导的行为准则。中国号称礼仪之邦,《荀子·修身》曰:“礼者,所以正身也。”对中国传统的儒学而言,礼学是其核心组成部分,我们讲“尚礼”就是希望通过教师引导学生从礼敬做起。别人不守礼,我要守礼,起一个带头的作用,影响我们身边的人,进而影响到社会。人人都讲礼,人人都重礼节,这样校园才能文明有序,社会也才能和谐发展。学校力图对学生施以礼教、潜移默化,既诚其意、复正其心,使学生无论从学业还是做人方面,都能够有所发展,有所完善。

“启智”即疏启智慧,积学育才。孔子倡导“不愤不启,不悱不发”的启发教学,《学记》对“启发教学”也是推崇有加:“君子之教,喻也。道而弗牵,强而弗抑,开而弗达。道而弗牵则和,强而弗抑则易,开而弗达则思。和易以思,可谓善喻矣。”意思是说,教师教学之功在于开启和诱导。要引导而不是牵拉着学生前行;要激发而不是压抑学生的主动性;要启发而不是代替学生达成结论。引导而不牵拉,师生关系就会和谐融洽;激励而不压抑,学生学习就会充满乐趣;启发而不灌输,学生思维就会积极活跃。韩愈“传道、授业、解惑”的师道说精准地点明了“崇德”与“启智”的融汇点。

“鼎新”在《易·杂卦》中被解释为“鼎,取新也”,常与“革故”合用,泛指事物的破旧立新。把“鼎新”列入学校教风,既是“守正、出新”办学理念的延续,又是时代的呼唤。鼎新的实质是突破,即突破旧的思维定势、旧的常规戒律。当然,鼎新是在总结前人经验教训的基础上进行的,既要吸收前人的成果,又要敢于突破前人思想的束缚。为师者,绝不能人云亦云,应当继往开来、与时俱进,唯有此,才可能培养出适应时代需要的具有创新意识的人才。

七、学风：勤学、慎思、笃行

学风就是学生在学习过程中应该养成和遵循的风气，是凝聚在教与学过程中的精神动力、态度作风、方法措施等，它依不同特点的学校表现出独有的特色和丰富的内涵，并通过学校全体成员的意志与行动，逐步地形成和固化，成为一种传统和风格。因此在一定程度上说，学风是教风的折射，教风是学风的写照。

学风又是学校各项管理和教学工作的缩影，表现出来的是一种具有倾向性的、稳定的态度和行为，反映在学生学习行为和学习习惯上，表现其对学习的感受、情绪、习惯、传统以及舆论等，对集体的每一个成员具有或积极或消极的影响，由此可见学生学习风气的重要性。

“勤学”指勤奋、努力学习。《东汉观记·桓荣传》曰：“荣少勤学，讲论不怠，治《欧阳尚书》。”中华民族自古就有注重勤学的传统，韦编三绝、悬梁刺股、囊萤映雪、凿壁借光等勤学故事激励着一代代后学之人。的确，学问是需要勤奋才能得来的，正所谓“学向勤中得，萤窗万卷书”。习近平总书记系列重要讲话中多次强调学习的重要性，强调“中国要永远做一个学习大国，大兴学习之风”。而青年时期是学习的黄金期，尤其要勤奋学习，不学习就要落伍，就会被时代淘汰。青年需要学的东西很多，既要专攻博览，又要关心国家、关心人民、关心世界，学会担当社会责任。

“慎思、笃行”源自《礼记·中庸》的一句话：“博学之，审问之，慎思之，明辨之，笃行之。”意思是必须广博地学习，审慎地询问，慎重地思索，明晰地辨析，切实地力行，才能真正达到理想的学问境界和人生境界。在勤学的基础上要注重学思结合，学是思的基础，思是学的深化。“学而不思则罔，思而不学则殆。”孔子强调，如果一个人只注重学习，而不注重思考，就有可能遭到蒙蔽而陷于迷惑的状态；如果只注重思考，而不注重学习，就有可能会误入歧途，最终招致危险。孔子主张学与思不可偏废，这不仅是儒家弟子的修身之道，也是今天的学生成长的有效路径。经过“慎思”，所学才能慢慢地沉淀下来，真正成为自己的东西。

“笃行”是学的重要阶段，就是说既然学有所得，就要努力践履所学，使所学最终有所落实，做到“知行合一”。坐而论道、光说不做，只能是语言的巨人、行动的矮子。学者不光要志存高远，还要身体力行，在实践中展现自己的知识与品格。远大的抱负只有通过脚踏实地的行动才能实现，只有认认真真、实实在在地行动并在行动中勇于开拓创新，才有可能到达学习的更高层次。青年是国家的未来、民族的希望，在伟大的时代召唤下，青年学子只有躬身力行、大步前行，才能在实现中国梦的征程上留下青春的脚印。

八、培养目标：培养现代儒雅人

众所周知，教育的根本任务是培养人，而培养什么样的人、怎样培养人和为谁培养人，是教育必须要明确的根本性问题。教育培养目标就是对上述问题的回答。培养目标是指依据国家的教育目的和学校的性质、任务提出的具体培养要求。《中华人民共和国教育法》第五条指出："教育必须为社会主义现代化建设服务、为人民服务，必须与生产劳动和社会实践相结合，培养德、智、体、美等方面全面发展的社会主义建设者和接班人。""高中阶段教育是学生个性形成、自主发展的关键时期，对提高国民素质和培养创新人才具有特殊意义。"①

所谓"现代"，一是指"现在这个时代"，二是指"中国历史分期，指五四运动到现在的时期"。② 至于"儒雅"一词的意义，则有三个释义：一是谓儒家之学的正道，如《汉书·张敞传》："然敞本治《春秋》，以经术自辅，其政颇杂儒雅，往往表贤显善，不醇用诛罚。"二是博学的儒者，如《尚书序》："汉室龙兴，开设学校，旁求儒雅。"三是犹言温文尔雅，如杜甫《咏怀古迹》："摇落深知宋玉悲，风流儒雅亦吾师。"③

在西方有博雅教育一说，这一提法可以追溯到古希腊时期。这是一种适合"自由民"（free person，即公民，以区别于奴隶与外邦人）所实行的教育，其目的是培养有美德、知识渊博、能言善辩的好公民。博雅教育强调"做人第一，修业第二"，这一表述在儒家经典，甚至是蒙学教育读物中随处可见。④

现代人是指在现代生产方式影响下形成的具有现代生活态度、价值观念和行为方式的人。20世纪60年代，由西方学者研究社会现代化时提出。美国社会学家英克尔斯和史密斯曾作过系统阐述。现代人与传统社会中的人之不同处在于：乐于接受新经验和新观念；容易适应社会的改革与变化；面向现在和未来；既保持个人尊严，又尊敬和信赖他人；对集体的依附感更加强烈；把劳动既看作获得收入的手段，又当作施展自己才能的途径；对工作有责任感、义务感；注重效率；持乐观主义的生活态度；愿意参与民主生活；要求教育朝着更有益于个人的方向发展；具有强烈的成就愿望。⑤

我们认为，现代儒雅人除了应具有上述"儒雅"和"现代人"的内涵之外，还应具有家国情怀和国际视野。一方面，"家国情怀"是中国优秀传统文化的基本内涵之一。所谓"家国情怀"，是个体对共同体的一种认同，并促使其发展的思想和理念。其基本内涵包括家国同构、共同体意识和仁爱之情；其实现路径强调个人修身、重视亲情、心怀天下；既与行孝尽忠、民族精神、爱国主义、乡土观念、天下为公等传统文化有重要联系，又是对这些传统文化的超越。"家国情怀"在增强民族凝聚力、建设幸福家庭、提高公民意识等方面都有重要的时代价值。⑥ 另一方面，这里所说的"国际视野"是指具有国际化意

---

① 详见《国家中长期教育改革和发展规划纲要（2010—2020年）》。

② 《辞海》（1999年版缩印本），上海辞书出版社，2002年，第1846页。

③ 《辞海》（1999年版缩印本），上海辞书出版社，2002年，第1412页。

④ 杨家富：《博雅教育》（第二版），复旦大学出版社，2015年，第2页、第23页。

⑤ 顾明远：《教育大辞典》（1998年增订合卷本），上海教育出版社，1998年。

⑥ 杨清虎：《家国情怀的内涵与现代价值》，中共桂林市委党校学报，2016年第2期。

识、胸怀以及知识结构。具体地讲，应具有国际化意识和知识、创新意识和能力、跨文化沟通能力等，还应该能够经受多元文化的冲击，在做国际人的同时拥有身为中国人的自信。

基于以上思考，我们提出学校的培养目标是培养现代儒雅人。

第二节　规划:引领学校发展的蓝图

学校发展规划是一所学校根据国家或地区关于教育发展的总体规划，结合学校自身发展实际而制定的，是学校实现可持续发展的纲领性文件，是引领学校发展的蓝图。按时间分，有长期、中期和短期学校发展规划。显然，学校发展规划之于学校发展的重要性怎么强调都不过分。那么究竟如何科学制定学校发展规划？学者谢利民认为，制定学校发展规划的目的是科学定位学校发展目标，提炼和形成学校办学特色，建设和形成学校文化。学校发展规划制定的基本框架包括：分析学校办学传统与现状，明确学校发展的共同愿景，突出学校发展规划的重点，保障学校发展的实施。①

我们认为，一个好的学校发展规划应该充分体现或倡导积极的学校文化。每一所学校的文化中既有“正”的一面，也有“非正”的一面。社会学家威拉德・瓦勒早在1932年就写道：“学校都有独特的文化。这里有复杂的人际关系礼仪，有整套的社会习俗，有独特的道德观念，有非理性的约束和制裁，有根据这一切制订的道德规范。这里还有博弈，有优雅的战争，有团队，有一整套经过精心设计的仪式和典礼。这里有多年的传统，因循守旧的人永远在对革新者宣战。”②他的论点时至今日仍不乏启迪作用。显然，对于学校文化中“正”的一面我们要坚守，对于“非正”的一面我们要改进。2014年前后，为了制定好学校发展规划，我们先后开展师生全员参加的“遍访二中老校友”“学校精神大讨论”“我为学校发展献一策”等系列主题活动，徐州《都市晨报》曾以“徐州文脉绵绵流长 二中精神永放光芒”为主题进行系列报道。实践表明，这些主题活动的开展，“正”的效果非常好，营造出了积极向上的学校文化氛围。以下为部分参评作品。

---

① 谢利民：《学校发展规划的制定、实施与评价》，教育研究，2008年第2期。

② 特伦斯・E.迪尔，肯特・D.彼德森著，王亦兵译：《校长在塑造学校文化中的角色》，中国青年出版社，2008年，第11页。

尚礼　崇实　博达　卓越

尚礼

讲文明、守礼仪,成为衡量中学生道德修养、文化素养和文明素养的标准,成为反映一所学校文明程度、人文环境的标志。知礼行礼、彬彬有礼,是儒雅二中人必备的素养和追求。

崇实

崇实之风乃儒家学说之精髓。从施教者的角度来看,崇实就是要全面贯彻落实党的教育方针,实施素质教育,千教万教,教人求真。从求学者角度,崇实就是要诚实做人、踏实求学、充实人生。

博达

取"博习亲师"("小成")与"知类通达"("大成")两层含义。前者侧重培养学生掌握学业知识的能力,后者侧重学生高尚人格养成、社会实践能力的提高。博达寓意二中培养知识渊博、思维畅达、为人豁达的"大成"人才。

卓越

追求卓越是对二中传统文化的弘扬和升华,是二中强校的航标和基石。这是一个高远目标,更是一个行动过程。它训育二中人崇尚一流,拒绝平庸,志存高远,自我超越,让人追求智慧之博大、精神之富有、品格之高尚。

(作者:赵鹏)

向善　笃学　立志　团结

做向善之人:向善是中华传统文化重要的思想精华和道德精髓,我们应该努力弘扬中华民族的传统美德,提升自身品性修养,心有善念,言有善语,行有善举。

成笃学之士:笃学,即探求知识,治学严谨,学有专精,矢志不渝。唯有视学问为生命,视学品为人品,才能在求知的路上走得更加坚定而自信,才能将求学上升为笃学之境界,才能续写徐州二中府学官的传奇。

树青云之志:立志,就是树立理想,确立人生的奋斗目标。有理想,我们的人生才会有目标,才会有方向,才会有动力。历史上每一位有作为、有成就的杰出人物,都有着远大的志向抱负,且历经磨难而不衰。立志是人生事业成功的基石。

弘团结之风:小溪只能泛起破碎的浪花,百川纳海才能激发惊涛骇浪!"一枝独秀不是春,百花齐放春满园。"我们二中全校师生团结协作,同心同德,求索不息,定可以用知识赢得发展,用智慧铸就成功。

(作者:庞博文、孟思雨、张一童、彭嘉轶、曹建树)

这样,我们通过几轮的"自上而下"和"自下而上"大讨论的方式,酝酿、制定出学校五年发展规划(2013—2017年),并针对性地制定了学校发展规划实施方案。下面再结合学校五年发展规划(2013—2017年)做一些具体说明和分析。

徐州市第二中学五年发展规划(2013—2017年)

为实现学校内涵发展、特色发展,根据《国家中长期教育改革和发展规划纲要(2010—2020年)》及省、市教育改革和发展规划纲要的精神,特制定本规划。

一、背景分析

(一)学校概况

学校现有36个高中教学班,学生1597人,教职工162人。近年来,学校坚持"守正、出新"的办学理念,提炼出"贵仁、励学"的校训,逐渐形成"明伦、崇德、宏志"的校风,"尚礼、启智、鼎新"的教风,"勤学、慎思、笃行"的学风。学校1997年创建成为江苏省重点中学,2004年转评为江苏省三星级普通高中,先后获得"江苏省文明校园""江苏省德育先进学校""徐州市文明单位""徐州市体育传统项目学校"等多项荣誉称号。

(二)基础条件

1. 地理位置优越。学校地处市区中心位置,交通便利。北接历史悠久的牌楼,东临悠悠古黄河,南傍西楚霸王戏马台。

2. 文化积淀深厚。学校原址连续办学已有640多年,有着深厚的文化根基和悠久的历史传承。

3. 师资队伍合格。学校现有教职工162人,教师学历达标率100%,具有中学高级职称的教师61人,中级职称教师54人。

4. 办学条件过硬。现校园占地面积38亩,校舍建筑面积23835平方米。市政府近期规划易地按江苏省四星级高中标准建设新校区,占地100亩,建筑面积为82300平方米,内设篮球馆、乒乓球馆、游泳馆等。

5. 特色项目初显。自上个世纪八九十年代开始,学校即开展围棋进校园的实践探索,且初见成效。学校被评定为"徐州市围棋特色学校"。

(三)主要困难与不足

1. 教师队伍中有影响的省、市级骨干教师数量偏少,部分教师专业成长意识比较淡薄,专业发展程度参差不齐。

2. 学校课程设置及课堂教学改革的力度需要进一步加强,校本课程完整体系尚未建立。

3. 新校区建设进展缓慢,致使部分学生、家长、教师心态不稳。

4. 市高中招生政策的改变挫伤了部分教师的工作积极性。

(四)学校发展SWOT分析

外部因素＼内部能力	优势(Strength)	劣势(Weakness)
	1. 办学历史悠久,文化底蕴深厚。 2. 办学基础较好,社会期望值较高。 3. 办学目标明确,学校特色逐渐彰显。	1. 对学校办学历史的梳理和挖掘不够。 2. 师资队伍不够均衡,市级骨干教师数量偏少。 3. 教科研水平与优质学校相比尚有较大差距。
机会(Opportunities)	增长性发展战略(SO)	扭转性发展战略(WO)
1. 区位优势明显增强,现代化、高标准的新校区建设业已启动,开放程度逐步加大,为学校带来新的发展机遇。 2. 教育质量逐步提升,各级政府倍加重视,教育经费保障有力。 3. "小组合作、学案导学"高效课堂教学改革与教育信息化为学校发展提供有力保障。	1. 把握区位优势,强化学校办学特色,提升学校办学实力和社会影响力。 2. 充分发挥优秀骨干教师在"领雁工程"中的重要作用,加强校内外交流,做好专业发展引领,提高优秀教师数量,全面推进素质教育。 3. 借助教育信息化工程,搭建信息化平台,推进课堂教学改革,打造高效课堂。	1. 充分利用相关政策,大力挖掘传统文化的育人功能,彰显办学特色。 2. 充分利用教师发展的有利政策,实现师资均衡发展。 3. 积极推进教科研工作,缩小与优质学校的差距。
威胁(Threats)	多种发展性战略(ST)	防御性发展战略(WT)
1. 因新校区建设进度缓慢,致使部分教师心态不稳定。 2. 因招生政策的变化影响学校生源质量,挫伤教师工作积极性。 3. 学校自主发展后劲不足。	1. 加强学校文化建设,通过内涵发展提升学校品质。 2. 争取政策支持,加大改革力度,健全激励机制,使学校的办学提档升级,真正形成自己的品牌和特色。通过机制创新,进一步提高办学质量。 3. 强化现代教育教学理念的引领和践行。从"硬件"和"软件"上均实现教育现代化。	1. 充分发挥连续六百多年办学的优势,凝聚师生的精气神。 2. 强调学习共同体的建设,重视优秀教师"头雁"作用的发挥。 3. 加强与兄弟学校的交流,取长补短,缩小差距。

说明:所谓SWOT分析,即基于内外部竞争环境和竞争条件下的态势分析,将与研究对象密切相关的各种主要内部优势、劣势和外部的机会和威胁等,通过调查列举出

来，并依照矩阵形式排列，然后用系统分析的思想，把各种因素相互匹配起来加以分析，从中得出一系列相应的结论，而结论通常带有一定的决策性。运用这种方法，可以对研究对象所处的情景进行全面、系统、准确的研究，从而根据研究结果制订相应的发展战略、计划以及对策等。其中，S(strengths)是优势，W(weaknesses)是劣势，O(opportunities)是机会，T(threats)是威胁。SWOT方法的贡献就在于用系统的思想将这些似乎独立的因素相互匹配起来进行综合分析，使得企业战略计划的制定更加科学全面。近年，有很多学校将其思想和方法引入到学校管理中，实践表明很有成效。

二、指导思想

以科学发展观为指导，全面实施素质教育，认真贯彻《国家中长期教育改革和发展规划纲要(2010—2020年)》，落实省、市关于教育改革和发展规划的有关要求，充分发挥学校的办学优势，立德树人，以课程改革为抓手，全面提升办学水平，培养现代儒雅人。

三、办学目标

近期目标：建设一所优秀传统文化与现代文明相融合，有特色、高质量的江苏省四星级普通高中。

长远目标：建设一所优秀传统文化与现代文明相融合，有特色、高质量的全国知名高中。

说明：2013年，学校的当务之急是创建江苏省四星级高中，以解决学校的生存问题，这是学校发展的近期目标。在此基础之上，关键问题是如何寻求学校发展的突破，这就是学校发展的长远目标。我们希望通过学校的内涵发展、特色发展来实现学校发展的长远目标。

四、发展思路

1. 坚持一条主线。以创建江苏省四星级高中为契机，以“培养现代儒雅人”为主线，运用先进教育理念，弘扬优秀传统文化，传承府学精神，发扬革命优良传统，着力实现传统与现代的融合、文化与教育的联姻，让中国优秀传统文化深深根植于学子心中，全面提升学校办学水平。

2. 抓住两个重点。德育为先：创新德育模式，以“德育学分管理制度”助力“儒雅教育”品牌打造。智育为本：以“小组合作、学案教学”高效课堂教学模式改革为突破口，切实转变教育观念，深化教学改革，提升教学质量。

3. 贯彻“四轮驱动发展”策略。即通过规范发展、特色打造、传统弘扬、现代引领，最终促进学校的内涵发展。具体地说，规范发展：着重从规范教师教学、规范学生行为习惯、规范后勤管理三方面落实。特色打造:着重从学校仁爱和谐管理文化特色、教师校本研修特色、学生特色项目推进三方面落实。传统弘扬:着重从百年校史追溯传统文化、校园环境再现传统文化、校本课程激活传统文化三方面落实。现代引领:着重从现代教育理念引导、现代教学模式创新、现代教学设施保障三方面落实。

五、具体举措

(一)加强科学管理

学校的管理水平决定了学校的整体竞争力。大力推进学校管理改革,建构"观念引领、机构保障、制度规范、执行到位、监督约束"的具有学校特色的高效管理模式。

目标:梳理、完善各项规章制度和岗位职责,使之更能体现以人为本的理念。确立"教育即服务"的思想,促进学校管理观念由管理向服务转变。建立以民主、人文、规范为核心的现代学校管理制度,使"尊重""公正""参与""沟通"成为学校主流管理文化。完善学校管理机构,力行精细化管理和扁平化管理。健全学校、家庭、社区之间的沟通合作机制,完善听取学生、家长对学校发表意见和建议的渠道,自觉接受社会各界的监督。

措施:

1. 加强制度建设,践行现代学校管理制度。进一步完善并落实《徐州市第二中学年度考核方案》《徐州市第二中学绩效考核方案》等考核制度,让制度保证各项工作的顺利实施。完善年级领导小组负责制,试行分层聘任制。完善学校职称聘任制度,调动教职员工工作积极性。进一步完善按需设岗、优胜劣汰的用人机制,提高管理效益。制定更加合理的教学质量考核方案。

2. 强化组织执行力,提升核心竞争力。着力建设一支事业心、责任心、进取心强的干部队伍。要求中层以上干部要"工于谋划、精于操作、善于落实、勇于创新、敢于担当"。建立问责制,提升学校中层干部与基层教师的执行力。落实各项检查制度,加大学校制度的执行力度。建立健全各种沟通机制,充分发挥教代会的职能,及时解决执行中的问题。

3. 以评价监督为重点,健全学校的约束机制。完善教师评价制度,构建全方位的工作评价体系及公开公正的管理运行机制。健全教师工作档案,全面记录教师的教育教学工作情况,作为评优、晋级及绩效工资的依据。成立有社区代表、家长代表和教职工代表参加的"校务委员会",实现对学校管理运行过程的有效监督。

(二)提高教师素质

高素质的干部和教师队伍是高质量教育的基本条件和保证。坚持把队伍建设放在重要的战略位置,加大教师培养力度,促进教师专业成长,提高教师队伍整体素质。

目标：确立广泛认同的教师发展目标，把学校教师建设成为具有“乐于奉献、勤于学习、敏于思考、勇于实践、善于总结”价值取向的团队。至2017年，培养市级及以上名师、骨干教师20名左右，省特级教师或正高级教师1名。

措施：

1. 进一步加强师德师风建设。开展丰富多彩的师德教育主题活动，定期评选学校“师德师风先进个人”，大力宣传和推广师德先进典型。分期分批组织教师到对口帮扶农村学校进行交流，体验感悟经济欠发达地区教师对教育的执着与奉献，增强以德立教的使命感、责任感。

2. 打造一支高水平的名师队伍。充分发挥名优教师的辐射效应，明确各级名师的权利和义务，发挥名师的榜样示范作用，为新课程实施和各学科教学引领方向。给一线教师压担子、铺路子，鼓励其承担省、市各级各类公开课及开展教研活动，扩大影响力；提供外出培训、学习的机会，搭建“成名成家”的平台。建立名优教师梯队培养年度目标。建立校级名优教师培养档案，市级名优教师总数年递增不低于10%。

3. 努力提升教师的整体素质。修订《徐州市第二中学教师专业发展标准》，完善“教师发展网络平台”的各种功能，实施全员性、开放化的校本培训，落实学分申报制度。聘请省内外教育专家担任学术顾问，定期邀请他们来校指导，促进教师的专业成长。为教师订购教育理论书籍，加强学习，采取分散和集中相结合的学习方式，鼓励教师参加远程研修。注重高层次的专家引领，以“青蓝工程”为平台，认真组织拜师结对活动，积极开展同伴互助活动，有计划地组织学科之间或跨学科的教学沙龙。重视教师的身心健康，有针对性地邀请心理专家对教师进行心理健康专题辅导，定期组织全校教职工体检。

4. 强化校本研究，提升教育科研能力。完善《徐州市第二中学校本教研实施方案》和《徐州市第二中学教科研工作制度》，明确各层级科研课题研究标准。组织全体教师开展以“课堂诊断”为主题的微型课题研究，推进课题研究校本化，提高教育科研对教学质量的贡献率。拟定教师培训计划，建立有效的校本培训制度，确保每年用于教师学习、培训的经费不断增加。建立教科研年会制度。编印课题研究指南，强化课题的过程管理和成果推广工作。

（三）提升教学质量

坚持以“教学为中心”的基本原则，构建“小组合作、学案教学”高效课堂教学模式，调动学生的积极性、主动性和创造性，提高教学质量。

目标：深度推进新课程改革，构建具有学校特色的课程体系。执行国家课程方案，开齐开足必修（选修）课程。落实、完善、推广“小组合作、学案教学”高效课堂教学模式。狠抓教学常规，完善教学过程中监督、评价、反馈制度及备课、评教等制度并抓好落实。学生养成体育锻炼的习惯，身体素质良好，体育锻炼达标率、达标优秀率超过国家标准。

措施:

1. 完善课程教学计划。修订课程教学计划,发掘学校特色和优势,大力开发校本课程。打造品牌校本课程,构建重基础、多样化、有层次的综合性课程体系,逐步编写并开设符合校情的校本课程,逐步开齐开足拓展课、活动课、研究性学习课等课程,为学生个性发展奠定基础。利用信息资源优势,师生共同参与课堂教学改革,实现校园信息技术与课堂教学的有效整合。加强课程评价与课程管理,推进课程制度建设,进一步完善高中新课程选课制和学分制。

2. 推广"小组合作、学案教学"高效课堂教学模式。践行"小组合作、学案教学"高效课堂教学模式,引导学生自主学习、自主探究,确保学生学习主体地位的落实,优良课比例不少于90%。定期组织召开专题教学研讨会,引导全体教师开展"小组合作、学案教学"教学模式的校本研究,同时申报构建"小组合作、学案教学"高效课堂教学模式研究课题。实施开放办学方略,各学科组定期与不同地区兄弟学校进行教学交流,并邀请省内外教学专家来校指导,促进"小组合作、学案导学"高效课堂教学模式的实践探索。发挥教师的集体智慧,通过集体备课、课堂实践、科组研讨、总结反思和经验交流等形式,逐步提炼出"小组合作、学案教学"高效课堂教学模式的成果并加以推广。

3. 加强教学常规管理。扎实抓好备课、上课、作业、辅导、考试等基本环节,认真研究各个环节中存在问题及改进措施。每周对集体备课进行检查,每月进行教学五认真检查,评比结果及时反馈,并纳入年末绩效考核,切实提高教师"求质量、促质量、保质量"的意识。坚持"四精四必"教学制度:"四精"即精选教学方法、教学手段、讲课内容、例题习题;"四必"即作业"有发必收,有收必改,有改必评,有评必补"。增强教师课堂教学的目标达成意识,采取积极有效的措施,将掌握知识与发展智力相统一,使教学始终在积极、和谐、紧凑、高效的气氛中进行;将"优质课"评比和"课堂大练兵"活动规范化、常规化和制度化。落实学生、教师、行政和督学共同参与的定期评教制度,发挥督学的监控职能,督促教师落实好教学常规;实现管理的规范化,做到计划周密、责任明确、措施到位、考评严格、反馈及时。

日常教学引入课堂教学效能分析量化表,加强教学反思。建立发展性评价体系,实行学生学业成绩与成长记录相结合的综合评价方式。落实年级和学科教学质量分析例会制度,定期召开教学工作会议。

4. 完善教学评价机制。积极探索高效课堂教学评价体系,规范教学效能分析量化表,推进教学管理的发展性评价,发挥教学评价对教师教学的导向、激励、调节等作用,促进教师专业水平和教学质量不断提高。落实推门听课制度,学校领导和中层干部深入教学一线,及时了解和调控各年级教学情况。完善教学考评奖惩机制，定期对年级教学进行过程性评价。

5. 重视学情与学法研究。增强教师学情研究意识和学法指导能力，树立科学的学生观，立足本校学生实际，编撰各学科学法指导系列丛书，激发学生学习兴趣，建立和谐的师生关系。加大对学困生的心理生理特点、家庭生活环境、“厌学与弃学”状况等方面的研究，加强对学困生的重点关注、引导和帮扶，建立领导、教师、家长三位一体的帮扶制度，采取分层分类教学的方式，落实学困生转化措施。积极进行教学方式和学习方式的改革，引导学生自主探究、独立思考、合作交流和实践操作。定期召开学生代表座谈会，落实学情信息反馈制度。

（四）创新德育工作

坚持以爱国主义教育为主旋律，以基础文明、行为规范养成教育为重点，立足“扎文化之根，育栋梁之材”的学校愿景，以“德育学分管理制度”为抓手，狠抓校风、教风、学风建设，实现学生的自我管理、自我教育、自我发展，实现教师的教书育人、管理育人、服务育人。

目标：努力把学生培养成外表优雅、内涵博雅、谈吐文雅、举止典雅、气质高雅、具有强烈社会责任感的现代儒雅人。学生操行评定优良率90%以上，后进生转化率80%以上，违法率低于1‰，犯罪率为零。

措施：

1. 加强德育队伍建设。加强德育校本培训，定期邀请专家来校指导，每学期组织班主任外出参观交流一次，每学年举行一次班主任能力大赛，每年举行一次德育年会。开展德育工作研究，加强德育工作经验交流，编印德育论文集和班主任工作个案集。以团支部为阵地，不断壮大团员队伍，增强团组织的凝聚力和战斗力。

2. 完善德育工作制度。深入推进德育学分制的拓展，实现教育与教学的统一。修订并完善学生管理各项规章制度。完善班级考核制度，坚持“文明班级”“先进集体”“校园之星”等评比制度，营造积极向上、富有个性的班级成长环境。建立符合学校实际的德育工作激励机制，定期评选表彰优秀德育工作者、德育标兵。明确班主任课时工作量，逐步提高班主任待遇。落实学生综合表现评价，建立学生成长记录手册和电子档案。完善学校德育网络平台，举行班级主页的展示与评比活动，开创德育工作新局面。

3. 开展丰富多彩的育人活动，分级达成德育目标。重点开展以“儒雅教育”为主要内容的品德教育，具体内容与形式为：

高一年级——通过“一训九讲两主题”规范教育活动，让学生懂得高中阶段学生基本礼仪、行为规范并养成良好的学习、卫生、纪律习惯，了解校规校纪并认真遵守，逐步实现自我管理、行为规范、自主自律。主要通过入学教育、校史教育等活动进行。

高二年级——巩固高一所达目标。明确自己在一个或几个学习领域有较突出表现,艺术或体育领域有自己相对兴趣较高或技能较强的项目,体质有所增强;人格自尊,自我发展,自立自强。主要通过专题教育、社会实践考察等活动进行。

高三年级——基本形成自己正确的人生价值取向,牢固树立起社会公德意识和法律意识;具备一定的继续学习所需的知识和技能;身心健康、追求理想、热爱生命、自我完善。主要通过18岁成人仪式、青年党校、升学和就业教育、毕业典礼等活动进行。

4. 构建“三结合”德育网络。完善学校、家庭、社会“三位一体”的德育网络,使学校教育与家庭教育、社区教育相互衔接,形成社会化、开放性的德育工作新格局。完善家长学校管理制度,开足上好家教课,开展家教征文、优秀家长和学习型家庭的评选活动,推广成功的家教经验。组织好家访活动,学年家访率达100%,做好家访对话记录、学生情况记录;畅通家校联系网络,加强家校互动。成立学校家长委员会、组织家长义工队,鼓励学生家长、校友以及社会人士为学校发展出谋献策。充分挖掘和利用社会德育资源,加强与社区、派出所、部队等单位的共建,定期组织学生参加丰富多彩的社会实践活动。

5. 重视学生心理健康,培育学生阳光心态。加强心理咨询室建设,健全学生心理健康档案,建立学生心理信箱,开展一对一心理辅导活动。积极推动心理健康咨询活动课程化,完善心理健康月主题活动。组织班主任及科任教师进行心理知识及技能培训,建立心理教师专题研讨制度,定期开展心理健康讲座。关注学生的心灵世界,引导学生树立正确的人生目标,把心理健康教育与思想品德教育有机结合起来,充分发挥心理健康教育的德育效应,帮助学生形成自信、自尊、自强、自律、勤奋的健康心理。

(五)提升学校文化

以文化强校为落脚点,全面规划学校的文化建设,提升学校文化的水准和层次,在管理文化、教师文化、学生文化和环境文化等方面充分发挥出育人、凝聚、传播和辐射功能。

目标:充分挖掘学校连续六百多年办学的文化底蕴,对学校传统文化进行继承和创新,为学生学习和教师发展营造浓厚的环境育人氛围。努力构建书香校园,全面提升学校文化品位,形成以“儒雅教育”为核心的学校文化,为学校发展提供强大的精神动力和智力支持。

措施:

1. 塑造以人为本的管理文化。教代会、学代会的代表参加学校重大事情的决策,提高师生对学校管理的参与度。发挥集体智慧,鼓励师生为学校的改革与发展出谋献策。畅通师生与校领导对话渠道,建立有效沟通机制,提高师生对学校管理的认同度。精心谋划“书香校园”建设,将“书香校园”的创建工作落到实处,在全校师生中形成浓厚的读书氛围。

2. 构建和谐进取的教师文化。提高教师品位，以“让读书成为习惯，让书香伴我成长”为目标，建立新型书吧，在全体教师中大力开展读书和学习活动，着力营造良好的读书氛围。学校工会重点扶持并定期组织一些有利于教师身心健康的业余文体活动，提高学校凝聚力，提升教职工的幸福感。创设环境，组织多样化活动，引领教师相互赏识、互相悦纳、彼此尊重、和谐交流、共同分享。

3. 打造生动活泼的学生文化。开展“八礼四仪”教育活动，编制“八礼四仪”校本材料，精心组织开学典礼、毕业典礼、升旗礼和18岁成人仪式；精心举办读书节、艺术节、体育节、围棋节等校园文化节。开展营造书香校园和诵读经典诗文活动，为学生提供表现美、体会美的平台，培养其审美能力，使学生外表优雅、内涵博雅、谈吐文雅、举止典雅、气质高雅。鼓励学生组建兴趣小组，搞好社团活动。在巩固好“AEC幻影舞蹈社”“Mr 囧囧动漫社”“B&G音乐社”“朝夕文学社”“心语星愿心理辅导社”“德馨礼仪社”等社团的基础上，积极探索，广泛实践，形成符合素质教育要求、有学校文化特色的社团活动体系，并努力打造出一批深受学生喜爱的精品学生社团。组织学生走出校园，参加社区各种文体活动。扶持学生组建的社团，鼓励年级组、学科组、班级组织多种形式的文化专题活动。

4. 营造优美雅致的环境文化。整理具有一定影响力的校友的有关资料，大力宣传他们的事迹，让师生感受学校历史，耳濡目染，继承优良传统，激发学生爱国、爱校、爱班的热情。通过校园建设，努力营造儒雅教育的外部环境，引导学生“胸蕴儒雅，心存天下”。学校立足“儒”，突出“雅”，从环境建设入手，创设一个无处不“孔”、无“儒”不入的校园氛围。加强班级图书角及校园读报橱窗建设，完善各种宣传栏、公布栏，重新设计各教室内外、各楼梯走廊、各墙角空间的文化布局。不断丰富充实学校图书馆、阅览室、电子阅览室的书刊资料的品种和数量，切实提高其使用率。

（六）强化学校特色

整体规划学校特色建设，着力提升学校特色内涵，把围棋、游泳、外语特色项目做大做强。

目标：开足开齐体育健康课，提高学生的综合素质，使学生掌握1—2项健身技能。发展学生个性特长，不断壮大特色团队的规模，扶持学生社团的建设，争取在省、市都有一定影响力。

措施：

1. 加大宣传力度，营造特色育人氛围。通过多种手段和途径宣传特色兴校的重要意义，营造特色育人的良好氛围。收集、整理学校各团队历届优秀学生作品和素材，编印成册，广泛宣传，大力表彰。每学年举行一次学生社团展示周活动，为学生搭建展示个性特长的平台。

2. 研发特色课程，构建校本课程体系。2006年，学校被评为“徐州市围棋特色学校”，学校将围棋文化教学开发为校本课程，进入课堂。在此基础上，进一步凸显围棋特色，申报江苏省围棋文化课程基地，实践以围棋为抓手，弘扬优秀传统文化，打造儒雅教育品牌的办学策略。开设游泳课，增强学生体魄，培养学生兴趣，使学生掌握一门生存技能。实践以游泳为抓手，践行体育精神，丰富儒雅教育内涵的办学思路。大力推进校本课程建设，积极探索，广泛实践，成熟一门建设一门。学校于2003年成为江苏师范大学外国语学院教育教学基地，用好这一优势，提升外语教学水平。

3. 规范团队管理，加大特色教育投入。制订《徐州市第二中学学生团队建设和管理办法》，确保团队活动时间有保障，活动情况有记录，活动效果有反馈。整合教育资源，加强与片区各小学、初中的合作，召开联席会议，商讨共建项目。结合新校区建设，加大经费投入，满足不断增长的特色教育的需求。

分析：就我们的实践来看，学校特色因应学校历史而生长得更具有生命力。

实践中，抓特色建设、创建特色学校，对改变长期以来我国基础教育“千校一面”的单一模式、增强学校活力、提高办学效益，具有深远的现实意义。但是从这些年的教育实践中我们也应该看到，在特色学校的创建过程中存在着不少误区，严重妨碍了学校的发展。①

首先，热闹的“活动”并不意味着“特色”。有些教育者认为，特色学校就是把那些能够拿得出手的“特色活动”热热闹闹地展示出来，例如组织大多数学校所没有的管弦乐队、舞蹈队，组织学生搞兴趣小组或到社会上开展几次有一定社会影响的环境保护宣传活动等，于是就说某某校是特色学校了。这种理解是狭隘的，不但有以偏概全之嫌，也有急功近利之实。不可否认，上述活动若搞得好确实可以称之为学校特色，但是“独木不成林”，特色学校的内涵绝不仅仅囿于此。还要看参与上述活动的师生是少数还是大多数，是暂时几次点缀行为，还是把它们作为一项传统一直坚持并发扬下去。一般能够称为特色学校的活动内容，应该是持续时间较长甚至要“固化”在学校常规活动之中的，也就是说，特色学校具有全面性。特色学校意味着一所学校的综合个性的形成，并成功地营造起一种有别于他校的特殊的学校文化氛围。因此，它必定是以面向全体学生、全面贯彻教育方针、促进学生全面发展为前提的。当然，上述活动的某一项可以作为实施特色学校战略的切入口。

实践中发现，有些学校的管理者在创建特色学校时，不能全方位地审视特色学校，在认识上出现了偏差，如，多追求智育、德育、美育、体育、劳技教育等学科的特色，而忽视了其他领域的特色。实际上，特色学校的领域要宽广得多，至少还包含办学思路的特色、教师管理的特色、后勤管理的特色、组织建设的特色、学校建筑的特色、校园建设的

---

① 李桂强：《特色学校为啥“特”不起来?》，中国教育报，2006年9月19日第5版。

特色等方面。也就是说,学校工作所涉及的一切领域都可以创新,都可以办出特色来。然而,现实中在这方面成功的例子却极其罕见。

其次,“起始年级搞特色,毕业班级搞升学”不可取。古人云:“事物之独胜处曰特色,言其特别出色。”也就是说,特色即特别出色之所在。特色学校体现了个性化的教育思想和办学理念,是立足于本校、密切结合学校实际的产物。因此,创建特色学校的核心应是创新。江泽民同志曾说过:“创新是一个民族进步的灵魂,是一个国家兴旺发达的不竭动力,也是教育永葆生机的源泉。”但是,创新是有条件的,它要求立足本校实际,既不能盲目跟风,也不能好高骛远。我们认为,现在的学校管理面临的首要问题是管理理念的创新。在管理理念中,主要有服务型管理理念、学习型管理理念和团队型管理理念等。在特色学校的创建中,要立足本校实际,找准自身的优势进而确定创建特色学校的突破口,走“以特色创声誉,以特色带整体,以特色求发展”的强校之路。

在特色学校的创建过程中,可持续发展应是其中一个重要考量标准,而在特色学校的创建过程中,由于种种原因致使学校的教育生态平衡遭到人为破坏,造成可持续发展性的缺失。这突出地表现在两个方面:一是由于校长任期制的实行,造成学校的发展战略缺少可持续发展性;二是由于“片面追求升学率”的阴魂不散,某些学校的校长急于在短短的任期内出“政绩”,“起始年级搞特色,毕业班级搞升学”。我们认为,这种急功近利之举无异于饮鸩止渴。要想改变这种怪现象,需要做好以下三点工作:一是要加强学校发展战略管理,即为谋求学校的可持续发展,在对学校内部条件和外部环境进行系统分析的基础上,制订战略管理目标,拟定、优选战略管理方案,并组织实施和进行过程控制。二是要造就一支具有鲜明特色的教师队伍。特色学校与特色教师之间是相互依存、相互促进的。也就是说,特色教师是特色学校建设的中坚力量,特色学校是培养特色教师的“摇篮”。三是要营造有特色的学校文化。学校文化对于一所学校的成长来说,乍看起来不是最直接的因素,但其实不然,实际上,学校文化是最持久的决定因素。只有这样,在特色学校的创建过程中,即便中间更换了校长,也可以保证学校能够和谐持续地发展下去。

再次,“功成名就”后裹足不前亦不足取。一所特色学校的创建,不是一蹴而就的事情,它往往需要全校师生多年的艰苦奋斗,在某些方面创建出有别于其他学校的独特之处,形成比较稳定的、个性鲜明的风格和卓著的成绩,只有这样才能赢得社会的认可。同时,特色学校又是一个动态的概念,它随着时代的变迁而变化,随着社会的发展而发展。换句话说,特色学校具有动态性、发展性的特点。然而,有些所谓的特色学校,“功成名就”后,学校发展往往裹足不前,甚至有下滑的兆头。造成这种结果的原因主要有二:一是特色学校一旦经过努力创建成功后,造成了一些校长的自满心理,想坐在功劳簿上尽情享受成功的喜悦;二是特色学校在发展过程中确实存在着“高原期”。对于第一种原因,要求校长要调整好心态,实施开放式的校本管理,让教师参与管理,实行校长领导下的校务分担及全员管理,并使学校向社区和家长开放,创设各种机会,使家长参与学校的管理活动,从而增强学校管理的活力。其实,这样也有助于形成学校的管理特色。对于第二种原因,可以借鉴学校发展的“BPR”理论(即学校管理者以组织核心竞争力为重点,对学校教育教学流程和组织结构进行根本性的再思考和再设计,以达到学校绩效的巨大提高。本书第五章还要详细论述)来进行特色学校的再造。这要求校长要审时度势、不断地寻求学校发展新的生长点。

最后,“一打宣言赶不上一次行动”。毫无疑问,在知识经济高速发展的今天,要通过多种渠道和途径对特色学校进行宣传,以提高学校的知名度。因为,以特色为基础推行学校教育的战略,要依靠社会各界的支持才能实现。但是,“一打宣言赶不上一次行动”,我们不能仅仅靠表面文章来维系学校的发展,因为再漂亮的包装还须货真价实,这就需要脚踏实地做出实际的成绩来加以保证。也就是说,特色学校的创建是一项系统工程,它是由系统内部各部门相互依存、相互影响、相互制约的各要素构成的(当然它也受到系统外部的影响),因此,创建特色学校要脚踏实地力行,要拿出服务于社会的优质教育成果来,绝不能把创建特色学校当成是“作秀”表演给别人看,这种“特色”走走过场还可以,但绝对是不能持久的。

(七)后勤保障服务

后勤工作是学校改革与发展的基础和保障,要坚持“服务一线,服务师生”理念,建立“优质、快捷、高效”的后勤服务保障体系,为学校各项工作保驾护航。

目标:更新后勤工作观念,为教育教学一线提供优质高效的服务。跟踪落实新校区建设的立项审批、设计预算、招标建设等工作。逐步完善教育教学设备设施,及时更新校园网络配置,满足师生教育教学和学习生活的需求,达到省四星级高中标准。加强学校安全保卫工作,建设平安文明校园。

措施:

1. 强化后勤管理,服务一线,服务师生。增强服务意识,落实责任,把后勤工作做精做细,为教学一线提供优质、快捷、高效的服务。定期组织相关人员学习业务知识,提高服务意识和技能。设立后勤服务意见箱,广泛收集意见和建议,及时整改。加强对物业公司的管理和监督,加强对校园卫生的监管,确保师生的卫生与安全。

2. 着力建设信息化校园。加大对教育信息化的投入,建成校园无线上网网络系统。加强对校园网的更新与维护,扩大学校主页的信息容量,完善学校各类专题学习网站的功能。面向全校师生开展信息技术普及培训,加强信息技术与课程整合的实践研究,组织师生积极参加各级各类信息技术比赛和交流。

3. 加强校园安全保卫工作。不断完善各种校园突发事件应急预案,深入开展省级平安校园创建活动。增强师生应对危机的能力。加强校园的安全保卫,落实值班门卫责任制。加强安全教育,逐级签订安全责任书,落实安全事故问责制。定期进行校园安全检查，及时消除各种安全隐患。规范学校卫生保健工作，加强水电、消防设备设施的检查与维护，确保其安全运行。积极加强校园安全文化建设，每年定期组织教师、学生进行防灾紧急疏散演练，强化师生自救互救意识和技能。协同综治、交巡、消防等部门，加大校园周边环境的整治力度，并将这一行动延伸到校园内部，为青少年健康成长营造良好的内外部环境，维护师生的合法权益。

六、实施保障

（一）组织保障

成立以校长为组长的规划领导小组，统一思想认识，形成学校发展合力。在规划实施的过程中，领导班子要不断加强自身建设，统筹本规划的制定、学习、宣传和执行工作。领导小组下设实施小组，分别制定具体实施方案，本着“整体规划，分项实施，逐步完善”的方针，倡导团队精神，发扬集体主义，发挥整体功能，提高工作效率，为学校规划的达成努力奋斗。

充分发挥学校党组织在学校工作中的政治核心作用。坚持社会主义办学方向，把握党对学校意识形态工作的主导权，深入推进党风廉政建设，建立健全校务公开制度，牢筑拒腐防变屏障。

（二）经费保障

完善学校教育经费筹措与运行机制，设立规划专项建设经费，专款专用，重点投入，择优支持，调动规划执行的积极性，确保规划的顺利推进及重要成果的展示与推广。

确保专项经费足额，专款专用。加强资金管理，严格财务纪律，压缩不合理开支，杜绝重复浪费。争取各级政府和社会各界的支持，基本建设、设备添置严格按照计划执行，杜绝随意性和盲目性。

（三）制度保障

实施规划进展定期报告制。学校要及时总结规划执行中的好经验、好做法、好成果并加以推广，对规划执行中的问题和障碍及时反馈并统筹解决。

建立部门责任制，规范监督流程。分年度将发展规划的具体目标层层分解到年级、处室，实行分层管理，责任到人，确保按时按量完成规划任务，对完不成任务者坚决实行问责，并责成相关部门及早采取措施，及时赶上实施进度。

说明：学校专门邀请江苏师范大学及徐州市规划局、教育局的有关专家对发展规划进行论证，专家组认为：该《规划》指导思想富有前瞻性，具有明确的办学目标，起点高，决策有制高点，符合教育发展的信息化、国际化的时代潮流，符合国家基础教育改革的发展趋势，符合徐州市社会经济发展的需求，符合学校可持续发展的需要，且措施具体，可操作性强。

专家组建议学校把规划提交学校教代会审议通过，取得全体教师的认同。并建议成立规划实施评估小组，扎实开展工作，学校及各职能部门要根据规划有效地分解并制定近期与中期的计划加以实施，实施过程中有检查、有调整，为整个规划实施提供有力的保障。

为保证发展规划的顺利实施，在专家的建议下，学校及时制定了《规划》实施方案，制定了《规划》年度实施计划表及目标达成的保障措施，同时组建了规划评估小组，以确保发展规划的顺利实施。

第三节　课题：撬动学校发展的杠杆

学校通过认真的调研、反思，在有关专家的指导下，先后提炼出学校文化理念系统，并制定了相应的发展规划，确定了集全校之力，打造“儒雅教育”品牌，全面提升学校办学水平的办学思路。为了扎实推进工作，学校又确立了以课题“基于儒雅教育的学校文化建设实践研究”①为杠杆来有效撬动学校文化建设的工作思路。

一、课题的核心概念及其界定

我们理解的“儒雅教育”是指，通过以文化人的教育，培养语言文雅、仪表典雅、举止高雅、思想和雅的现代儒雅人。

本课题依托学校连续六百多年办学的历史渊源，努力打造自己的学校文化体系，实现“建设一所优秀传统文化与现代文明相融合、有特色、高质量的江苏省四星级高中”的办学目标。基于儒雅教育的学校文化建设研究，是立足于“守正、出新”的办学理念，通过对儒雅环境的营造、人文化管理制度的建设、儒雅价值观的树立、儒雅课程的开发、儒雅课堂的创建等的实践研究，建构出一套具有儒雅特色的育人体系，实现“培养现代儒雅人”的育人目标。

二、国内外同一研究领域现状与研究的价值

（一）国内外相关研究梳理

1. 关于学校文化的相关研究现状

在本书的《绪论》部分，已就学校文化作了一些探讨，为了研究的需要，在此再做一些文献梳理与分析。

有研究表明，国外对学校文化的研究更多的是将组织文化的理论运用于学校管理之中。“最近的各种实验表明：许多工业体系中的新管理程序，都可以实际应用于教育，

① 该课题从 2013 年 12 月开始实施研究，曾以“校本化的学校文化建设”为题申报成为徐州市规划课题，随着研究的推进，后来滚动成为江苏省教育科学“十三五”规划重点立项课题。

不仅在全国范围可以这样做(如监督整个教育体系运行的方式),而且在一个教育机构内部也可以这样做。"[①]20 世纪 80 年代以来,西方教育管理中出现了注重主体价值观和信仰、强调培养组织成员凝聚力和形成组织文化的倾向,这正是学校组织文化研究在实践中运用的结果。[②]

我国学校文化研究的路径和方法与国外的略有不同,我国学校文化的研究肇始于校园文化建设。在 20 世纪八九十年代,我国关于校园文化的研究基本上局限于艺术教育和社团活动这一狭窄范围之内。[③]

近些年来,国内学者在学校文化研究领域取得了一系列丰硕成果。如,郑金洲撰著的《教育文化学》,从组织学、文化学的角度探讨了学校文化的构成以及学校亚文化;范国睿从组织文化入手探讨了学校组织文化及其结构、功能;俞国良开始从心理学和组织氛围的角度研究学校文化;黄伟的《校园文化概论》将校园文化细化为学校物质文化、制度文化、组织文化、行为文化、精神文化;在学校文化管理方面,赵中建撰著的《学校文化》分为专论、问答和理论三篇,从学校管理角度系统地论述了学校文化;季苹则侧重从实践层面对学校中的一些现象进行文化学的诊断与分析;2007 年,葛金国等人编写的《课程改革与学校文化重建》分析了在新课程改革的环境下如何对学校文化进行重建工作;向吉英的《管理文化与文化管理》通过东西方管理文化的本质区别说明人在文化管理中的重要性;徐书业所著的《学校文化建设研究:基于生态的视角》,以生态学理论和生态世界观为方法论视角,研究学校文化建设推进学校文化转型的重要性。综合以上学者的研究,可以发现,他们主要从以下几个方面探讨了学校文化:一是社会学视角。将学校视为独立的社会系统,研究该系统构成要素及要素之间的关系、该系统与社会其他系统之间的关系等。此类研究以学校主体社会化问题为研究核心。二是教育学视角。运用教育学的基本原理研究学校文化的发生、发展,阐述学校文化的含义、特性及功能等,此类研究的著作较为丰富。三是文化学视角。将学校文化作为文化学的一部分,运用文化学原理考察学校文化现象。研究者通过考察学校文化与社会文化的互动关系,运用文化冲突理论考察中外文化在学校中出现的诸多现象,结合文化分层理论及文化形态学分析学校文化的结构类型及功能。四是现象学视角。主要从学校的一些热点现象的考察入手,探讨学校文化的大致流向。五是德育视角。研究者把学校文化作为学校精神文明建设的一部分进行研究,旨在强化学校文化导向机制,培养具有深厚文化底蕴的全面发展的个体。六是生态学视角。以生态学理论和生态世界观为方法论来研究学校文化建设及推进学校文化转型的重要性。[④]

---

① 联合国教科文组织国际教育发展委员会:《学会生存——教育世界的今天和明天》,教育科学出版社,1996 年,第 165 页。

② 托尼·布什著,强海燕译:《当代西方教育管理模式》,南京师范大学出版社,1998 年,第 87 页。

③ 史学楠:《校园文化学》,北京医科大学中国协和医科大学联合出版社,1993 年,第 13 页。

④ 季诚钧,肖美良:《中外学校组织文化研究之比较》,教育研究,2006 年第 3 期。

2. 关于儒雅教育的相关研究现状

我们提出"儒雅教育",主要基于以下三点原因:第一,弘扬优秀传统文化的现实要求。今天,社会价值观日益多样化,一方面促进了学校教育的改进,另一方面,一些不良的文化观,如个人主义、拜金主义思潮,使青少年成长的环境日益恶化,导致学生认识观念的混乱。为培养具有深厚文化底蕴的全面发展的社会主义接班人,《中华人民共和国教育法》第七条明确指出:"教育应当继承和弘扬中华民族优秀的历史文化传统,吸收人类文明发展的一切优秀成果。"《国家中长期教育改革和发展规划纲要(2010—2020年)》指出:"引导学生形成正确的世界观、人生观、价值观;加强理想信念教育和道德教育。"在高中语文课程目标中更是强调:培养爱国主义感情、社会主义道德品质,逐步形成积极的人生态度和正确的价值观,提高文化品位和审美情趣。第二,传承悠久办学历史的必然选择。学校悠久的办学历史,赋予我们神圣的使命。儒雅教育是学校"承先贤遗泽,为后学奠基"的必然选择。第三,追求学校内涵发展的必由之路。基于对优秀传统文化的弘扬、悠久办学历史的传承和现代教育理念对于人的素养要求,经过反复论证,我们认为,实施"儒雅教育"是学校追求内涵发展的必由之路。

近年来,国内学者在儒雅教育方面的研究越来越多。如,梁峰认为,通过"儒雅教师、文雅学生、典雅校园"三雅建设,借助为师生所共识的管理制度,培养有"天下意识、责任意识"的未来青年,养成"待人大度、做事大气、精神饱满、热情高涨"的品格。[①] 山东省曲阜市实验中学从建设儒雅校园环境,营造传统文化氛围、创设语文课堂文化,领略传统文化风采、开发实施校本课程,拓宽文化课程资源以及举办文学艺术活动,来推动传统文化开展,并通过寻访家乡风土人情,来践行传统文化。2010 年 10 月 16 至 17 日,山东省"首届孔子教育思想与现代小学教育研讨会"在曲阜召开,探讨学校教育如何传承儒雅之风。吴玲、张志鹏在 2012 年 3 月 1 日的《中国教育报》上发表《实施儒雅教育,营造儒雅校园》一文,从校园物态文化、教师培养与课程建设以及德育活动方面进行了儒雅校园文化的初探。蒋德梅在 2013 年 4 月的《现代教育科学》上发表《行儒雅之路,建书香校园》一文,将建设书香校园作为实施儒雅教育的有效途径。种道选在 2013 年第 6 期《当代教育科学》上发表《儒雅教育:给学生一个终身受益的起点》一文,指出儒雅要靠知识和学养来支撑,通过营造清新大气的儒雅校园,培训内外兼修的儒雅教师,完善促进发展的儒雅课程与评价,培养多才多艺的儒雅学生。杜友锦在 2014 年第 3 期《文学教育》上发表《浅谈怀仁文化背景下的儒雅校园建设策略》一文,提出儒雅校园文化包含了物质文化、制度文化、行为文化、精神文化等,它是学校发展的灵魂,是在物欲横流的现实与散漫浮躁文化背景下的必然选择。张昭军、王洪义在 2017 年第 5 期《现代教育》上发表《儒雅教育育人模式的实践》一文,将儒雅教育模式概括为"12345"。即一个核心:培养文化人(培养儒雅中学生)。两大阵地:孔子学堂和班级(文化)课堂(含

---

① 梁峰:《建设儒雅大气的学校文化》,天津教育研究,2010 年第 10 期。

主题班会）。三个重点：以“天下兴亡、匹夫有责”为重点的家国情怀教育，以“仁爱共济、立己达人”为重点的社会关爱教育，以“正心笃志、崇德弘毅”为重点的人格修养教育。四大支撑：课程建设、课题研究、师资保障、督导评价；五项结合：与经典诵读、学科渗透、活动引领、家庭教育、社区教育相结合。

综上，我们认为，我国已有越来越多的中小学校长和教师把眼光放到了中华优秀传统文化的弘扬上，他们在传承传统文化精髓时，几乎不约而同地对“儒雅”二字情有独钟。于是，探究、实施儒雅教育已逐渐成为我国部分中小学提升办学品位的重要选项。但基于儒雅教育的学校文化建设尚未形成系统化的研究成果。

（二）本课题相对已有研究的独到学术价值和应用价值

第一，本研究涉及学校的物质文化、制度文化、行为文化和精神文化等不同维度，通过对学校有关办学理念、制度管理、行为养成等方面的梳理和系统研究，形成以儒雅教育为核心的学校文化相关理论体系，以丰富学校文化建设理论。

第二，弘扬中华优秀传统文化。在社会价值观日益多样化的今天，学校如何利用优秀传统文化资源做好传承工作，是时代赋予我们的历史责任。

第三，促进教师发展。弘扬中华优秀传统文化，不仅滋养学生成长，也将进一步加强师资队伍建设。教师的精神成长关系着学校的发展，把传统文化中的积极奋进、勇于奉献、乐观包容、淡泊名利等中华民族传统美德熔铸于教师心田，打造一支优秀传统文化与现代文明相结合的新时代教师队伍。

第四，促进学校内涵发展。本研究在相关理论研究的基础上，试图将相关研究成果运用在学校文化建设实践中，形成可操作的举措与方法，形成高雅品位取向的办学特色，使这所历史悠久的学校重新焕发青春，走上内涵发展之路，为学校实践工作者提供现代学校文化建设的基本思路。

三、研究的目标、内容（或子课题设计）与重点

（一）研究目标

1. 立足儒雅教育，构建学校文化体系。我们试图结合本校六百多年的历史传承，将传统文化与现代文明结合起来，挖掘学校的办学理念，丰富学校的校训、校风、教风、学风内涵，形成基于“儒雅教育”的学校文化特色。

2. 建立以“儒雅”为特色的学校主题文化。老校区拥有深厚的府学文化渊源，新校区的建设也注重体现悠久的办学历史和文化传承，因此，我们将充分利用学校资源，在环境、管理、育人等方面，采取相应的措施，形成优秀传统文化与现代文明相结合的现代学校特色文化，力求体现出独特的学校精神和意志，并使之成为学校全体成员的共同追求，真正促进学校的内涵发展，全面提高办学水平。

3. 通过对儒雅教育特色的学校文化建设的实践研究，在本地区形成辐射，发挥品牌学校的引领作用。

(二) 研究内容

1. 基于儒雅教育的学校环境文化建设研究。学校环境文化建设主要是指学校的校容校貌和学生学习环境、活动环境的建设。通过对校园规划布置,各室、各班的典雅环境营造以及学校的标语文化等的建设,让学生在潜移默化中熏陶浸染,培养儒雅气质。2017 年 8 月以前,学校老校区的环境文化建设已初具形态。学校依托明清时期徐州府学宫,打造"中轴带两翼""一场三门五院"的校园格局。"一场"即校训广场,"三门"指学校内的崇德门、明伦门、宏志门,"五院"指类似于孔庙的五进院落。"两翼"是指在大成殿两侧建造以"仁义礼智信"五常教义命名的花墙月门。2017 年 9 月,位于鼓楼区府学路 1 号的新校区正式启用,新校区占地 100 亩,建筑面积 8.1 万平方米,其中包括 6 个广场、11 栋大楼、9 条道路。为了更好地传承府学文化,进一步建设儒雅校园,学校进行了以下尝试:

首先,对学校 6 个广场、11 栋大楼、9 条道路的命名进行了广泛的征集,确定了部分大楼的名称。如,务本楼(行政楼)、大成楼(图书电教楼)、格致楼(实验楼)、明伦楼(高三教学楼)、崇德楼(高二教学楼)、宏志楼(高一教学楼)、淑雅楼(女生宿舍)、儒雅楼(男生宿舍)。其他场馆道路也进行了逐一命名。如,命名学校主广场为大成广场,以传承我校老校区原来的大成广场,体现府学宫独特历史。命名孔子像所在的广场为杏坛广场,杏坛为孔子讲学之地,代指教育圣地,曲阜文庙有杏坛遗址。同时进一步提升办公室、教室的环境文化建设,突出"儒雅"特色。在班级环境文化建设方面,让每一个学生参与到儒雅文化的建设中,从而陶冶性情,砥砺高尚品格,促进学生雅言、雅行、雅情、雅思等文明素养的形成。各个班级设立班级图书角,引导学生在阅读中感悟传统,感悟生命的魅力。组织学生作品展示,丰富班级文化墙内容。在办公室环境文化建设方面,通过美化环境、充实办公设备、增加人文气息等措施打造儒雅和谐的办公室文化。

其次,丰富省围棋文化课程基地的环境文化建设。学校规划在格致楼的六、七两层楼(建筑面积约 2000 平方米)着力打造省围棋文化课程基地和大成棋院,打造围棋文化体验馆,包括"影视厅""名局再现厅""诗词书画厅"等。充分利用这两层楼的楼梯、走廊等开放区域建设围棋文化长廊,展示古今围棋文化的发展及成果集萃,以及学校开展围棋特色活动的过程和成绩等。

2. 基于儒雅教育的学校制度文化建设研究。基于儒雅教育的学校制度文化应规范而典雅方正。管理文化建设体现在管理的刚性化、人性化、制度化。刚性化要讲"效率、效果、效益"。最大的效益在创新,最好的效益在落实,最佳的落实在效率。"三效"是管理的实质,而制度是管理的形式。人性化首先关注师生的品格、自尊、自觉、自律;其次倡导守时、守信、敬业、勤学的职业操守;再次营造学校尊重、沟通、理解、包容的人文环境。制度化则是指工作有序、办事有章,这是一切工作运行的制度保障。我们在制度建设中要做到"大家的制度大家订、大家的制度为大家",努力营造"人人订制度、制度管人人"的和谐制度建设新局面。完善《徐州市第二中学制度汇编》,挖掘学校自身蕴含的习惯礼俗，在已有的制度体系中渗透积极的文化因子，充分展示学校观念、心理、行为特色，确立“以人为本、关爱激励、民主平等、系统开放、与时俱进”的原则，凸显人文管理，将刚性的制度管理与柔性的人文关怀相结合，努力追求一种“宽严有致、情理相济、张弛有度”的管理境界。学校的制度文化建设，将从“正式制度”和“非正式制度”两方面入手。

3. 基于儒雅教育的学校精神文化建设的实践研究。进一步丰富学校的“一训三风”(校训、校风、教风、学风)和办学理念。确立学校的办学目标，包括近期目标和长远目标。加强班级文化建设，每个班级确定自己的班级文化，如班风、学风等。

4. 基于儒雅教育的学校行为文化建设的实践研究

一是基于儒雅教育的“四雅(雅言、雅仪、雅行、雅好)德育活动”策略与实践研究。通过对学生高中三年的儒雅教育进行合理规划，根据年龄、性别、季节等的不同，积极开展“文明礼仪健康月”活动、仁爱教育活动等，培养学生优雅的言行举止、高雅的审美情趣。

每学期开展一次“文明礼仪健康月”活动，通过多种形式，促进学生文明礼仪规范的养成。诸如“中国之羞——不文明的言行”资料收集活动、“践行文明礼仪”主题班会、“不学礼、无以立”礼仪展示活动、“争做文明青少年”签名活动、多种形式的文明礼仪主题宣传、学生文明礼仪知识竞赛等。邀请专业人员定期到校对学生进行站、坐、行以及待人接物的礼仪训练，引导学生“站有站相，坐有坐相”，促进学生雅言、雅仪、雅行、雅好等文明素养的形成。

编订《徐州二中文明礼仪养成教育读本》一书，同时设计形式多样的学生活动，如“八礼四仪”情景剧，让学生体验“八礼四仪”，促进学生养成良好的礼仪习惯、做现代儒雅人。

开展诸如“重温中华美德，争做现代儒雅人”“日行一善，做徐州好人”、彭城一日捐(注：徐州古称彭城)、大型爱心义卖等仁爱教育活动。在节假日，组织学校晨星志愿者、德馨社、文学社的同学走进社区、街道做公益活动。

开展古筝比赛、围棋比赛、“楚风汉韵”汉字书写大赛、课本剧大赛、“做文明学生”征文比赛、经典诵读比赛、绘画比赛等活动，通过这些基于儒雅教育的琴棋书画活动，陶冶学生情操，使学生更儒雅、更知礼。

在仪式和典礼中强化儒雅教育。一方面对升旗仪式、开学典礼、国庆、清明祭扫等传统仪式和典礼重新进行精心设计，加强效果；另一方面对 18 岁成人仪式、誓师大会、经典诵读等仪式和典礼进行更具创意的设计，赋予其更深层次的含义，努力使这些普通的事件成为学生不普通的经历，在潜移默化中影响学生的心灵。

二是基于儒雅教育的围棋文化课程的开发和实施研究。围棋文化是中国博大精深的传统文化中的优秀因子之一。2014 年，学校成功申报成为江苏省围棋文化课程基地，在“棋如人生，精思于神，抱守持一，和谐共生”的理念指引下，明确“以围棋为抓手，弘扬优秀传统文化，打造儒雅教育品牌”的建设思路，迄今，基地建设初见成效。已做、正在做和即将做的工作主要有：

定期举办校园围棋联赛，运行独立自主的校内段位升级制度。通过多年围棋运动的教学普及，全校学生都具备了一定的围棋基础，并对围棋文化有一定的了解，学校打造自己的围棋联赛，推行依据自己的棋力申请升级升段的制度。这一举措的实施给学生提供良好的实战平台、交流平台和棋力检验平台，并和校内棋力等级制度有机联系起来，以增强学生学习围棋的动力，进而有效地提升学校的整体围棋水平。

创办围棋沙龙，提升围棋文化品位。每月举办一期围棋沙龙，引导学生从棋文欣赏、棋海拾贝、棋赛风云、棋例残局、棋人奇画、棋史典故等方面展开讨论和研讨，从不同角度向学生介绍源远流长的围棋文化知识，让学生感受到校园浓郁的围棋文化氛围。

开展围棋文化研究性学习，诸如“探寻历史上的围棋名人”“文学名著中的围棋文化探究”“围棋与军事”等课题，加强学科渗透和整合。这样不仅可以激发学生对围棋的兴趣，也可以转变学生的学习方式，为学生未来发展奠定良好的基础。

每年举办一次校园“围棋文化艺术节”，开展丰富多彩的活动，比如，组织开展围棋知识竞答、围棋文化专题征文、“我心目中的围棋手”演讲比赛、校园棋王赛等活动，进一步推广围棋文化。

大成棋院向社会公众定期开放。我们在大力开展围棋教学和文化建设的同时，将积极担负起向社会宣传、推广、传播围棋文化的责任。在每月的第一个星期日面向社会大众，特别是向周边的中小学校喜欢围棋的学生开放，利用学校优质的围棋资源提供免费的围棋交流活动，进一步弘扬中华优秀传统文化。

三是基于儒雅教育的校本课程资源的开发和实施研究。重点开发楚汉文化背景下的校本课程。[①] “楚文化”是中国春秋时期南方诸侯国楚国的物质文化和精神文化的总称，是汉文明的重要组成部分。徐州是楚人的起源和归宿，是两汉文化的发源、兴盛和归宿之地，因此徐州是研究楚汉文化的最佳样本之一（在本书第四章第三节中还要做进一步探讨）。

四是基于儒雅教育的“雅趣社团”建设与发展策略研究。在原有社团的基础上，重点建设围棋社团和文学社。我校成立了“方圆会”“手谈社”“黑白计算”等围棋社团。各年级的围棋社团间可以开展围棋棋局研讨、围棋书画欣赏、围棋诗词诵读、围棋棋具鉴赏等交流活动。成立了“朝夕”文学社、诵读社、书法社等，创新形式，丰富活动内容和载体，进一步培养学生的审美情趣和文学鉴赏能力，全面推进素质教育，打造书香校园，提升学校品位。我们的发展策略是：第一步，结合地域优势创建各种传统文化社团，开展形式多样、内容丰富多彩的活动；第二步，组建社团联盟，制订并完善社团发展规

---

① 课题“楚汉文化背景下校本课程的开发与实践研究”为教育部基础教育课程教材发展中心2016年度校本课程建设推进研究项目。

范，打造精品社团；第三步，精品社团走出学校，加强对社区、社会的辐射作用。通过社团建设，激发学生对传统文化的兴趣，挖掘学生潜力，营造儒雅校园氛围，推进儒雅教育。

五是基于儒雅教育的“雅智课堂”的建设实践研究。“雅”是指课堂中教师与学生的行为规范，“智”是指教师智慧地教，学生智慧地学，同时积极探索信息技术与学科教学相融合，构建智慧校园。明确“雅智课堂”教师和学生规范。教师的雅思、雅言、雅行、雅量无时无刻不影响着学生的成长，因此要进一步从知识、品德、言行举止、着装等方面对教师提出要求并切实落实到位。学生规范主要从尊敬师长、友爱同学、学习态度、合作精神、责任担当等方面提出具体要求。形成“雅智课堂”教学范式。在市教育局推行的“学讲计划”基础上，进一步完善“小组合作、学案教学”的雅智课堂。改变教师教的方式和学生学的方式，使教师真正树立“以生为本”的观念，把学习的空间充分留给学生，尊重学生的认知规律，注重学生的自我学习体验，激发学生学习的主动性，注重课堂的生成效果。我们通过云技术走进课堂，促进“雅智课堂”建设。积极推进云课堂教学实验，运用信息技术构建师生无边界的生态教学环境，形成“私人订制式”的云课堂教学样态，促进学生核心素养的培养。

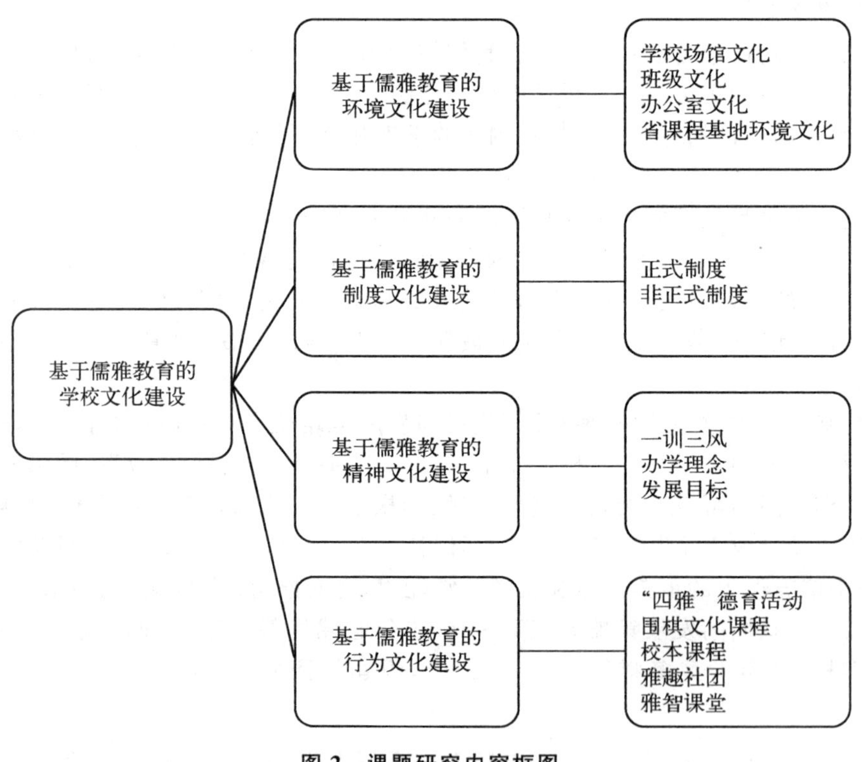

图 2　课题研究内容框图

(三) 研究重点

研究重点主要有:基于儒雅教育的学校环境文化建设研究,基于儒雅教育的学校“四雅”德育活动策略与实践研究,基于儒雅教育的围棋文化课程基地建设研究,基于儒雅教育的校本课程资源的开发和实施研究。

四、研究的思路与方法

我们遵循以下思路进行研究:

理论学习→现状对比分析→探索研究→实践检验→修改完善→得出结论。

具体而言,一是厘清学校文化的概念,剖析现有的学校文化现状,明确建设愿景及思路;二是从学校环境文化建设、德育活动策略、围棋文化课程基地建设、校本课程建设等重点方面进行实践研究,形成初步结论;三是及时进行阶段性总结,找出瓶颈与阻塞点,探讨更加行之有效的方法和手段,进一步验证方案、修改方案、提升方案的品质,形成最后的结论。

第三章　砺行致远:实践教育之“正”

《淮南子·氾论训》曰:“圣人以身体之。”《礼记·中庸》曰:“力行近乎仁。”毋庸置疑,办学理念重在实践。办学理念绝不是一种漂亮的包装,而是一种实践智慧,践行办学理念是实现其价值的唯一途径。我们学校的办学理念是“守正、出新”,那么,究竟如何践行我们的办学理念呢?我们的具体做法是,首先探寻一个有效“抓手”——围棋,然后再重点从校园建设、教师培养、课堂改革及学生发展等几方面进行深入地实践探索。

第一节　用心发现:探寻儒雅教育的“守正”抓手

一、探寻抓手的历史背景

建设学校文化,离不开有力的“抓手”。我们一直在思考这样一个问题:面对学校六百多年的历史文化积淀,我们究竟应该如何传承?中华文明上下五千年,我们又应该如何弘扬?对此,经过多年的实践探索,我们逐渐形成了“以围棋为抓手,弘扬优秀传统文化,打造儒雅教育品牌”的传承思路。

(一)中国历史层面

围棋,在我国古代称为弈,在棋类中乃棋之鼻祖,相传已有四千多年的历史。西晋的张华在《博物志》中说:“舜以子商均愚,故作围棋以教之。”南宋罗泌的《路史后记》写得更为详细:尧娶妻富宜氏,生下儿子朱,儿子行为不好,尧很难过,特地制作了围棋,“以闲其情”。按照这种说法,制造围棋的初衷是为了开发智慧、纯洁性情。

自古以来,围棋就是一种高深的逻辑游戏,其博大精深、玄妙无穷的运算法则蕴含着深刻的哲理。汉代的李尤在《围棋铭》中曾云:“局为宪矩,棋法阴阳,道为经纬,方错列张。”

围棋的棋子、棋盘含有“天圆地方”的思想。棋子是圆的,所谓“天圆而动”;棋盘是方的,标准棋盘由纵横各19条线垂直、均匀相交而成,所谓“地方而静”。围棋棋盘有361个交叉点,表示农历的361天。棋盘为四部分,代表四季;每一个部分都有90个交叉点,代表一个季度三个月的90天。棋盘的中央是太极,棋子的黑白两色表示阴阳。围棋的这些形式都有非常丰富的中国文化内涵。围棋大师吴清源认为,围棋其实是古人的一种观天工具。棋盘代表星空，棋子代表星星。围棋棋盘象征着宇宙时空，围棋棋子概括世界万物。围棋棋子在棋盘上的行棋对弈，则隐喻着宇宙生存、发展、变化、运动的规律。

围棋对弈，首先隐喻着宇宙有生于无的生成规律。围棋从“无”开始，从空无一物的棋盘上陆续落子。老子说：“天下万物生于有，有生于无。”《易经》云：“无极而太极。”其次象征着宇宙繁生于简的发展规律。围棋的规则极为简单，是最大限度的简单。它的棋子无级别划分，没有功能规定，自由落放，平等竞争。但随着棋盘上棋子数量的增加和围空空间的扩大，量变引起质变，围棋便逐渐由简单变至复杂，由有限进入无限。宇宙是极为纷繁复杂的，但其终极规则和根本定律，可能是简洁朴素的，大概像围棋那样，通过简单的规则，经由空间与数量产生一切。老子说：道生一，一生二，二生三，三生万物。《易经・系辞》曰：“易有太极，是生两仪，两仪生四象，四象生八卦。”这两句话揭示了宇宙由简至繁的发展过程。围棋对弈还形象地演绎着宇宙阴阳两极，“一阴一阳，谓之道”。宇宙中，普遍存在阴阳两极的相互对立、制约、平衡、转化的矛盾运动。如宇宙本身的膨胀与收缩，物质与反物质，物理学中的正电与负电、引力与斥力，生物学中的生与死、遗传与变异，化学中的氧化与还原、合成与分解等等。这些对立统一关系，都能在围棋的黑白相争中找到形象的对应。

围棋的胜负之争，最终是棋盘的控制与争夺，象征着宇宙中生存空间的争夺。大小各种星体，从卫星到行星，到恒星，再到星系，都是以其质量吸引周围的物质，围出自己的一系。微观世界中，原子核吸引电子围绕它旋转，形成一个原子太阳系，也是生存空间的争夺。至于有机界、生物界，适者生存，空间争夺更加激烈。

围棋和儒家思想有着不解之缘，它们都同样强调修身养性、和谐中庸的核心思想。就围棋本身来讲，它是一种竞技游戏，是一种“争”之道，但无时无刻不在追求一种平衡与和谐，从形式上讲，它是一种动态的和谐。围棋也体现着道家的内蕴。围棋的最终目的，便是围地，即围“目”。围棋的胜负正是以围地的多少来计算的。而要想围住地，你的棋便须是活棋才行，而活棋则必须有两“眼”。目、眼，相对于棋子而言，都属于虚，即无；而棋子则是属实，即有。可见，在围棋中，“无”是比“有”的地位更重要一些的。这正体现着道家“有之以为利，无之以为用”“有生于无”的哲学原则。

无论儒家还是道家学说，都是奠定在《易经》基础上的。围棋在三个方面解释了易经思想，即象征含义、规则、和谐思想。白子代表了易经中的阳，黑子代表了易经中的阴。可以说，阴、阳与黑、白两色棋子相对应，象征黑夜与白昼的交替。围棋作为一个事物，也不是一成不变的。发展到了十九路的围棋，一直流传到今天。这个发展过程，与易经思想里面“简易、不易、变易”的基本思想完全相符。

辩证法可以认为是现代的东方哲学思想代表。围棋在许多方面都闪耀着辩证法的光芒。全局和局部、大场和急所、棋型和效率、实地和外势、进攻和防守、弃和取、虚和实、大和小、先和后、死和活等等，它们都既有对立的一面，又有和谐共存的一面。

围棋哲学思想的核心，概括而言就是“和”之道，要循天人合一的人文自然法则，这也和中国文化的核心价值观相同。围棋与中国文化在灵魂的深处是共通的。可以说，围棋里既蕴含着丰富的哲学、经济学、文学与艺术等社会科学的知识，也包括丰富的数学、物理学等自然科学的知识。围棋的思维沉淀了无数先人的智慧，蕴藏了东方文明最原始的能量。

（二）学校的实践探索

我校的围棋教育起步早、抓得实、效果好。学校在省内较早、市内最早进行围棋课程开发。上世纪 80 年代，学校教师中即活跃着一批围棋爱好者，他们经常在一起研讨棋艺，并利用课余时间辅导围棋兴趣小组开展活动。在他们的影响下，一批同学逐渐成为业余围棋高手，多次包揽徐州市中学生围棋比赛的冠亚军，1999 级学生闻捷以围棋特长生身份考入南京邮电大学，在读大学期间先后夺得“新浪杯”全国大学生围棋比赛冠军、第三届世界大学生围棋王座战冠军。

2006 年 1 月，徐州市体育局、教育局联合命名我校为“徐州市围棋特色学校”；2006 年 3 月，学校成立全省首家学校棋院——大成棋院；2006 年 9 月，学校把围棋作为校本课程正式排进课表，每班每周 1 个课时。13 年来，学校共培养六千余名毕业生，基本形成了“人人会下棋，人人懂围棋文化”的局面。2010 级学生芈昱廷于 2013 年夺得首届“MLILY 梦百合杯”世界围棋公开赛冠军，成为江苏省首个围棋世界冠军。高中毕业后，芈昱廷以围棋特长生身份被上海财经大学录取。2015 级学生柯洁从我校高中毕业时就已经获得 5 个围棋世界冠军称号，并被清华大学录取。另外，我校还走出十余名职业棋手，加上我校在读的职业棋手，他们的总段位数接近百段。2014 年，学校成为江苏省唯一的围棋文化课程基地。在省、市主管部门的大力支持下，围棋文化基地建设取得丰硕成果。2017 年，学校又以围棋特色获评“江苏省体育传统项目学校（2017—2020 年度）”。

学校已经建成总面积近 2000 平方米的围棋活动专用场馆，有围棋教学专用教师、围棋研究室、围棋文化体验馆、围棋文化长廊等，为围棋文化的普及打下坚实的物质基础。经有关专家现场考察认定，学校现有围棋场馆可以承办国家级围棋比赛。

二、围棋文化课程基地建设的探索

我们将“棋如人生，精思于神；抱守持一，和谐共生”确定为基地理念。基地建设目标是通过课程资源开发、实施，使学生感悟围棋文化，提高学生综合素质，进而继承和发扬优秀传统文化的精华。通过课程基地建设，进行师资培训、课程研发、课题研究等，提升教师专业化发展水平。通过校园环境建设等项目，进一步提升学校的办学品味，形成可以辐射全省乃至全国的特色教育品牌。重点建设内容有 6 个中心、6 个平台、10 个重点项目。6 个中心分别为特色环境建设中心、课程资源开发中心、课程基地活动中心、网络资源建设中心、课程实施评价中心、教师专业发展中心。6 个平台分别为围棋文化环境平台、课程实施管理平台、围棋文化交流平台、数字化基地应用平台、课程评价管理平台、围棋教师培养平台。10个重点项目分别为大成棋院、围棋活动集萃长廊、围棋文化体验馆、围棋网络教室、围棋课程资源库、围棋课程教学框架、围棋课程评价体系、围棋教师工作室、围棋主题网站、围棋文化艺术节。

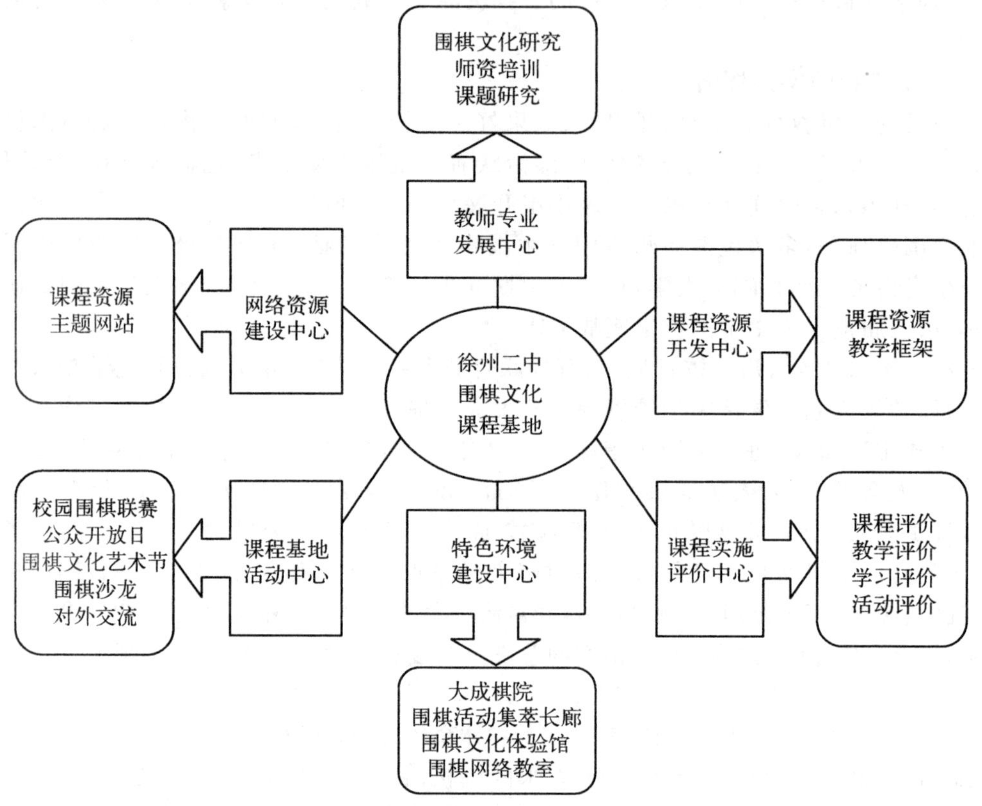

图3　省围棋文化课程基地建设拓扑图

(一) 特色环境建设中心

主要应做好两件事,围棋对弈的场所建设和围棋文化氛围的营造,争取使每一位到过徐州二中的人都能从学校的环境建设中感受到围棋文化。

围棋文化显性特色平台由一系列的建设项目来具体实现:

1. 进一步建设大成棋院。学校开辟建筑面积约2000平方米的场馆扩建大成棋院,主要用于围棋教学、比赛和对外交流。大成棋院主要有教学区、围棋专业资料室、荣誉展示区等功能区。

2. 新建围棋网络教室。利用信息化平台,充分借助网络资源优势,为学生提供进一步学习的资源和相关支持,拓展学生个性化学习的途径。

3. 新建围棋活动集萃长廊。利用建筑物的走廊橱窗,以图片和文字的形式展示围棋文化知识以及学校开展围棋特色教育活动的过程、盛况和取得的成就。

4. 新建围棋文化体验馆。该项目侧重于对学生进行人文素质的培养与熏陶，通过围棋项目自身所具有的特点，使学生了解和热爱祖国的围棋文化，增强民族意识和爱国主义感情。馆内设“影视厅”“名局再现厅”“诗词书画厅”等。“影视厅”通过影视作品、视频材料介绍围棋运动的发展动态、棋坛的各种见闻、围棋明星的故事等。“名局再现厅”将跨越时空，通过学生们自己的手在棋盘上再现出那些曾经的对弈名局，在跟随讲解打谱的过程中让学生了解名局产生的时代背景和奇招妙手的精妙。在“诗词书画厅”里，同学们欣赏和品味浩渺精绝的中国诗词书画作品中那些与围棋相关的诗词书画作品，极大地提高了对围棋文化内涵的感受力，感受到了中华民族的睿智和深厚的文化底蕴。

(二) 课程资源开发中心

建设课程资源开发中心，打造课程实施管理平台是课程开发、实施的保障。

1. 建构教学模型。遵循认识研习——探究研习——创新研习的学习流程，结合相关课程内容，建构教学模型。让学生了解围棋相关知识，并初步学习围棋技法，进而通过进一步的探究研习，深入理解围棋中的传统文化积淀，提升文化素养、综合素质。计划开设基础性课程、拓展性课程和活动体验类课程等三类课程。

表 1　围棋文化课程及教学安排一览表

类别	基础性课程	拓展性课程	活动体验类课程
内容	围棋的起源和传说 围棋技法入门 围棋历史发展简析 围棋文化体验馆互动体验 围棋风云人物榜	围棋礼仪 围棋中的诗文 围棋典故与成语 围棋“十诀”解读 围棋赏鉴——宝石学通识 围棋思维科学的认识与实践 “对弈图”鉴赏	校园围棋联赛 围棋沙龙 围棋社团 围棋文化节 大成棋院公众开放日 围棋对外交流活动
教学对象	全体学生	全体学生	部分学生
研修方式	必修	必修	选修
课时安排	16	16	18
教学目的	认识理解围棋；激发围棋学习兴趣；掌握围棋基本技法。	深入领会围棋中的传统文化，在文化熏陶中提升文化素养。	开办各种有益活动，在活动中展现围棋文化风采；在活动中继承创新围棋文化形态；实现学科渗透和整合；促进教学方式的变革，转变学习方式，为学生未来发展奠定良好的文化素养基础。

2. 开发丰富而有特色的课程资源。将围棋文化与与国家课程及学科教学相融合，在普及知识、满足学生爱好的基础上，依托围棋文化课程基地组织丰富多彩的校内外活动。同时，与彭城棋院、江苏棋院、国家棋院等建立学术共同体，有计划地邀请相关专家为学生系统讲授关于围棋文化的相关课程。

（三）课程基地活动中心

构建围棋课程基地活动中心，打造围棋活动交流平台，是我校全面推进素质教育、提升学校办学层次、提升学生整体素质、培养学生个性特长的一项重要举措。

课程基地活动中心以建筑面积近2000平方米的大成棋院为主体，进行升级改造，搭建一个适合开展围棋交流活动的平台。课程基地活动中心将开展围棋联赛、围棋沙龙、围棋文化艺术节、社会公众开放日等系列活动。

（四）网络资源建设中心

建设数字化基地应用平台，用现代化手段提高课堂效率，增强课程学习的趣味性，激发学生的求知欲。

1. 建设网络学习资源库。强调围棋活动与相关的文化知识学习相结合，用超文本、资源库等方式，提供与围棋文化相关的知识。如运用搜索引擎技术，学生可以自主学到围棋基础及围棋文化知识；观看名局对弈、听专家讲座；欣赏围棋电影、诗词、绘画作品；还可以将围棋基本技法用微课形式录制下来，以便自主学习等。

2. 建设学校围棋主题网站。开发“围棋论坛”“大成棋院在线”“网上对弈室”等板块，让学生可以在网上与老师、同学、棋友进行围棋交流活动。

（五）课程实施评价中心

围绕课程实施评价中心，创建和完善针对性强、可操作性强、多维度、多元化的围棋课程评价管理平台，是建立课程基地必不可少的环节。

我校主要采用以下课程评价方式：

1. 围棋基础理论题和图形题的测试（围棋基础理论测试常规化）。运用试卷和网上答题形式，进行围棋理论题和图形题的测试，强化已学知识，检验学生对围棋课程基础理论知识的把握和运用能力，及时反馈信息，作为调整教育教学思路的重要依据，优化教育教学过程。

2. 建立校级段位晋级制度（围棋积分制规范化）。考虑到学生个人知识水平和接受能力的不同，尽可能使每位学生能够获取符合自己能力的进步和成就感，真正实现围棋文化课程的价值。

3. 围棋文化课程与德育学分制相结合。我校一贯高度重视德育教育，是较早实施德育学分制的学校。围棋文化课程的建设旨在面向学生未来发展，以围棋文化浸染心灵，提高学生综合素质。我校依据学生在围棋课程学习过程中对围棋基础理论的把握，对围棋文化的理解，以及在对弈中所体现的智慧、意志品质和良好的文化素养，形成围棋积分与我校的德育学分相转换的机制，两者相互融合，相互促进，以实现美智、养德双丰收,使学生的综合素质提高具体化。

4. 把围棋拓展学生思维与课堂教学改革相结合。组建围棋学习小组,真正发挥小组合作学习的作用,创设“兵教兵”的学习环境和“学进去、讲出来”的学习氛围,提高围棋课堂的教学质量。

5. 多种评价形式相结合。我们采取访谈、座谈、问卷调查等多种方式了解学生对课程的体验、对教师的评价、对活动的兴趣和参与度,以及活动的社会影响力,并进行评价。

(六) 教师专业发展中心

通过建设围棋教师工作室,打造围棋教师培养平台,深度研究围棋文化和教学,培养课程专业教师,促进教师专业发展。

我校现在是中国棋院的培训基地,也是江苏棋院、徐州棋协、徐州棋院、彭城棋院的合作交流单位。我校将进一步加强与各级棋院的交流合作,采取“走出去,请进来”的方式,搭建教师培养平台,提高专业水平。积极开展校本培训,成立青年教师围棋研修班,系统学习围棋基础知识、围棋历史文化知识、围棋裁判知识等内容。由围棋教师工作室牵头,组织全国、省、市级围棋赛和节假日开放日活动,建立围棋文化的社会交流平台。

三、课程基地建设思路

遵循传承与创新相结合的原则,走“整合——创新——提升”之路。对现有资源与优秀传统文化进行整合,并在此基础上,结合新时代特点进行创新,形成学校特色。

第二节　精心策划:打造古朴大气的“守正”校园

一、什么是“守正”校园

校园是指学校中的各种景物及建筑,包括学校教学用地和生活用地,这些要件是学校环境的重要组成部分。学校环境是教育环境之一,包括物质环境和精神环境。广义的学校环境是指学校影响学生发展的全部因素,如课堂教学、课外活动以及学校的各种设施和校风等。狭义的学校环境是指除教学、教育工作以外的一切无意识地影响学生发展的因素。

这里我们主要谈谈狭义的学校环境。我们认为,校园环境具有重要的育人功能。美国建筑学家阿摩斯·拉普卜特在《建成环境的意义——非言语表达方法》一书中指出:“影响人们行为的是社会场合,而提供给线索的是物质环境。”其所言意指真正影响人们行为的是社会场合,但社会场合对人的行为影响是以物质环境为线索来实现的。校园环境不仅影响社会公众之于学校外在形象的认知,更重要的是其对学生的身心发展也有着非常重要的影响。校园环境是学校文化的重要组成部分，学校文化是由表层文化与深层文化构成的。学校文化的表层结构主要包括校园建筑、绿地、运动场地以及硬件设施等。①

那么，怎样的校园环境才能被称之为“守正”校园呢？我们认为，学校既然要秉承“守（中华优秀传统文化之）正”的理念，那么校园环境建设就必须体现中华优秀传统文化的特色。而传统文化丰富多彩，学校如何找到自己的环境文化定位呢？

（一）“守正”校园应凸显历史传承

学校的历史记录着学校的产生、发展、鼎盛与传承，是对一所学校发展轨迹的真实记录。回眸学校的发展历程，时代所给予学校的不只是和煦的阳光，还有风雨的考验。校史并非是去而无返的遗迹，她在岁月流变中的种种积淀，是不可忽视的精神财富，是学校文化建设的重要抓手，对于我们今天的办学实践具有重要的借鉴意义。学校历史不应仅仅体现在校史馆里，在学校环境建设上也应该得到适当体现。“校园建筑往往是不同历史时期的不同产物，反映的是校园文化的多元性、自由性、兼容并蓄，具有深厚的历史价值及人文底蕴。”②

我校老校区原为明清时期徐州的最高学府——徐州府学宫（徐州文庙）的旧址，六百多年的文化积淀使得学校形成了庭院深深、中轴对称、建筑主次有序等颇具传统文化特色的校园布局，这种布局不仅彰显了儒家的文化思想，也充分展示了我国独特的“庙学合一”的文化现象。得天独厚的历史条件，使学校的环境建设有了可以继承和延续的基础。

（二）“守正”校园应确保安全健康

安全健康是校园环境建设首要考虑的问题。所有的校园环境建设不管其在美学上具有多么大的意义与价值，如若存在着安全健康方面的隐患，则这样的建设就会失去它的全部意义和价值。保障校园环境建设的安全健康已经得到世界各国的高度重视。2015 年，美国西弗吉尼亚大学专门启动与实施健康校园环境审核项目，目的在于保障与促进校园能够建有一个安全健康的环境。该项目由学生负责掌握校园环境安全健康审核方式，并定期对学校环境建设中的健康与安全问题进行评价。项目实施后取得较好成效。③

（三）“守正”校园应体现和谐共生

校园环境建设是一个系统工程，每一个部分既是一个独立的小系统，有其独特的内在之美，同时，其又是校园大系统的有机组成部分，应体现整体的和谐共生。校园环境

---

① 苏君阳，刘冷馨：《生态社会学视野中大学校园环境建设的误区及其超越》，北华大学学报（社会科学版），2019 年第 5 期。

② 宴辉：《环境哲学的另类形态：人文生态学》（上），河北学刊，2005 年第 6 期。

③ 苏君阳，刘冷馨：《生态社会学视野中大学校园环境建设的误区及其超越》，北华大学学报（社会科学版），2019 年第 5 期。

的和谐共生是建设和谐校园的物质基础和精神载体。马克思说过："人创造环境，同样环境也创造人。"[①]我们认为，在校园环境建设过程中，以下几点需要认真考虑：一是合理布局，这是和谐共生的校园环境最基本的要求；二是实用兼顾美观；三是体现人文情怀。苏霍姆林斯基说："对周围世界的美感，能陶冶学生的情操，使他们变得高雅。"[②]和谐共生的校园环境应该是自然美、艺术美、人文美的协调统一。

（四）"守正"校园应彰显学校特色

学校特色是指一所学校的办学思路或者在各项工作中表现出的积极的与众不同之处。办学特色是一所学校积极的、进取的个性的表现，一所学校的特色使之区别于别的学校。近年来，学校特色建设已成为每个教育管理者思考的重要课题。根据我校连续六百多年办学的历史渊源以及时代的发展，我们把"儒雅教育"作为学校的特色打造，就校园环境建设而言，着重体现在儒雅校园环境的营造方面。

二、打造"守正"校园，彰显"儒雅"文化

（一）老校区"中轴带两翼"的古典格局建设

我们对校园环境的优化，关键在于突出精神内涵，追求润物无声的效果。2017 年 8 月以前，学校老校区的环境文化建设已初具形态。学校依托明清时期徐州府学宫，打造"中轴带两翼""一场五门五院"的校园格局。从校门口望过去，穿过层层楼门，花廊掩映，大成殿若隐若现，形成"庭院深深"的艺术效果。沿着中轴路由南向北，依次是棂星门（校门）、明伦门、崇德门、宏志门、大成门、大成殿；"两翼"就是在中轴两侧设置的以"仁也""义也""礼也""智也""信也"五常之教义命名的花墙月门。一进校门，首先是校训广场，这里绿茵遍地，翠竹环绕，广场中间立着刻有校训的巨石，另外，"徐州学潮旧址"和"徐州文庙"两块市级文物保护单位纪念碑也存放在这里。步入二院，复建的泮池中睡莲盛开，游鱼戏水，翠竹相拥，塔松相伴。三院是藤廊环绕，梅花、翠竹、樱花点缀其间。四院是大成广场，这里也是传统文化元素最集中的地方，大成门与大成殿相对呼应，明清时期的碑帽、碑座、柱础等散布其间，香柿、黄杏、银杏、木瓜等树木在此相拥。五院是运动广场，旁边是现代化的多媒体电教大楼，彰显传统与现代的有机结合。

（二）新校区古朴与时代感并存的典雅校园建设

2017 年 8 月，位于鼓楼区府学路 1 号的新校区正式启用，新校区占地 100 余亩，建筑面积 8.1 万平方米。在新校区设计之初，我们就非常明确地提出如下设计原则：一是注重功能。将校园划分为教学区、运动区、生活区三大区域，其中教学区又分普通教学区及综合教学区，各部分既相对独立，又互相联系。二是复归自然。设计根据建筑朝向而因势利导，强调绿色设计，将建筑景观分散布置在建筑庭院中，使建筑更好地融入自

---

① 马克思，恩格斯：《马克思恩格斯选集》（第一卷），人民出版社，1995 年，第 92 页。

② 苏霍姆林斯基著，唐其慈译：《把整个心灵献给孩子》，天津人民出版社，1981 年，第 33 页。

然。三是传承历史。以整体的简约空间形象结合不同材质和色彩的变化进行建筑形象的创作，围合的院落空间形成对徐州及二中历史的传承。四是丰富空间。传统四合院围合空间，开敞广场空间，以及长廊和廊下空间，旨在营造更为丰富的多元化空间，为青少年的校园生活增添新的情趣，激发新的求知欲和探索欲。新校区建成后，较好地诠释了上述设计原则。

老校区的棂星门、花墙月门、泮池、校训石以及明清时期的碑帽、碑座和柱础等铭刻着儒家文化印记的老物件，全部搬迁到新校区安置，其中棂星门安置在学校的西北门，作为学校的次入口使用，另在棂星门前仿建九龙照壁。为更好地体现传承，学校另斥资在新校区建设杏坛广场。杏坛广场选址于新校区艺体中心主入口区域，是师生流量较大的地方。杏坛广场以高达5.80米的大理石孔子塑像为中心，孔子像背靠抽象的府学宫，在其立柱上依次悬挂从老校区搬迁过来的代表性楹联，如“德尊学富师严道圣誉驰中外，源远流长气正风和泽被古今”“先师功德垂青史，儒学精华照五洲”“儒家精髓广布春风育栋梁，融人类文明善施化雨滋桃李”“为后学奠基积极树人当己任，承先贤遗泽辛勤传道顺天心”等。并充分利用孔子像周围的物理空间，在孔子像左侧建有儒家文化长廊，长廊的一侧是孔子讲学论道的镂空具象，另一侧以“六艺浮雕”为造型，间隔以儒家历代代表人物的头像。一草一木，一石一柱，一词一匾，无不带学生走进历史，感受儒雅文化的积淀。

（三）围棋文化课程基地环境文化建设

学校在格致楼的六、七两层楼（建筑面积约2000平方米）着力打造省围棋文化课程基地和大成棋院，建设围棋文化体验馆，包括“影视厅”“名局再现厅”“诗词书画厅”等，并建设特别对弈室、数字化围棋馆等场馆。

这里特别介绍一下“围棋文化长廊”的建设。我们将围棋文化长廊定位为体现历史文化特色，并兼具教育功能的围棋文化展区。预期设想主要有四点：一是展示、普及围棋文化；二是成为校本课程实施的开放性学习场所；三是传承传统文化精髓，立德树人；四是成为学校标志性景观，走进学生的记忆。

为此，学校经过反复研讨并邀请专家论证，按照微型围棋文化博物馆的风格建设围棋文化长廊，以营造浓郁的研习围棋文化的氛围，使身临其境者能够自觉感受围棋文化、体验传统文化的魅力。长廊由主题形象墙1块、展区9个、天花板及局部造型三部分构成。

主题形象墙以“河洛”为背景，背景上镶嵌“大成棋院”院名及其核心理念“棋如人生，精思于神，抱守如一，和谐共生”。除主题字样外，背景部分还结合围棋最初的“天圆地方”理念进行造型设计。整体风格简约现代，小中见大，文化内涵深远。

围棋溯源展区，追溯古老文明时代的棋院传说，概述围棋的由来与发展。棋坛盛世展区，讲述的是围棋文化在古代各个时期的发展与变迁。棋聚一堂展区，介绍了围棋棋子在各个时代的外形、材质。弈道纵横展区，展示并介绍了围棋棋盘的线格在历史长河中的变化。天元问棋展区，介绍了古代围棋名人。棋闻弈事展区，介绍了中国古代各个时期及各个地域围棋文化的发展变迁，由此全面展示围棋文化在古代各个时期的影响传播。三国演弈展区，介绍了中、日、韩三国围棋文化的渊源及中日韩三国的巅峰对局。近代棋迹展区，介绍了中国近现代围棋发展的重大事件，展示中国现代围棋的发展及荣誉。旗开得胜展区，介绍了我校探索围棋特色教育的历史足迹。

天花板及局部造型包括吊顶和楼道拐角造型塑造。在顶部，巧妙地将圆形吸顶灯和消防喷孔设计成围棋的黑白子，走道尽头的窗户则用“求索致远”和“天元追梦”照壁予以装饰，整体风格和谐协调。

三、打造“守正”校园的价值与意义

“守正”校园的物质景观与校园建筑物的内外装饰互为补充、相互促进、共同提升学校的文化品位，让校园的一草一木、一砖一瓦、一墙一壁等都会“说话”，让校园每一个角落都有“凝固的音符美”的闪现，让校园成为活的教科书，达到环境育人的目的。

镌刻着“贵仁、励学”的校训巨石，让学生第一时间感受校园文化的熏染，是学校文化的核心。泮池为半圆形状，喻学无止境，学问永远也不可能穷尽；泮池中间种植莲花，以水比德，砥砺品行，表达“出污泥而不染”的高洁志趣。建造花廊，种植紫藤，院子左右两边点缀梅、竹等，昭示学子以梅竹自比，坚忍上进。在原有的大成门、大成殿两边种植杏树、柿树、木瓜树等等，预示春华秋实，百年教育硕果累累。花墙月门，以“仁义礼智信”五常教义命名，彰显儒家文化要义。棂星门、孔子像表示对孔子的追思。三栋教学楼分别命名为明伦楼、崇德楼、宏志楼，而“明伦、崇德、宏志”恰是学校的校风，以此命名教学楼旨在让学生铭记校风，砥砺前行。

校园遍布的匾额、题词鞭策着学生勤奋上进，激励着教师治学严谨，爱岗奉献。学校精心打造的这片儒风古韵与现代理念浑然一体的读书圣地、书香校园，让师生时时处处受到优秀文化的熏陶、感染和激励，在润物细无声中汲取力量，启迪智慧，获得灵感，升华人格，充分体现了环境育人的理念。

第三节　悉心组织：培养德正气华的“守正”教师

教育大计，教师为本。教师承担着传播知识、传播思想、传播真理的历史使命，肩负着培育国家接班人的时代重任，是教育发展的第一资源。教师的一切表现都会成为学生刻意观察、模仿的对象。对于学生来说，教师的人格和修养是任何力量都不能替代的最灿烂的阳光，因而培养德正气华的“守正”教师是学校实现儒雅教育的首要条件。

一、什么是德正气华的“守正”教师

所谓“德正”是指品德端正，是教师内在修养的完善，包括以德从教、博学多识、志向远大、术业专攻等方面。“气华”指的是端庄儒雅，是教师的外表形象，包括教师语言、行为、衣着、态度等方面的表现。我们需要内外兼修、德正气华的“守正”教师。

二、如何培养德正气华的“守正”教师

(一) 培养“守正”教师，要立足于“仁”

“仁”是儒家的核心思想，“仁者爱人”与现代所提倡的“爱的教育”一脉相承。这里的“爱”包括三层含义：一是关爱学生，及时给予学生学业上、生活上的关心，及时帮助解决他们的困难；二是平等对待学生，对“学困生”和“学优生”一视同仁，充分尊重学生的人格；三是对学生负责，严格教育学生，发现学生犯错误要及时纠正，不可放任自流。学校在培养具有“仁”德的教师方面主要做了以下工作：

首先，提炼学校精神，以精神凝聚人心。学校组织教师开展“二中精神”大讨论活动，根据老师们的归纳阐释，将二中精神总结为“崇仁、博雅、担当、卓越”。① “崇仁”要求二中人继承儒家仁爱精神，具有博爱心和包容心；“博雅”意为学识渊博、品行端正，倡导师生博采众长，不断加强自身修养；儒家重视“担当”精神，“天下兴亡，匹夫有责”，担当是一种勇于接受的态度，更是一种敢于负责的行动，它能为学生、教师、学校的长远发展注入强劲动力；“卓越”是一种不把事情做到极致不罢休的态度和追求，彰显了二中人自信和精益求精的精神品质。

其次，建设“书香校园”，争做“书香教师”。多年来，学校一直坚持大力引导教师读书，常抓不懈。一是教师自修。在专家指导下，每学期印发“教师阅读书目”推荐给教师，并为教师购买教育教学书籍，自 2013 年以来，先后为教师购买了《教师怎样做教科研》《论语译注》《合作学习与课堂教学》《教育的目的》《什么是教育》《大数据时代的教育》《麦田里的守望者》《教育方法学》等书籍，要求教师每学期至少完成读书心得 2 篇，学校及时把教师读书心得集结成册，刊印出来，以便大家相互交流和相互促进。二是组织以教研组为单位的学科读书小组活动。由教研组长担任学科读书组组长，在征求小组成员意见的基础上，拟定本学期需要阅读的书目，并定期开展读书活动。读书活动本着每月一次的原则，活动中有的教师表达读书感悟，有的提出问题集体讨论，形式轻松活泼，给教师带来不少收获。三是组织学校现有的市名优教师领衔成立读书沙龙，以读书带动教研。读书沙龙每学期定期举办活动，把读书成果向全校师生展示，起到了很好的带头作用。“最是书香能致远，腹有诗书气自华。”以书香濡染心灵，激发教师对生活

① 2015 年 6 月 3 日、10 日、17 日、24 日和 7 月 1 日的徐州《都市晨报》以“徐州文脉源远流长　二中精神永放光芒”为题进行了连续报道。

态度、生活品位、道德标准的高尚追求，在当今物欲横流的时代守住人民教师的操守。

再次，开展“感动二中的人和事”[①]及“学生心中恩师”评选活动。师德师风建设直接关系到学生的健康成长，是加快建设新时代高素质教师队伍、推进教育现代化建设的迫切需求。为了提升教师职业幸福感、成就感和荣誉感，我们非常重视发掘身边的典型，先后举行了“感动二中的人和事”及“学生心中恩师”评选活动，引起师生、家长和社会的广泛关注和好评。近年来，学校涌现出一批师德高尚、爱岗敬业的教师群体。榜样的力量是无穷的。这些身边的先进教师影响、带动了整个学校的教师群体更加奋发向上、积极有为。

（二）培养“守正”教师，要立足于“礼”

“礼”是社会生活中的准则和道德规范。中国号称礼仪之邦，《荀子・修身》曰：“礼者，所以正身也。”对中国传统的儒学而言，礼学也是其核心内容之一。培养“守正”教师，要培养知礼、尊礼、守礼、倡礼的儒雅教师。我们学校教风中讲的“尚礼”，就是希望教师以“礼”为“无语之教”，引导学生从礼敬做起，一举一动、一言一行，无时无刻不对学生施以礼教、潜移默化，既诚其意、复正其心，使学生无论从学业还是做人方面，都能够有所发展、有所完善。

什么是现代教师应该遵循的“礼”呢？从大的方面讲，教师一要遵守法律，二要尊重科学，三要以生为本；从小的方面讲，教师需要规范自己的言谈举止。

一方面，教师行为要以《中华人民共和国教师法》《中华人民共和国教育法》为行为准则，切不可轻视法律、蔑视法律，更不可违法乱纪。古今相较，师生关系有着巨大的变化，古人讲究“一日为师，终身为父”，教师是绝对的权威，而随着时代的变迁和观念的更新，现代师生关系更加注重平等，教师是学生的良师益友，教师应以学生为本，要“一切为了学生，为了学生的一切，为了一切学生”。

另一方面，教师的言谈举止又与其他行业不同。仪表仪容上，教师着装应优雅庄重，要避免奇装异服，不能为追赶潮流而标新立异。言谈举止上，教师要注意自己的措辞，不对学生使用语言暴力，不可伤害学生自尊。教师要对自己说的话负责任，不可信口开河。西方有句谚语“老师就是面带微笑的知识”，教师面对学生时，语气语调应如“春风化雨”，用语言、表情、动作热情鼓励学生，使其受到感染，产生积极的内驱力。教师还要主动远离吸烟、喝酒、赌博等不良习惯。

学校制定了《徐州二中儒雅教师礼仪规范》，大到法律法规，小到仪容仪表、言谈举止，从不同层面对当代教师礼仪进行了界定和规范。学校还定期进行“二中儒雅教师”的评选活动，营造人人争做现代儒雅人的氛围，促进了儒雅教师礼仪规范的落实。

只有儒雅的教师，才能培养出儒雅的学生，只有给学生以尊重，学生才会更加爱戴老师。做具有和悦的心态、和美的情怀、和谐的精神的儒雅教师，营造阳光和谐的教育

① 2018年5月9日、16日、24日的徐州《都市晨报》以“感动二中的人和事”为题进行了连续报道。

人生，提升自身生命的质量，我们才能在和谐的教育园地里幸福地发展，诗意地栖居。

（三）培养“守正”教师，要立足于“博”和“专”

“博”是要求教师要有广博的学识，“专”是要求教师要术业专攻。业务素质过硬的教师，才能受到学生的爱戴。学校首先建立起行之有效的教师培训制度，制订教师专业发展规划，明确教师发展目标。在有关专家指导下，每位教师根据个人实际，制订切实可行的“教师个人三年发展目标”，形成了目标引领，学生、教师、学校三位一体共同发展的模式。制订合理的激励制度和公平的评价标准，并对经费保障提出了明确要求。同时学校把教师培训纳入到年终评优和绩效考核，奖罚分明，有力地保障了培训工作的顺利进行。

学校针对教师的不同发展层次，分阶段、有重点地制订培训方案和实施计划，层层提升，保证了教师培养的连续性。既有针对青年教师的岗前培训、业务练兵，又有面向骨干教师的提升培训，还有面向班主任的班级管理培训，也有面向中层干部的岗位职责培训、面向全体教职工的安全教育培训等。

在落实培训方面，一是通过组织丰富的培训形式，“走出去”“请进来”，开拓教师眼界，及时“充电”；二是以“科研兴校”为学校持续发展的重要抓手，倡导全体教师积极参加教科研活动，促进教师走自主研究型教师的专业发展之路；三是搭建平台，在实战中锤炼教学本领，每年学校均开展校内教学大练兵、大比武活动，探索教育教学改革；四是抓住教育信息化机遇，立足于培养学生的核心素养，创新教学范式，探索“云课堂”教学，促进教师信息化素养提升。

2014 年 9 月，习近平总书记与北京师范大学师生座谈时提出“四有”好教师标准，即好老师要有理想信念、要有道德情操、要有扎实学识、要有仁爱之心。2016 年 9 月，习近平总书记在北京市八一学校考察时鼓励教师做学生锤炼品格的引路人、学习知识的引路人、创新思维的引路人、奉献祖国的引路人。显然，我们所说的“守正”教师与“四有”好教师标准是一致的。2018 年 1 月，《中共中央国务院关于全面深化新时代教师队伍建设改革的意见》印发，作为新中国成立以来，党中央出台的第一个专门面向教师队伍建设的政策文件，《意见》描绘了新时代教师队伍建设的宏伟蓝图，吹响了推进教师队伍建设改革的集结号，具有里程碑意义和战略意义，为全面深化教师队伍建设改革打造了坚实的基础。

第四节　潜心探索：打造高效和谐的“守正”课堂

什么是高效和谐的“守正”课堂？我们认为，“守正”课堂应该具备这样几个关键词：一是规范，也就是教师、学生课堂上的言行都须遵循一定的准则；二是高效，课堂内容充实，学生学有所得；三是和谐，课堂气氛须呈现自然、平衡、协调的状态，师生关系融洽。

实践中如何打造“守正”课堂教学范式呢？我们重点从课堂内外两个方面抓起。

一、“守正”课堂外部氛围的营造

1. 明确教师和学生在校规范。教师规范从学识、品德、言行举止、着装等方面对教师提出要求，教师积极、乐观、温润的形象和心态无时无刻不影响着学生的成长方向。老师们的雅思、雅言、雅行、雅量以及老师之间的互帮互助形成的和谐文化，潜移默化地影响和带动着学生的习惯和性格的养成，为儒雅校园建设注入新鲜又强有力的血液。作为教师，外表、内涵、行为、举止合乎“儒雅”的标准是“守正”课堂的重要标志之一。学生规范主要从尊敬师长、友爱同学、学习态度、合作精神、责任担当等方面提出具体要求。如同学展示时，其他人要注意倾听，小组成员间的合作讨论、交流要团结、友爱、负责任，课堂竞答时要注意礼让，等等。

2. 着力建设书香校园。一是召开不同类型和形式的动员大会，统一思想，提高认识，并切实落实好书香校园建设方案。二是建设好校园环境及硬件设施。开通校园网“书香校园”主页，利用校园网站、橱窗等媒体，宣传阅读的重要意义，营造浓郁的读书氛围。在班级设置“读书角”，并开辟“读书园地”。“读书角”内有班级自行购置的图书，也有学生相互交流的图书，“读书园地”展示学生的读书感悟和心得。学校图书馆定期向班级图书角投放一定数量的图书，方便学生选择。建设校园自助书吧。选择食堂、教学楼等公共区域建设多个小型智能书吧，学生可以在饭后等课余时间自主借阅。建设教师书吧，温馨的环境布置，内部摆放成长系列、科研系列、核心期刊等图书杂志供教师阅读。三是制订并落实好学生读书计划。教务处、德育处、语文教研组共同研究，定期推荐学生阅读书目，印发《中学生推荐阅读书目》。每位学生建立自己的读书档案，发放统一簿本，随时记录个人读书情况，学校定期检查评比奖励。每周安排一次统一读书时间，并完成相应的读书笔记。专门设置阅读课，每周两课时，纳入课程表考核，保证学生的阅读时间，同时以班为单位定期开展读书汇报活动。四是定期组织各类校外实践活动，以班级为单位，走进社区、大学、市图书馆等，扩大学生的视野。积极开展师生同读一本书、家长孩子同读一本书活动。五是每年九、十月份举办“校园读书节”活动，内容侧重阅读竞赛、美文诵读竞赛、演讲比赛、优秀课本剧展评、名剧展评、读书笔记展评、学生阅读档案展评等。通过这些活动激发学生的阅读兴趣，并对各类优胜教师、学生、家长进行表彰。六是社团活动凸显“书香校园”意蕴。如，“朝夕”文学社，以《朝夕文学报》为阵地，开展采风、读书征文等丰富多彩的活动，锤炼学生的审美情趣和文学鉴赏能力。学校还有诵读社、书法社、围棋社等，这些社团活动极大地丰富了学生的课余生活，也丰富了“书香校园”的内涵。

3. 引导教师向研究型教师发展。在专家指导下，学校引导教师积极参加教育科学研究，尤其是传统文化方面的研究课题。迄今，学校拥有关于传统文化方面的课题 6 个：国家级课题子课题《棋类教学对促进德育的研究》、省级课题《基于儒雅教育的学校文化建设研究》《楚汉文化背景下校本课程开发的实践研究》、市级课题《用围棋引领开展传统文化教育，发展学生素质教育的研究》《〈论语〉的选编与解读研究》等，有许多老师参加了这些课题的研究，通过对这些课题的深入研究，我们的教师更加儒雅自信了。

二、“守正”课堂教学范式的构建

1．“守正”课堂把学生的学放在首要位置。积极开展学法指导，引导学生改进“学”的方式，进一步提高学习效率。学生学习方式的改变主要体现在“五学”的要求上。自学：自学是自主学习，不同于一般的预习，自学的方式应该是独立的，追求的是培养有独立行动和独立思考的人；互学：以小组讨论、交流展示为学习形式，通过生生互助解决学习中的问题；问学：以提问、质疑的方式，探讨学习问题，拓展学习内容，达成举一反三；“教”学：以“讲出来”“教别人”的方式，深化和巩固学习成果；悟学：以自主总结、交流体会的形式，感悟学习成果。教师对学生的学法指导形式多样，如，开展学法指导讲座、开展“学习方法大家谈”交流会、组织社团活动和社会综合实践活动等。

2．“守正”课堂需要教师改变教学行为。“教育者不能无视学生的现实处境和精神状况，而认为自己比学生优越，对学生耳提面命，不能与学生平等相待，更不能向学生敞开自己的心扉。这样的教育者所制定的教学计划，必然会以我为中心。”①“守正”课堂要求实现教师教学行为的“五步”，即：在指导学习预习时“让一步”，让学生自主发现、感知，提出问题；在解决学生学习中的问题时，不要忙于指出问题，给出答案，要“慢一步”挑明，给小组合作、交流展示留下“讲出来”的“话题”；在交流展示、质疑拓展中，要“退一步”，把黑板和讲台还给学生，让学生自己“讲出来”；在组织课堂教学的过程中，要“停一步”，在需要帮助和指导的学生课桌旁驻足观察，发现问题，“一对一”教学；在教学任务即将完成时，要“缓一步”，给学生留出想一想、悟一悟的时间，让学生自己“讲出来”学习成果。每周的集体备课活动都要针对教与学方式的转变，设计教案、导学案，反复研讨修改，力求设计适合学生。开展各种形式的教学研讨活动，如“小组合作、学案教学”教学模式过关课、研究课、示范课，开课后及时研讨，纠正偏差，在全校范围内多次开展课改优质课评比活动。开展青年教师基本功大赛、同课异构等活动。这些活动让教师从理论走向实践，在不断的课堂打磨中，教学方式发生了非常大的改变。

3．“守正”课堂的教学模式。通过科学整合，学校的“守正”课堂教学模式一般为：自主先学——交流激学——重点纠学——检测反思——巩固再学，贯穿于课前、课中和课后。

“自主先学”是学生在教师的指导下，完成对学习内容的初步认识，发现问题。“交流激学”是在课堂上将自己的预习成果和疑问与同学、老师交流，通过“你说我听”“你问我答”等环节，解除疑惑，厘清知识点。“重点纠学”是教师针对学生学习中的重难点进

---

① 雅思贝尔斯著，邹进译：《什么是教育》，生活・读书・新知三联书店，1991 年，第 1 页。

行点拨及拓展，强化知识点。“检测反思”是当堂检测环节（如果时间不够可在课后以作业的形式进行），通过这一环节，教师可以更好地了解本节课学生的学习情况，为下一步的“巩固再学”做好准备。“巩固再学”的时间并不仅仅是当天上课后，也可以扩展到本周、本月、本学期，对学生难以掌握的知识点进行不断地反复回顾，以达到固化知识点的目的。

学校及时出台多元化的课堂教学评价标准，不仅从学习效果，也从学生参与度、语言表达、合作情况等多方面进行评价。合理的评价方式，进一步激发了学生学习的积极性。如建立星级小组，学校制定了《徐州二中星级小组评估办法》《徐州二中星级小组奖励办法》，制作了《徐州二中互助小组课堂得分记录表》《徐州二中学习互助小组得分统计表》，由教师根据标准在每节课后为每个小组进行打分，每天班级汇总，周周统计，然后由教务处汇总并评选出三星小组、四星小组，学校给予一定奖励。这些做法较好地调动了学生学习的积极性、主动性，课堂上经常出现争答抢答、质疑互动的热烈场面。

4. 信息技术补益课堂建设。学校精选智能平台，积极推进云课堂。运用信息手段使教师对学生学习情况有更好的了解，通过建立师生无边界的生态教学环境，构建以发展为核心的云课堂课程体系，形成“私人订制式”云课堂教学样态，从而促进学生核心素养的培养。

主要做法：课前，精准了解学情，进行资料推送，教师可以及时调整教学重点，更有针对性；课上，运用智慧教育平台授课，辅助学生更好地展示自己，加强师生、生生互动，调动学生学习的积极性；课后，作业自动批改，使教师从机械的批改作业中解放出来，同时也可以使学生作业得到及时的反馈，此外，可以实现错题自动归类，形成错题本，并推送巩固练习，使教学更具个性化。

另外，学校与有关教育科技公司合作，积极探索“双师课堂”教学新模式。“双师课堂”采用公司教师在线主讲、我校教师辅助的形式，借助科技企业优秀的师资力量，辅助学校课堂教学，对知识进行总结提升和适当的拓展延伸，让学习优秀、在课堂上“吃不饱”的学生得到更好的发展。

第五节　爱心雕琢：培养德才兼备的“守正”学生

德才兼备，也说才德兼备，是指既有德，又有才，品德和才能都好。《元史 · 丰臧梦解传》：“乃举梦解才德兼备；宜擢清要；以展所蕴。”“德”是指道德素质，这种素质取决于世界观、人生观和价值观，在现实生活中通常表现为事业心、责任心、原则性、廉洁性、为人民服务的意识、团结合作的作风，以及勇于克服困难、完成工作任务的精神等。“才”是指技术能力，包括理论知识、管理科学知识、本职专业知识、综合分析问题解决问题的能力，也包括实际工作中的谋划能力、决断能力、指挥协调能力和创新能力等。从古至今，我国历朝历代贤明的统治者大多倡导“德才兼备，以德为本”。周公力主“惟听用德”，孔子强调“为政以德，譬如北辰，居其所而众星拱之”，北宋司马光在《资治通鉴》中则提出：“取士之道，当以德行为先。”

在第二章第一节中，我们已经明确提出，我们的培养目标是培养现代儒雅人。其实，德才兼备的“守正”学生是现代儒雅人的应有之义。“所谓教育，不过是人对人的主体间灵肉交流活动（尤其是老一代对年轻一代），包括知识内容的传授、生命内涵的领悟、意志行为的规范、并通过文化传递功能，将文化遗产教给年轻一代，使他们自由地生成，并启迪其自由天性。”①

培养什么样的人，是教育的根本问题。党的十七大报告提出：“坚持育人为本、德育为先，实施素质教育，提高教育现代化水平，培养德智体美全面发展的社会主义建设者和接班人，办好人民满意的教育。”首次提出了“育人为本、德育为先”的要求。党的十八大报告则进一步强调把立德树人作为教育的根本任务，培养德智体美全面发展的社会主义建设者和接班人。党的十九大报告则明确要求：“全面贯彻党的教育方针，落实立德树人根本任务，发展素质教育，推进教育公平，培养德智体美全面发展的社会主义建设者和接班人。”因此，各级各类教育必须坚持立德树人。2017 年 8 月，为落实立德树人根本任务，不断增强中小学德育工作的时代性、科学性和实效性，教育部印发了《中小学德育工作指南》，提出高中学段的目标是：“教育和引导学生热爱中国共产党、热爱祖国、热爱人民，拥护中国特色社会主义道路，弘扬民族精神，增强民族自尊心、自信心和自豪感，增强公民意识、社会责任感和民主法治观念，学习运用马克思主义基本观点和方法观察问题、分析问题和解决问题，学会正确选择人生发展道路的相关知识，具备自主、自立、自强的态度和能力，初步形成正确的世界观、人生观和价值观。”

一、德育学分制：培养德才兼备的“守正”学生的助推器

随着时代的发展，社会对基础教育提出了越来越高的要求，学校德育工作中也出现了不少新情况、新问题，传统的德育评价方法已经越来越不能适应素质教育发展的新需求，有时甚至成为制约素质教育深入发展的瓶颈。

我校在出台《徐州二中德育学分制度》前，学生综合素质评价研究还没有形成自己的理论框架和基本的研究范式，还无法有效地诠释德育评价实践中遇到的诸多实际问题。中学生综合素质测评还存在着“一手软，一手硬”的现象。智育、体育等方面已经有了一些公认的比较科学的评价或测量手段与方法，而德育评价涉及人的精神领域，相对于智育与体育的考评，德育考评缺乏规范性和可操作性，是德育科学研究中的薄弱环节之一，也是学校德育工作实践中的一个始终未能很好解决的问题。从当时中学德育工

① 雅思贝尔斯著，邹进译：《什么是教育》，生活·读书·新知三联书店，1991 年，第 3 页。

作的基本情况看,学生品德评价理念、内容、方式、过程等方面还存在某些误区。这些方面的问题影响着学生良好品德的形成和发展,也影响着学校德育工作的顺利开展。

新世纪初,学业学分制的实行客观上提出了要变革德育的观念、指导思想、内容、途径和方式的要求,为德育的创新提供了契机。如果我们能够因势利导、与时俱进,积极地进行探索和创新,就有可能借学分制改革之机,除陋规,改旧习,开创学校德育的新局面。当时,实行德育学分制的高等院校不少,关于德育学分制的研究开展也相对多一些,但往往只限于考核学生必须修完规定的思想品德课程等,而中学实行德育学分制还较为少见,且内容涵盖面窄、操作简单,也没有与学生毕业或升学“挂钩”。另外,关于德育学分制的理论研究也不多见。

在“教育优先、德育为先、素质领先”的时代要求下,德育必须走以学生发展为本之路,走理论与实践相结合之路。我校酝酿实行的德育学分制正是落实以德育为核心、以培养创新精神和实践能力为重点的素质教育的重要措施,可以说是中学生综合评价体系的一个新的尝试,具有一定的研究与推广意义。

2003 年,我校在徐州市中学中率先试行《徐州二中学生德育学分管理制度(试行)》,作为对中学生进行综合素质评价的一种基本考量手段,尝试构建融德育内容、途径和德育评价于一体,以学分形式表现出来的综合素质评价体系,以此来引导学生的思想道德品质的走向,规范、匡正学生的行为习惯,变学生被动地接受教育为主动地去改造自身,潜移默化,逐步形成一种追求积极、进步、健康、文明的良好风尚,从而引导学生形成正确的世界观、人生观、价值观。

在德育学分制度试行初期,学校师生对这一制度主要持两种态度:一种是持赞成态度,认为它给学校德育和班级学生管理提供了一个“抓手”,从而促使德育工作由“软”变“硬”,由“虚”变“实”,由“无序”到“有形”;另一种观点认为学生的品德不宜量化,如,两个均为 70 分的学生,其品德状况绝非完全相同,还是应该用评语报告的形式评价学生,让人一看就知道学生的品德好在哪里,差在哪里,应朝什么方向努力。为此,学校多次组织教师学习和研讨,召开不同形式的座谈会,最终,教师们逐渐形成共识:评语法的评价结果信息量少且笼统,准确性较差,而“德育评价量化”不等于“德育本身量化”,德育学分虽然不能完全代表学生品德,但德育学分制作为学校德育工作内容的有效拓展和创新,完全可以大胆去尝试。在全校教职工大会上,学校领导把推行这一制度的意义及要求进行宣讲,号召大家全员育人,并且人人参与。有了思想上的统一,班主任又对学生进行教育、动员,这样,德育学分制度在我校正式试行起来。

经过一段时间的试行,在统一思想的基础上,德育处先后多次召集班主任、学生及其家长代表座谈,商讨如何对《徐州二中学生德育学分管理制度(试行)》进行修改。而后学校依据《中学生守则》和《中学生行为规范四十条》对试行稿进行了修改完善,形成了《徐州二中学生德育学分管理制度》,将原来的三款 61 项条例改为三款 74 项条例,从条例的内容增加上体现出制度细化了,特别是将“加分细则”提至“减分细则”之前,并由原来的 11 条增至 14 条,更体现出一种激励性和人文关怀。

2007 年 6 月,依据新出台的《徐州市初中生综合素质评价实施意见》和《徐州市普通高中学生综合素质评价实施意见》,我校又对《徐州二中学生德育学分管理制度》进行了一次较大的修改,并且重新调整了体系,尤其是"量分细则"部分变动较大,将其合并成"自尊自爱,注重仪表""诚实守信,礼貌待人""遵规守纪,勤奋学习""勤劳俭朴,尊敬父母""严于律己,遵守公德"五个大方面,构建出一套较为完善的德育评价体系——《徐州二中学生德育学分制度》,并逐步使之更加规范、科学。《徐州二中学生德育学分管理制度》变革成《徐州二中学生德育学分制度》,虽然只是去掉了"管理"两个字,但名称的改变体现出我们的深入思考:素质教育背景下,学校教育评价应由"教育"而"管理",而非由"管理"而"教育"。可以说,我校通过努力,在德育评价体系的创新方面,作出了大胆的尝试,迈出了坚实的一步。当然,随着新课程改革的全面开展和省市中学生综合素质评价体系的完善,我校始终在思索如何进一步探索中学生德育学分制的规范性和科学性,使之在发展中进一步完善,在完善中进一步发展。

在《徐州二中学生德育学分制度》的操作实践中,我校也进行了大胆尝试。比如,针对少数迟到的学生乱报姓名和班级的情况,我们通过智慧校园建设,对学生实行进校刷卡制度,从根本上杜绝了上述现象。还有,我们根据《徐州二中学生德育学分制度》对学生的基本要求和考核细则,设计搭建了方便可操作的统计平台,以减轻研究过程中数据统计的工作量。目前我校正在实行德育学分"周反馈"和"月公示"制度,"周反馈"即反馈到班,"月公示"即公示到校。通过实践中的一步步探索,这一制度的可操作性越来越强,效果也越来越好,徐州市在全市中小学推广实施了德育学分管理制度。①

二、儒雅教育系列活动:丰富培养德才兼备的"守正"学生的载体

1. 新"五常"教育系列化。学校注重挖掘学校历史文化底蕴,将儒家文化与素质教育目标相结合,以仁、义、礼、智、信为主题开展富有时代精神的新"五常"教育。

开展礼仪教育。礼仪教育是我们常年开展的一项活动。学校每学年初开展的"文明礼仪健康月"活动已成为一个品牌,徐州教育信息网评价我校"文明礼仪养成教育特色鲜明,在本地具有一定的示范性"。学校坚持文明礼仪教育与学生日常学习生活相结合,指导学生认真研读《未成年人文明礼仪养成》,邀请知名人士到校园作文明礼仪讲座,组织学生走进社区街道,宣传礼仪知识,实践礼仪行为。组建校文明礼仪督查团,从学生礼貌待人、仪容仪表、遵规守纪、遵守公德等方面每周对学生文明礼仪行为做检查评比,促进学生自管自教。办好家长学校,通过多种渠道向家长普及礼仪知识,促进家庭教育。2014 年 2 月,我校在徐州市率先启动"八礼四仪"教育,进一步开展"践行八礼四仪、做现代儒雅人"的活动,获得社会各界的广泛好评。当年 5 月,江苏省文明办、团

---

① 详见中国徐州网 2006 年 6 月 13 日转载《彭城晚报》的报道。

省委联合组成"八礼四仪"专项督查组到学校调研。学生们展示了自编自演的"八礼四仪"情景剧,展示以游览之礼和入学仪式为主,还涉及观赏之礼、行走之礼等。同学们优雅的举止得到了督查组的赞扬,尤其是在"朱砂开智""击鼓明志""描红开笔"等环节,督查组更是表现出浓厚的兴趣。调研结束时,督查组对我校的礼仪教育给予了高度评价。① 学校还邀请专业人员定期到校对学生礼仪队进行站、坐、行以及待人接物等的礼仪训练。学生礼仪队的同学通过校园电视台、艺术节舞台等经常向全校同学展示文明礼仪,引导学生"站有站相,坐有坐相",规范学生雅言、雅行等文明素养的形成。

开展仁爱教育。"泛爱众而亲仁",在诸如"重温中华美德,争做儒雅学生""日行一善,做徐州好人"、彭城一日捐、为西藏尼木中学捐书、大型爱心义卖等活动中,师生们踊跃参与,争先恐后地捐款捐物,献爱心、做善事。节假日里,学校晨星志愿者、德馨社的同学经常去慰问敬老院的老人、特教中心的同学。即使寒假当中,同学们表达爱心的形式也有多种多样,如,写对联、写福字、剪窗花,走上街头送给市民,表达新春的祝福。这些活动促进了学生们的感恩意识和博爱精神的养成。

开展责任教育。以"学会承担责任,走向成熟""家风助我成长"等各种主题教育活动为载体,促进学生树立"六负责"(对自己负责,对父母负责,对他人负责,对集体负责,对社会负责,对祖国负责)的责任意识,学会担当。

开展励学教育。邀请校内外专家不定期举办学法指导讲座,结合"学生成长伙伴制",开展"小组合作"学习模式探索,制订并完善管理和评价制度,定期表彰星级互助小组和学习先进个人,组织优秀学生进行学法交流和外出参观,以此激励更多的学生全身心投入到学习中来。

开展感恩教育。我校每年均为高三学生隆重举行成人仪式,主题突出"责任"和"感恩"。所有的高三学生依次迈入巍然耸立的"成人门",庄严地领取《宪法》读本。那一刻,从他们脸上坚毅的表情可以看出,他们好像瞬间长大。他们的肩头变得或许有些沉重,那是因为他们将要通过努力去承载家庭的希望,还有对整个社会的责任和担当。最感人的环节是学生向家长献上表达感恩之情的拥抱。很多父子、母女激动地边流泪边诉说,现场一片唏嘘。

开展诚信教育。结合《徐州二中学生德育学分制度》,对学生的诚信度进行量化评估,将个人信用与个人及班级的评先评优相挂钩,通过诚信承诺签名、主题班会、演讲比赛、专题讲座等系列活动,培养学生"诚信"的优良品质,促进良好"三风"的形成。

2. 专题教育有侧重,根据不同学段培养德才兼备的"守正"学生。高一年级注重规范养成,开展以"一训九讲"为主题的入学教育活动,通过校史、心理健康、国防教育、公民教育、环保教育、德育学分、学习方法、团课、新课程等讲座的学习和军事训练,培养学

① 江苏省"八礼四仪"督察组到徐州二中进行调研,《新华日报》2014 年 6 月 5 日 A2 版报道,凤凰网 2014 年 6 月 11 日报道。

生的纪律意识和集体主义精神，形成遵规守纪的习惯，增强国防观念。高二年级注重责任担当，开展责任教育和磨砺意志教育活动，通过“我的责任我承担”法制专题讲座、“走向高校、走向明天”徒步拉练和参观高校等活动，树立责任意识、锻炼学生意志，强化社会责任感。高三年级注重培养学生树立理想、感恩社会，开展以“我的理想，我的目标，我的追求”为主题的理想教育活动，激励高三学子坚定信念、追求理想；以成人仪式、毕业典礼等活动，教育高三学生以实际行动回报父母、老师和社会。

3. 开展“动静结合”的心理健康教育活动。“静”是疏导，“动”是释放。心理健康教育不仅有“静”的方面，如建立心理健康档案、个体辅导、开设讲座等，还给学生提供活动平台，如成立“心语星愿”心理社团，进行心理调查和研究，编演心理剧；开展心理素质拓展训练，通过信任背摔、“救生船”“手指的力量” 等活动，增强学生的自信、他信和团队意识，提升学生的综合素质。

4. 针对“特殊群体”学生进行导师制培养。关注特殊学生的个性成长，指派导师与留守学生、贫困家庭学生、单亲与孤儿学生、军人子女等不同类型的学生“手拉手”，开展谈心、家访、个体辅导等活动，形成学生个性成长档案。学校对导师活动开展情况进行追踪并考核，对学生的个体情况进行分析和指导，让学生感受到家庭一般的关爱，和谐师生关系，促进学生的健康成长。

三、注重德育渗透，实现全方位育人

1. 在学科教学中渗透德育。课堂是德育的重要阵地，学校制定了《徐州二中教职员工德育工作要求》，统筹各学科的三维目标，注重“情感、态度、价值观”目标的达成，在学科教研活动中对课堂设计、课堂教学、课堂评价等各环节如何渗透爱国主义、理想信念、文明礼仪等德育内容进行充分的研究，充分发挥各学科的独特育人优势，实现各类课程的育人价值；依据学校“小组合作、学案教学”高效课堂教学模式，让学生在自主、合作、探究中享受学习的快乐，体验学习的成功。加强学科德育渗透评价工作，制定了《学科德育渗透评价方案》，对实施学科德育渗透情况进行评价，并对评比出的“学科渗透优秀备课组、教研组”予以表彰，把加强德育落实到教学工作的实处。

2. 在儒雅环境中渗透德育。儒风古韵与现代理念浑然一体的校园环境，让师生时时处处感受到传统文化的熏陶、感染和激励，在润物细无声中启迪智慧，升华人格，充分体现了学校“用典雅环境育儒雅之才”的理念。

结合书香校园建设，开展静雅班级环境建设。“静”是有安静的读书环境，学生能够安静学习；“雅”是有雅致的物态环境，包括励志的格言、优美的画面，还有鲜花点缀等。学校要求每个班级以“静雅”为主题，营造自己的班级文化，并开展“最美教室”评比活动。在这项活动的促进下，大家各显神通，精心设计、布置各自班级的环境，体现了班级风貌，彰显了班级特色。学校还给每个班级配备了绿植，点点绿意给严肃紧张的学习氛围增添了缕缕诗意。

3. 在各项活动中渗透德育。例如,开展“教室是我家”评比活动,营造文明、和谐的班级环境;开展“八要八不要”文明市民教育活动,教育学生文明乘车,不闯红灯,不讲脏话,见义勇为;举办学生业余党校团校,开展党团知识系列教育;组织学生参加志愿者活动,让学生在活动中感受人性中的善良和美好……通过专题活动精细化,进一步培养学生的健康体魄和积极向上的道德情操。

四、充分发挥学生主体作用,积极开展自我管理、自主发展各项活动

1. 充分发挥共青团员的先锋带头作用。学校团委是发挥学生主体作用的主阵地,为学生开展自我管理、自主发展做了大量工作。如,校团委牵头组织的志愿服务队,不仅在校园里开展广泛的志愿服务活动,同时经常深入社区、敬老院、公交站等场所开展活动,展示二中学子风采。2019 年,学校团委获得“江苏省十佳中学中职共青团组织(高中组)”称号。

2. 学生会成为学生展示自管自教的大舞台。学生会成员由自我推荐、公开竞选等形式民主产生。学生会全面参与学校的管理:参与班级常规工作的检查、考核和评比,协助组织学校艺术节、体育节、运动会等各类大型主题活动;设立校园文明礼仪督查团,督查员每天就仪容仪表、早读、早操、卫生、学习纪律、课间纪律、午休等方面进行检查和评比;在每周全体学生例会时,由督查团负责人对本周学生文明礼仪行为做通报、点评,以此锻炼学生自我管理、自我教育的能力。

3. 学生社团成为学生自我发展的重要平台。在校团委、学生会的组织下,先后成立朝夕文学社、心语星愿心理社、A. C. E. 魅影舞社、MR 囧囧动漫社、B&G 音乐社、诸子百家研讨社、苔痕青青环保社、德馨礼仪社等 31 个学生社团。这些学生社团在社团辅导员的指导下,开展丰富多样的社团活动,如徐州二中社团巡礼、动漫节、礼仪展示、“低碳环保、爱心义卖”等。各类社团自主组织开展的系列活动,展现了学生的自立、自律、自强,增强了学生的团结协作精神,为学生的和谐、健康发展提供宽广的空间。

通过我们坚持不懈的爱心雕琢,我校涌现出一批批德才兼备的“守正”学生,获得教育界同仁和社会各界的广泛好评。如,近年由共青团江苏省委和江苏省教育厅组织的“开展寻访全省‘最美中学生’‘最美中职生’”活动中,我校学生高二年级的李若菡同学和高三年级的黄诗涵同学分别被评为 2018 年度和 2019 年度的“最美中学生”。

第四章　与时俱进：争创教育之"新"

与时俱进，意指行动和时代一起进步。出自1910年初蔡元培撰写的《中国伦理学史》。蔡元培针对清朝末年中国思想文化界抱残守缺、故步自封的局面，通过中西文化对比，指出"故西洋学说则与时俱进"。他把散见于中国古书中的"与时偕行""与时俱化""与时俱新"等激励人的说法概括综合为"与时俱进"。

辩证唯物主义强调一切事物的本质都是发展的。因此，我们要用发展的观点看问题。显然，教育也是在不断发展的，教育应与时俱进，如果离开了这一点，教育也就失去了生命力。

第一节　国际化：人才培养的新视野

事实上，在全面实施改革开放的今天，作为一个基础教育的大国，我国的基础教育改革与发展无时无刻不受到国际大环境的影响，因此，基础教育国际化的研究是我们无法回避的一个重大课题。

一、什么是教育国际化

所谓教育国际化，一言以蔽之，就是用国际视野来把握和发展教育。1983年10月，邓小平为北京景山学校的题词"教育要面向现代化，面向世界，面向未来"，奠定了教育国际化基础。《国家中长期教育改革和发展规划纲要（2010—2020年）》明确提出："坚持以开放促改革、促发展。开展多层次、宽领域的教育交流与合作，提高我国教育国际化水平。"推进教育国际化，对于我国实现教育现代化、进入人力资源强国行列具有重要的战略意义。

顾明远先生认为，在教育国际化进程中，我们遇到两个方面的挑战：一是在引进先进技术和先进管理理念的同时如何创新，如何跨越；二是如何应对西方文化渗透问题。这两个问题的本质就在于如何在实现教育国际化过程中保持教育的本土化。面对第一种挑战，我们需要在引进先进技术过程中创新，有了自主创新，才能超越。要创新就要有人才。因此，人才是关键，教育是基础。所以《国家中长期科学和技术发展规范纲要》特别强调自主创新。要在科学技术上创新，就要从小培养学生的创新精神和创新能力，而这方面恰恰是我国教育的弱点。因此亟须深化教育改革，更新教育观念，实行人才培养模式的创新。面对的第二种挑战，我们要保持民族文化传统。当然，文化也是发展的，它随着时代的发展而发展，随着民族之间的交往而发展。当前在国际交往中对待文化要避免两种不正确的态度：一种是全盘西化，无批判地接受一切西方文化；另一种是鼓吹民粹主义，排斥一切外来文化。教育是文化的一部分，文化对教育起着奠基的作用，同时教育又是传承和发展文化的主要途径。教育国际化是时代发展的趋势。但每个国家、每个民族的教育又都具有民族性。教育培养的人不是抽象的人，而是民族的人。因此，教育国际化不能排斥教育的民族性。教育只有加大开放力度，才能了解世界上的先进科学技术，吸收优秀文化，为我所用。①

周满生先生认为，推动基础教育国际化需要把握好以下几个关键问题：一是要在理解和坚守本国教育特色和传统文化的基础上进行中西融合；二是要重视公办教育机构的引领作用；三是要关注民办国际学校的发展，坚持走特色发展之路；四是要牢牢把握课程设置这一核心环节；五是强调提升教师的国际化素养；六是利用"互联网＋"平台，推动"一带一路"沿线国家的基础教育国际化。②

为了提高教育对外开放规范化、法治化水平，更好地满足人民群众多样化、高质量教育需求，更好地服务经济社会发展，中共中央办公厅、国务院办公厅《关于做好新时期教育对外开放工作的若干意见》(以下简称《意见》)强调，要全面贯彻党的十八大和十八届三中、四中、五中全会精神，以邓小平理论、"三个代表"重要思想、科学发展观为指导，深入贯彻习近平总书记系列重要讲话精神，坚持"四个全面"战略布局，全面贯彻党的教育方针，以服务党和国家工作大局为宗旨，统筹国内国际两个大局、发展安全两件大事，坚持扩大开放，做强中国教育，推进人文交流，不断提升我国教育质量、国家软实力和国际影响力，为实现"两个一百年"奋斗目标和中华民族伟大复兴的中国梦提供有力支撑。

《意见》对做好新时期教育对外开放工作进行了重点部署：一是加快留学事业发展，提高留学教育质量；二是完善体制机制，提升涉外办学水平；三是加强高端引领，提升我国教育实力和创新能力；四是丰富中外人文交流，促进民心相通；五是促进教育领域合作共赢；六是实施"一带一路"教育行动，促进沿线国家教育合作。

2016 年 8 月，教育部印发了《推进共建"一带一路"教育行动》(以下简称《教育行动》)。该文件作为《意见》的配套文件，作为国家《推动共建"一带一路"愿景与行动》在教育领域的落实方案，为教育领域推进"一带一路"建设提供了支撑。

推动共建"一带一路"教育行动，已列入 2016 年推进"一带一路"建设工作部署和"十三五规划纲要"中我国要实施的 100 个重大项目。印发《教育行动》的首要考虑是明确教育定位，围绕"一带一路"重点共建的"五通"(政策沟通、设施联通、贸易畅通、资金

① 顾明远：《教育的国际化与本土化》，华中师范大学学报(人文社会科学版)，2011 年第 6 期。

② 周满生：《坚持改革开放　推动基础教育的国际交流与合作》，世界教育信息，2018 年第 24 期。

融通、民心相通），提供两方面支撑：一是促进民心相通，二是为其他“四通”提供人才支撑。力争做到经贸走到哪里，教育的民心工程就延伸到哪里，教育的人才培养就覆盖到哪里；力争推动教育发展和经贸合作并驾齐驱，成为车之两轮、鸟之两翼；力争发挥教育“软力量”四两拨千斤的作用，实现“一带一路”建设推进事半功倍。

《教育行动》设计了四方面内容，作为引领性举措，共建丝路合作机制。一是加强“丝绸之路”人文交流高层磋商。开展沿线国家双边多边人文交流高层磋商，商定“一带一路”教育合作交流总体布局，协调推动沿线各国建立教育双边多边合作机制、教育质量保障协作机制和跨境教育市场监管协作机制。二是充分发挥国际合作平台作用。发挥现有双边多边合作机制作用，增加教育合作的新内涵。借助联合国教科文组织等国际组织力量，推动沿线各国围绕实现世界教育发展目标形成协作机制。支持在共同区域、有合作基础、具备相同专业背景的学校组建联盟，不断延展教育务实合作平台。三是实施“丝绸之路”教育援助计划。发挥教育援助在“一带一路”教育共同行动中的重要作用，逐步加大教育援助力度，重点投资于人、援助于人、惠及于人。发挥教育援助在“南南合作”中的重要作用，加大对沿线国家尤其是最不发达国家的支持力度。加强中国教育培训中心和教育援外基地建设，为沿线国家培养培训教师、学者和各类技能人才。四是开展“丝路金驼金帆”表彰工作。对在“一带一路”教育合作交流和区域教育共同发展中做出杰出贡献、产生重要影响的国际人士、团队和组织给予表彰。

二、我们的教育国际化探索之路

在基础教育阶段，教育国际化绝不仅仅是那些所谓的“重点学校”“热点学校”的专利，它应该是每一所学校、每一位教师的责任担当。也许，一些普通学校的学生在物理空间上可能与世界有一定的距离，但是这些学生的心应该与那些所谓的“重点学校”“热点学校”的学生一样与世界紧密地联系在一起。《教育行动》明确要求：“中小学校要广泛建立校际合作交流关系，重点开展师生交流、教师培训和国际理解教育。”

近几年，经过努力，我校在各方面都得到了较好地发展，并于 2015 年 6 月顺利晋升为江苏省四星级普通高中，但是学校的生源结构没有得到根本性改变。从徐州市区范围看，市区共有 13 所公办的普通高中，因招生政策及历史等方面的原因，我校的生源一直处于中等水平，且生源主要来自于工薪家庭，远非那些所谓的“重点学校”或“热点学校”的国际班学生“非富即贵”的出身。基于学校实际情况，我们想方设法利用国内外教育资源，通过国内外交流与合作，拓展师生多元发展渠道，着力培养具有开阔视野的高素质人才。在教育国际化方面，学校主要进行了以下探索。

1. 与国外学校缔结友好学校。学校与新西兰 CULLINANE COLLEGE 建成友好合作学校，双方重点就学校管理、课程实施、教师专业发展等方面进行深入交流。与江苏师范大学国际交流中心签订合作协议，学校作为江苏师范大学国外留学生实习基地，经常有留学生来学校开展文化交流活动。

2. 选派教师出国培训。积极创造条件，有计划地选派教师赴国外学习，迄今为止，共有27人先后分赴英国、加拿大、美国、澳大利亚等国家进行进修学习和考察。回校后，他们分别给师生介绍国外教育发展情况与自身感受，为师生打开了一个了解世界教育的窗口。

3. 举办第二外语教学班。学校拥有《聘请外国专家单位资格认可证书》，现为徐州市外国语特色教学基地，学校采取英语、日语教学并行策略，成绩斐然。如，2018年高考，张超凡同学日语学科成绩居全省之首。

4. 积极实施“马可·波罗计划”。学校现为徐州市“中国—意大利‘马可·波罗计划’”唯一基地单位。近年来，学校与南京师范大学外国语学院合作，先后有28名学生通过“马可·波罗计划”和“图兰朵计划”成功赴意大利留学，其中2010届高三毕业生高蕴珊获得意大利佩鲁贾外国人大学颁发的“马可·波罗计划”奖学金。此外，2011年，周雨晴同学通过“ISE”计划，赴美留学；2013年，周洁同学参与“中加2+2”合作项目，就读于加拿大维多利亚大学。

因近年对外交流工作成效显著，学校当选为徐州市教育国际交流协会常务理事单位，拓展了学校对外教育交流的新领域。

第二节　信息化：人才培养的新途径

信息化是当今时代发展的潮流。信息技术改变了人类的生活，引发教育革命。在这样的时代背景下，我们抢抓机遇，积极创建智慧校园，着力探索“互联网+教育”，以期提高人才培养质量，全面提升办学水平。

一、创建智慧校园，夯实教育信息化基础

多年来，学校紧扣教育教学、学校管理等中心环节，坚持高效、实用、适当领先的建设标准，以数字化推进信息化，以信息化引领现代化，分阶段、有重点地推进智慧校园创建工作。

（一）明确内涵，价值引领

1. 明确智慧校园内涵，价值引领创建目标。智慧校园是指通过利用云计算、虚拟化和物联网等新技术来改变学生、教师和校园资源相互交互的方式，将学校的教学、科研、管理与校园资源和应用系统进行整合，以提高应用交互的明确性、灵活性和响应速度，从而实现智慧化服务和管理的校园模式。

智慧校园以物联网云计算为核心，突显校园信息的智能化采集与传输、智能化处理与控制、智能化显示与推送，使全校各部门、各子系统信息融合、互联互通，有效解决了校园管理中的信息更新滞后、人力资源不足、信息孤岛和重复投入造成的设备冗余等问

题,达到了校园管理中绿色节能、科学决策、及时管控、服务便捷的管理目标。

学校智慧校园建设要基于核心素养,为学生的未来发展和终身幸福奠基,终极目标是为广大师生、为家长、为社会服务。

由此,我们提出了我校的智慧校园创建目标:加快学校管理信息化进程,促进学校管理标准化、规范化;打造数字化校园,促进优质教育资源普及共享;营造智慧学习氛围,促进学生自主创新学习。

2. 健全智慧校园管理,分工具体,职责明确。学校成立组织机构,构建智慧校园建设长效机制。在市教育局的领导下,坚持统一规划,分步实施。成立智慧校园创建领导小组,校长挂帅,学校信息中心具体负责实施,各处室、年级组、教研组、班级、学科骨干教师参加,具体落实智慧校园创建方案。

(二) 科学架构,强力推进

1. 科学制订建设方案,健全保障制度。学校结合自身实际,以发展为主题,以创新为主线,科学制订《徐州市第二中学智慧校园建设方案》,同时加强智慧校园相关制度的建设,先后出台《徐州市第二中学校园网络安全管理制度》《徐州市第二中学信息发布、审核、登记制度》《徐州市第二中学重要服务器操作权限管理制度》《徐州市第二中学应急处理制度》等制度。这些制度的制订及实施,为学校的智慧校园建设提供了有力保障。

2. 抓住学校搬迁机遇,建设良好的硬件环境。新校区弱电项目投入达一千余万元,其中包括网络平台、智能安防、校园监控、一卡通应用、功能教室、校园广播、智能录播、无障碍通道、电子门禁、数字化校园电视台、电子道闸等设施及数字化系统,这些为智慧校园的深入建设提供了良好的硬件环境。

3. 注重资源建设,更好地服务教育教学。在数字资源建设上,学校充分利用学校门户网站对外展示学校新闻动态和教学改革成果。建立校园公众号微信平台,自我创新一系列学习管理平台(如学校教育科研网、网上选课系统等)。与一些学习网站合作,使用智能组卷系统,链接园区智慧教育枢纽平台和教育新时空,形成了具有自身特色的数字化学习资源,实现了资源共享、电子阅览、电子备课以及办公管理一体化的愿望,在助力教育教学方面发挥了巨大作用。

4. 加强队伍建设,夯实智慧校园人才基础。教育信息化基于信息技术在教育中的应用,教师的信息技术水平与素养将直接影响着教育信息化的程度,没有一支具有较高的信息技术水平与素养的师资队伍,教育信息化带动教育现代化将成为一句空话。学校非常重视对教师信息技术与课程融合能力的技能培训,既着眼于提高教师的信息技术水平,又着力于转变教师的教学观念,使他们能够运用信息技术表达教学内容,精选教学内容,优化教学方法,在提高课堂效率的同时,提高自身的课程开发能力。

学校多次邀请教育信息化方面的专家到校对全体教师进行信息化应用培训,同时组织教师参加市电教馆开办的网络在线培训课程,另外学校还选派部分骨干教师参加市级以上的教育信息技术高级培训班,通过多种措施并举,提升全校教师的教育技术能力水平。

二、探索"互联网+教育",发展公平优质教育

2017 年 3 月,李克强总理在政府工作报告中强调办好公平优质教育,为教育改革发展"划重点"。我们认为,发展公平优质教育的路径众多,而以互联网为核心的现代信息技术的普及为发展公平优质教育创造了条件。借助现代信息技术的发展,发展公平优质教育,不断从观念层面走向实践领域,已上升为我国教育发展的国家战略。《国家信息化发展战略纲要》中关于"推进教育信息化"是这样表述的:"完善教育信息基础设施和公共服务平台,推进优质数字教育资源共建共享和均衡配置,建立适应教育模式变革的网络学习空间,缩小区域、城乡、校际差距。建立网络环境下开放学习模式,鼓励更多学校应用在线开放课程,探索建立跨校课程共享与学分认定制度。完善准入机制,吸纳社会力量参与大型开放式网络课程建设,支撑全民学习、终身教育。"

实践中以"互联网+"主导的现代信息技术为教育领域带来的变革创新是多方面的,其中最突出的就是可以实现优质教育资源的共享。我校从 2013 年 12 月开始着力借助于"互联网+"进行教学改革实践探索。2014 年 3 月,我校申报的课题"智能学习平台在高中生自主学习中的应用研究"在中央电教馆立项(全国教育信息技术研究"十三五"规划课题)。在此基础上,为了进一步探索通过"互联网+"推进公平优质教育的实践路径,我们又于 2017 年 4 月申报江苏省基础教育前瞻性教学改革实验项目——"基于云课堂教学实践培养学生核心素养"并获得立项。所谓云课堂,就是运用信息化教学手段,打破课堂边界,突破时空限制,互动性强,能够满足个性化学习需要的课堂样式。以下重点介绍我们的具体设想和做法。

(一) 项目设想

本项目以培养学生核心素养为目标,以信息技术与学科教学深度融合为基本原则,通过自主学习、翻转课堂等实践方式,基于对课堂教师行为、学生行为、交互行为、教学效率等元素的分析,以便在当今"互联网+"技术的支持下,充分利用信息技术优势,平衡学习效率与学习效能之间存在的冲突,在保证学习效率的同时提升学生核心素养,实现真正因材施教的生态教学,发展公平优质教育。

本项目在上级主管部门和专家团队的指导下,依托智能平台,通过专家咨询、校本培训等方式,转变教师教学理念,应用信息技术提升教学效率;进而通过旨在教学创新的深度教研、与挂钩学校建立发展共同体,协同开发网络课程,相互学习切磋,实现"互联网+教育"的效能最大化。

本项目的建设是对未来课堂的深度探索和实践,其价值在于从知识点过关训练走向以核心素养为本,注重将知识转化为理解力、判断力和德行,充分发挥各学科的育人价值;实现师生之间、生生之间、课上课下及时互动交流,为大规模、常态化、全学科"翻

转”以及协作教学提供基础，让学生学会学习，为学生终身发展服务；转变教育功能，调整师生关系，重建课程体系，改变教学方式和评价方式，促进形成个性、开放、高效的教育生态。

具体的意图主要有以下四点：

1. 利用信息技术优势，发展公平优质教育。每个学生在教育过程中能否公正平等地享有教育资源，影响整个基础教育的质量。即使在同一所学校，不同班级和同一班级的不同学生，享有资源特别是高质量的教师、课程和教学等资源的机会也不均等。充分运用互联网和现代数字技术的优势，学校完全可以做到用最优化教学方案集中解决班级教学的共性问题，创造使所有班级的学生公平享有校内优质教育资源的机会，缩小班际优质资源配置的差距。

2. 利用信息技术优势，培养学生核心素养。信息社会的发展对人才的质量提出了更高的要求。北京师范大学教授、我国第一位教育技术学博士生导师何克抗先生认为，信息社会所需要的新型人才应当是：具有全面而坚实的文化基础(特别是信息方面的文化基础)，能不断自我更新知识结构，能与人合作共事，富有创造性和应变能力并具有高尚道德品质的一代新人。为了能够适应信息社会日新月异的发展速度，信息社会的人才必须具有很强的信息获取、信息分析和信息加工的能力。[①] 可见，学生的核心素养，或者说掌握21世纪所需要的必备知识和关键能力，必须成为学校人才培养的主要目标。近年来国家大力推行数字化教育，“互联网＋教育”已经成为未来教育发展的必然趋势和改革方向。以云端为支撑的新型教学方式正在改变我们的课堂结构和教与学的方式，教育领域正在发生着翻天覆地的变化。

3. 利用信息技术优势，提高教学效率。提高教学效率一直是学校教育的主要追求之一，借助信息技术能够更有效地提升学校对教学效率的诉求，同时也为学校培养学生核心素养的追求提供了更大可能。传统课堂教学有着自身的优势，但也存在很多弊端，如，教师对学生的学情难以及时掌握，无法真正做到因材施教等。借助云课堂技术的优势可以弥补传统教学的一些不足，实现三个转变：从以教为中心向以学为中心转变，从知识传授为主向能力培养为主转变，从课堂学习为主向多种学习方式转变，最终让学生的学习成绩和综合素质都能得到提升。

4. 利用信息技术优势，实现学校内涵发展。近年来，在学校快速发展的过程中，原有的教学行为有些已经越来越不适应学生发展的需要。如，在备课上，对教育资源的搜索和研究不全面；在教学方法上，很难做到个性化；在评价上，难以实现即时性等。面对这些问题，学校尝试构建云课堂以建立信息化生态教学环境，形成个性化的教学样态，建立发展性的评价系统，以弥补原有教学行为的不足，以期最大化发挥学科教育潜能，提升学生的核心素养，实现师生共同进步，促进学校内涵发展。

---

① 何克抗：《论现代教育技术与教育深化改革(上)》，电化教育研究，1999年第1期。

(二) 具体做法

1. 认真梳理国内外相关理论研究和实践现状

云课堂的理论支撑主要是自主学习、建构主义、认知结构、认知同化、信息加工、掌握学习、社会学习、人本主义等学习理论。有不少同行对云课堂教学进行了有益的探索,如,张鹤的《大数据语境下的云课堂学习之探析》让我们对云课堂打破教育教学中存在的地域和实践上对学生的限制有了新的认识;章泽昂、邬家炜的《基于云计算的教育信息化平台的研究》让我们深刻了解到云平台对实现资源共享、缩小教育信息化差距有着重要的意义;罗泽忠的《云教学整体解决方案——借助睿易派云教学打造高效学习平台》提出基于网络的教育已成为当今教育教学改革中一道亮丽的风景,也让我们看到了实践的价值和意义;李仲生、魏叶华的《智能云教学资源共享平台架构研究》分析学生和教师、理论课与实验课的实际需求,引入物联网技术对教学资源进行必要的规范和智能处理,提出一种智能云教学资源共享平台架构,让我们了解到云平台开发对未来教育有着不可估量的作用。华东师范大学的袁振国先生认为:“我们现在正处在一个取得突破的前夜,正处在新的出发点上,怎么能够寻找到一种互联网背景下教育的运行模式,能够让个性化的教学,把‘以学定教’变成一种可能;怎么把创造性的教育能够通过互动互相讨论的方式变成可能;怎么让传统的考试、文凭、资格和泛教育,不分时空的教育能够结合起来,教育就能够走向明天。”[①]随着未来技术的发展,云课堂教学将成为未来学习的大趋势。

目前,由于设备、师资等条件的限制,云课堂并未在中小学广泛开展,只是有个别学校进行了试点。再者,目前的试点学校多把云课堂作为提高效率、提升学生成绩的手段,目的较为单一。而我校提出的“基于云课堂教学实践培养学生核心素养”不仅眼观学生成绩,更把目标集中于发展公平优质教育,提升学生核心素养,并以此作为学校内涵发展的抓手。

2. 确定项目建设目标

基础性目标:主要有建设新的云课堂课程体系;探索培养学生核心素养的云课堂教学范式;建立支持云课堂的教学资源库和学习资源库;建设云课堂,形成提升学生核心素养的教学策略;开发培养学生核心素养的“云课堂”典型课例。

发展性目标:一是着眼于学生未来发展,抓住云课堂与学生能力培养的契合点,提升学生核心素养;二是构建新的教学生态,进一步转变教与学的方法,突出学生的学习主体地位,实现生生、师生强互动,满足学生全面发展、持续发展、个性发展的需要;三是构建师生发展共同体,构建师生间、师师间、生生间的学习共同体,促进教师角色转变和专业化成长,提升学生核心素养;四是提升学校教育品质和发展内涵,将信息技术教学与人的全面发展相结合,提升信息技术的运用价值,形成提升学生核心素养的云课堂教学策略,使学校教育更好地促进人的发展。

---

① 袁振国:《互联网时代教育面临重新洗牌的可能》,https://www.soho.com/a/49733625-105067。

3. 项目实施内容

首先，建立师生无边界的生态教学环境。

建立开放式教学时空。云课堂打破时间和空间的限制，使学习方式更加多样化。学生在校可以学，在家也可以学，在线可以学，离线也可以学，可以独立思考，也可以讨论互动，而这些学习并非是“放羊式”的，学生可以在线获得老师的及时指导。同时，云课堂使学生学习不再局限于传统课堂统一课程的研习，理论上，它将满足每个人想学什么就学什么的个性要求，对问题的求索也不再局限于课堂上的师生交流、课后的求师问教，而是随时随地可以展开求问交流研讨，因此在云课堂，无论你是学生还是老师，都可能是知识的创造者、传递者，或者接受者。云课堂不再局限于人与人的知识传达，而是力求实现人与知识的直接对接。

构筑多重性教学共同体。运用所依托的云教学系统，通过自主学习和报表反馈、云笔记多重收集、个性化作业、远程课堂、互动学习、安全管理、在线答疑、云资源库及备课、课堂实录、课上课下数据统计分析、微课录制、教学资源管理、试卷智能拆分等诸方式，构筑教师共同体、师生共同体、家校共同体。

打造个性化资源平台。云课堂教学平台，支持多种资源上传，使教学内容变得更加丰富。通过云平台，教师为学生提供微课、视频、音频等丰富的学习资源，漫步云端让学生找到适合自己的学习节奏；云端互动让学生结识志同道合的更多学友；云端创造给学生更多更“潮”的展示空间等。云课堂将学习者与世界相连，与知识对接，真正让学习者能以兴趣为师，个性求学，快乐求知。

落实以能力培养为主的教学。基于学习数据分析结果的针对性教学，能够极大提高教学效率，因而教师可以在保证教学效率的基础上，致力于提高学生能力培养的教学创新。现代教学改革，已经让人们认识到培养学生能力的重要性，而云课堂能够为培养学生能力起到促进作用：首先，云课堂教学更有利于高效地夯实文化基础；其次，云教学能够帮助学生养成自主学习意识；再次，通过致力于学习能力培养的教学创新，帮助学生学会学习，学会自我管理，与人合作。这些都是核心素养中的关键能力。

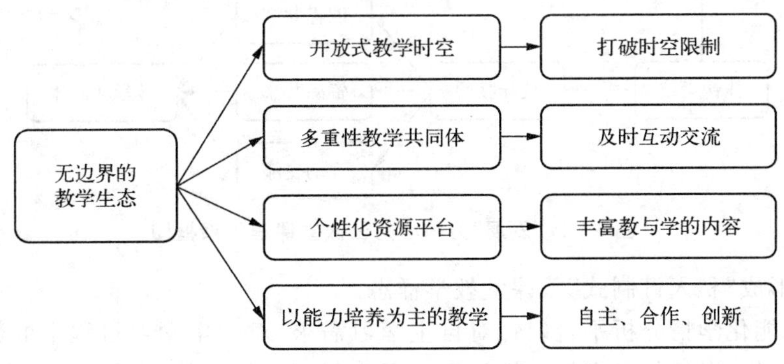

图 4　建立师生无边界的教学生态结构图

其次，构建以“发展”为核心的云课堂课程体系。云课堂的外延是宽泛的，可以包括教育教学中的所有项目，为此，我们构建了校内校外为一体的多元化课程体系。

学校课程。学校课程包括国家课程和校本课程。其中，对于国家课程，我们尝试改变教与学的环境与方式，形成新的教学范式，突出学生主体，以学定教。主要环节有：第一，尝试自学，发现问题；第二，抽问检测，自学反馈；第三，突出重点，即学即练；第四，拓展训练，突破难点；第五，精细小结，师生互评。对于校本课程，由于学校有着丰富的文化底蕴，针对传统文化开设的校本课程很多，以前，学生选修局限于1～2门，现在云课堂打破了这种局限，学生在课余时间可以选择更多感兴趣的课程进行自主学习，也可以观看在线课堂实录，并和教师、同学进行交流互动。

通过云平台建立更为广泛的联系和交流。校内外社团之间可以定期开展活动进行交流，分享活动资料。针对学生身心发育特点，定期推送德育课程，如德育专家讲座、德育活动视频等，通过丰富多彩的形式，对同学进行多角度、全方位的德育渗透。在线心理咨询也留给了学生和心理教师私密交流的空间，沟通解决面对面难以开口的一些问题。

校际联盟。我们主要在三个方面做了尝试：一是课程共享。各学校有特色的优秀的校本课程，可以通过平台建立链接，学生不仅可以选择自己学校的课程，也可以选择外校的课程学习。二是建立教师共同体。将教师上传的课程资源存储到资源库，可以实现资源共享，进行异地观摩教研，开展交流研讨活动，形成教师共同体，促进教学的发展。三是建立学生共同体。云端互动也让学生结识更多志同道合的学友，互学互助，创造更多展示自我、提升自我的空间。

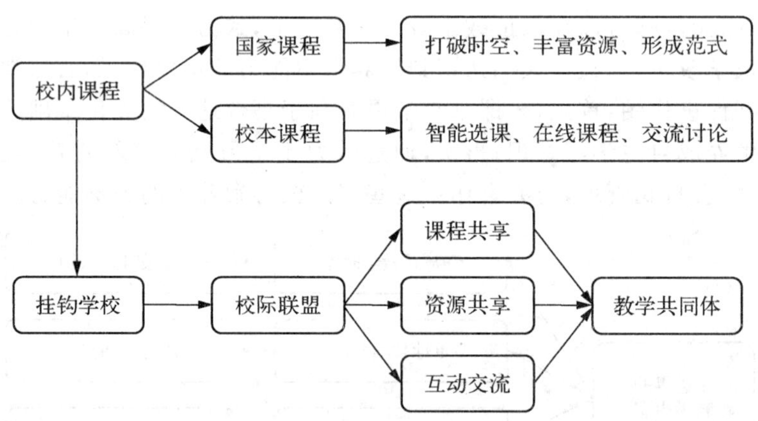

图5 以“发展”为核心的云课堂课程体系框图

再次，形成“私人订制式”云课堂教学样态。

建立智能化学情分析平台。针对自主学习需求，对学生学习过程中的数据进行跟踪、统计和分析，以便教师有针对性地深入了解每一个学生的发展状态和存在的问题，为实现因材施教提供依据。

建构交互式过程学习系统。课前，学生根据个体学习风格和潜质，自主观看预习资源和微课视频，自主解决学习中的问题，如果未能解决问题，还可以通过“在线答疑”与教师进行交流，直到学会为止；课堂教学以学生讨论为主，教师及时推送分层学习资源，为学生学习提供个性化支持；课后，学生通过“自测自评”“作品上传”等形式，反馈学习结果，教师根据反馈展开个别化辅导。

建立大数据学业监控体系。针对每个学生的学习轨迹进行大数据分析，梳理学生的疑难以及求知的方向，及时地推荐相关的教学资源。同时推荐“志同道合者”在云端组建相应的团队，并发布相关的课程学习任务、学校任务甚至社会任务让学生自主选择完成。

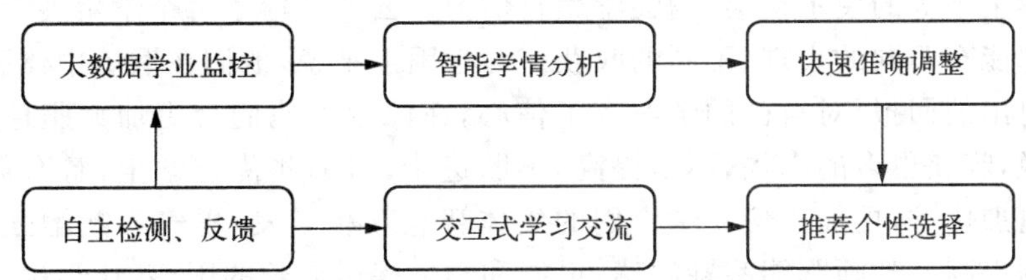

图6　“私人订制式”云课堂教学样态结构图

第四，形成云课堂下学生核心素养发展的策略。

提供个性化学习机会，提高学生自主学力。选择课程个性化，学生通过云平台满足自己个性的求知需要。展示成果个性化，通过云平台展示自己的学习成果，这些学习成果将被便捷地上传到云数据库形成新的学习资源。交流互动个性化，学生随时可以通过云互动平台与其他同学进行交流，解开自己的思维困惑。评价检测个性化，在互动交流中自动完成学习成果的评价和检测，促进学生不断地完善更新自己原有的资源。在这个个性、开放的学习体系中，每个学生可以自主安排学习内容和时间，自主调整学习进度和节奏，自主接受学习任务，自发组成学习团队，自动完成学习任务并检测学习效果。学生不仅收获了知识上的充盈，满足了交际上的需要，锻炼了表达交流的能力，更获得了学习的成就感，其自主发展的能力也得到了较大的提升。

建设多元云课程体系，拓宽学生知识面，提升综合素质。线上校本课程突破了时空限制，解决了人数限制的问题，使每一位学生可以毫无障碍地根据爱好、需要进行个性化、选择性的学习，同时还吸纳了更多的社会资源，拓宽学生的知识广度。社团活动的设计可以众参众议，社团活动的发起可以随时随地，参加的活动可以自主选择，参加活动的人员可以不受局限。社团活动在云上设计布置，在云下实施开展，增加了社团成员的参与度，提高了社团活动的灵活性，提升了社团活动的精彩度。云上预约制度，提高了实验室和各类体育场馆的使用率，学生们将有更多的时间和机会参与其中。校际间的活动、比赛也将打破学校自上而下布置安排的格局，由学生们自发约赛。云课堂给了每个学生发展兴趣、施展所长、展示个性的机会，使每个学生都能在不同的活动中有不同的表现，得到不同的收获。这些基于云上进而云下的参与和实践，使学生的团队责任意识、合作精神得到不断磨炼，使学生更具社会适应性。

加强交流互动，提升学生互助合作和创新思维能力。云课堂的互动交流可以培养学生合作交流能力和互助学习能力。在交流中，学生们彼此帮助，思维碰撞，互相学习和借鉴，能够获得更多解决问题的新途径，也有利于提高学生的创新思维能力。

建立校际联盟，增强学生的社会交往意识。打破班与校的界限，建立学习共同体，促进学生相互之间的学习交流。有利于相互取长补短，提高学习兴趣和效率，同时锻炼学生的社会适应性，学会与人沟通协调，也培养了他们的团队合作意识。

给予学生平等的展示机会，增强学生自信力。云课堂给了每个学生展示的机会，使每个学生都能有不同的表现、不同的收获。对学困生来说，他们在锻炼中体验到了成功的喜悦和付出的回报，对自己的学习有了信心，在课堂上他们会更加大胆地展示，体验更多的喜悦，收获更多的幸福，不断提高，不断进步；对那些优秀学生，富有创新的展示会让他们更加优秀，更加自信。学生们的集体智慧互相激发，勇气不断增强，自信心得到了有益的提高。教师既能答疑解惑，也能和学生探讨成长的困惑，让学生不仅仅学到了知识，也温暖了学生的心灵，有利于促进学生健全人格的发展。

第五，建立发展性云课堂评价体系。

建立评价二级指标体系。一级指标包括自主学习、交流合作、学习成效、学习反思、自我成长五个维度，每个维度下设二级指标若干。“自主学习”下设二级指标：学习登录的频次、在线学习的时长、沟通频次、发表探讨问题、提交作业的数量等；“交流合作”下设二级指标：线上主题讨论、课堂讨论发言、资源的上传和下载、疑难问题的解答、自我问题的展示、与教师沟通的频次等；“学习成效”下设二级指标：预习效果、平时作业、小论文、课堂自测、单元检测、期中期末考试等；“学习反思”下设二级指标：知识框架建构、问题探讨分析、模型方法归纳、学习思想汇报、个人目标设立等；“自我成长”下设二级指标：动机兴趣积极性、人际关系、自我实现、学科成绩的发展、生生之间的竞争力等。五个一级指标和若干二级指标设置相应的权重，在定量的内容上采用学生在各项学习活动评价指标的平均值作为评定学生学习活动的衡量标准，定性的内容采取等第赋分的方式进行。

确立可行的评价流程。云课堂有效评价可以从两个方面展开：一方面是量化评价，借助于信息技术的强大功能可以充分实现；另一方面是非量化的经验性评价，教师和学生依据自己的生活体验和学习教学经验，开展学生自评、互评和教师评价，多种评价方式相结合，形成总体评价，促进云课堂发展。

总之，本项目旨在充分挖掘云课堂优势，开发一系列有效策略，发展公平优质教育，提升学生核心素养。

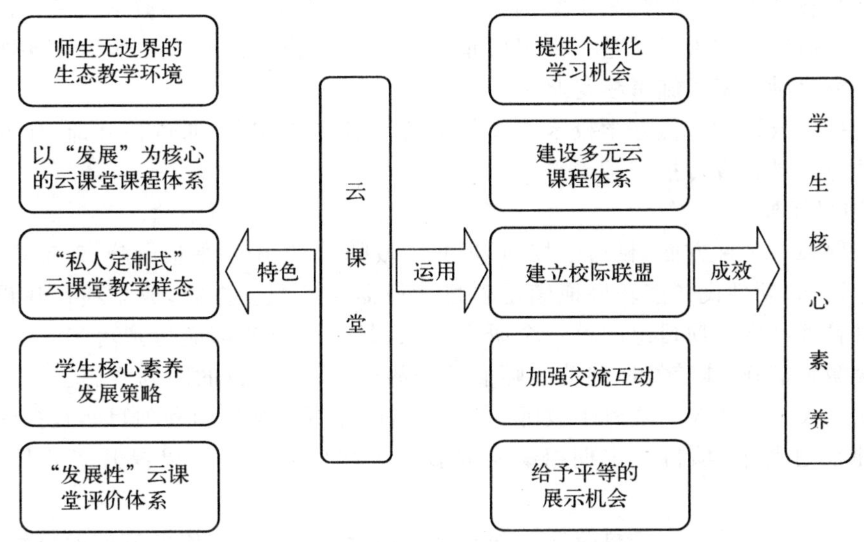

图 7　基于云课堂培养学生核心素养框图

4. 项目推进措施

健全机构,加强领导。成立学校云课堂建设领导小组,由业务校长负责落实具体工作。主要职责有:制订云课堂建设工作实施方案;根据云课堂建设工作实施方案制订具体操作细则;按照工作分工,分阶段、分学科组织年级组、各学科教研组、备课组及各班级开展云课堂建设工作;定期组织信息化业务培训与建设工作经验交流;定期组织云课堂建设工作的检查与评估,不断调整与改善建设工作;安排与做好云课堂建设工作档案资料的收集、整理与管理工作。

师生共同推进云课堂。以转变学习方式、激发学生思维和创造力、提升核心素养为云教学的核心观念,通过“学习、实践、反思、交流、合作”的实践策略,提高教师教学设计和实施、评价、反思教学的能力,全体师生在云课堂教学过程中掌握方法,获取知识,形成能力,培养情感、态度和价值观。

教师方面:通过专家引领,加强理论学习;进行云平台操作的专业培训;有针对性地进行云课堂教学研讨交流;开设云课堂教学交流课。

学生方面:通过宣传发动、营造氛围(学校、班级)、榜样示范、评优表彰,以最快速度最大程度使云课堂为学生所接受,唤起学生自我意识;组织学生讨论,充分明确云课堂下的学生如何制订学习计划、学习方法,如何调整学习行为、学习习惯,最终实现学生能力提升的培养目标。

开展系列活动构建云课堂。邀请有关专家到学校进行指导,赴比较成熟地区学习交流。深入开展交流活动。年级组、学科组通过教研活动、论坛等形式,定期进行研讨交流。开设云教学研究课。每学科每月推出一节交流课,学科组成员听课后进行评课交流。进行教学设计、微课、教学案例、教学反思等优秀教学个案和教学反思评比活动。

在课题研究中完善云课堂。组织申报省级、市级、校级云课堂教学研究课题，按照校课题研究奖励方案实施考核与奖励。

宣传推广云课堂。做好学校云课堂的提炼和宣传工作，并通过公开课、比赛课、媒体等多种方式进行宣传推广。

5. 项目保障

校内保障。硬件方面，畅通学校网络，并为教师、学生配备平板电脑，教室均配备多媒体教学设备，硬件设备能较好地满足项目建设需要。制度方面，成立项目建设小组，严格项目管理制度。项目组的每一个研究步骤、每一个环节都应得到落实。有较好的项目建设激励措施，能较好地调动教师们的积极性，保证项目的顺利实施。师资方面，项目组成员大多为我校一线骨干教师，有着丰富的教育教学经验和项目实践探索能力。在项目建设过程中，项目组定期组织实验教师外出学习、交流，以提升实验教师专业水平。

校外保障。学校与有关科技企业和专业网站合作，在技术、资源方面能得到较大保障。聘请华东师范大学祝智庭教授、顾小清教授为项目顾问，邀请江苏师范大学代建军教授、吴晓红教授进行理论指导；邀请市教育局有关专家做技术指导，加强项目的实施保障。

经费保障。学校提供专项经费，用于项目的调研、教师培训、收集资料、召开会议、撰写报告等环节，确保项目建设工作能够顺利进行。

（三）项目预期成效

1. 创建和谐的基础教育生态系统。进一步提升教学和信息化应用水平，做到教学管理服务化，教学过程信息化，教学形式多样化，教学资源共享化，管理决策科学化，家校互动畅通化。

2. 深度推进课程改革。最大限度地发挥云课堂教学在提升学生核心素养方面的作用，使学科教学与信息技术深度融合，构建新的课程体系和评价体系。

3. 变革教与学的方式。建设开放式、个性化、强互动、以能力培养为主的云课堂，让教师的教更科学、高效，使学生的学更乐趣、个性。

4. 提高学生核心素养。培养学生利用现代信息技术进行个性学习的能力，使学生具有持续学习力、发展力、创造力、团队协作能力等，具有能更好适应未来社会发展要求的核心素养。

（四）项目实施初步成效

该项目实施至今已有两年的时间，初步取得了以下成效：

1. 逐步构建了云课堂下师生无边界的教学生态

不断优化课堂交互媒体使用及教学资源库的建设。学校实现无线网络校园全覆盖，教室配备交互学习一体机，为实验班每位学生配备平板电脑，建设云学习平台。建设支持学生自主学习的“未来教室”“微格教室”“双师教室”“智能实验室”“围棋文化体验馆”“楚汉文化体验馆”“电子图书馆”等。按照教材知识序列,开发了涵盖高中文化学科,包括导学案、教案、PPT、微课、教学材料、录课视频等系列个性化的教学资源库。迄今,教师上传资源六千七百多条。教师课前、课后及时的推送,让学生不再局限于传统课堂统一课程的研习,有了更多广阔的自主选择的空间。除此之外,还丰富了智能实验资源,丰富了围棋文化课程资源、楚汉文化课程资源、电子阅读资源等。

建立开放式的教学时空。云课堂打破时间和空间的限制,使学习方式更加多样化。学生不论在校还是在家,在线还是离线,都可以独立思考,也可以讨论互动,对问题的求索也不再局限于课堂上的师生交流、课后的求师问教,而是以学生问题为中心,可以随时随地展开交流研讨。

建设多层面的教学共同体。利用云端互动、资源共享等平台功能和校际联盟的建立,构筑教师共同体、师生共同体、家校共同体,拓展教师和学生视野,扩大教育的内涵和外延。特别是“双师课堂”,主讲教师与辅导教师紧密协作,资源共享,共同研究,丰富了构建教师共同体的内涵。

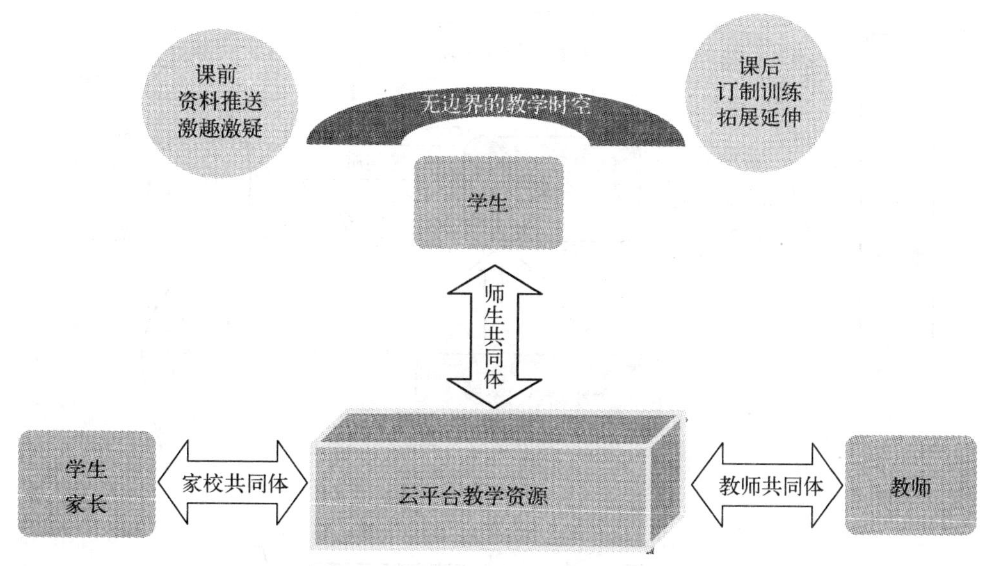

图 8　师生无边界的生态教学框图

2. 基本实现了云课堂教学下“私人订制式”的学习方式

精准的学习数据分析,为实现“以学定教”奠定基础。利用数据技术对整体作业质量、作业疑点、难点、客观题质量进行分析,并将结果推送给前端的教师与学生,实现动态教学数据的及时反馈,为实现“以学定教”奠定基础。教学检测智能分析系统对每次学情检测进行分析,形成学习情况发展趋势图,实现对学生个体学习情况的过程性评价，并对班级和年级的学习情况进行横向、纵向的比较，为教师的教学和学生的学习提供指导意见。

即时互动，实现多种形式的个性化辅导。学生可以利用平板电脑的课后“在线答疑”功能，随时向教师请教问题，教师通过技术系统针对学生反馈情况，及时分层推送学习资源，为学生学习提供订制化支持。在“双师”课堂中，“线下”教师及时反馈学情，“线上”教师针对问题及时辅导。电子阅读系统根据学生的基本信息和搜索记录，推送相对应的文学作品，形成学生个人的阅读单，学生通过阅读形成个人的阅读资源库。游泳智能分析系统根据学生的体能信息数据采集，形成个人运动设计方案，指导学生按照计划进行练习训练，达到个人训练最佳效果。围棋文化体验系统分析学生在围棋方面的基本信息，并且根据学生网上对弈的成绩，对学生的围棋水平进行评判，并且根据学生水平的提高及时给出下一阶段学习围棋的意见或建议。

更多自主选择，凸显学习个性化。云课堂根据学生实际情况生成学情反馈数据，学生根据自己的特点，对课前、课中、课后的学习材料进行自主选择，重点解决自己的疑难问题，学习更具针对性，学习效果更加明显。

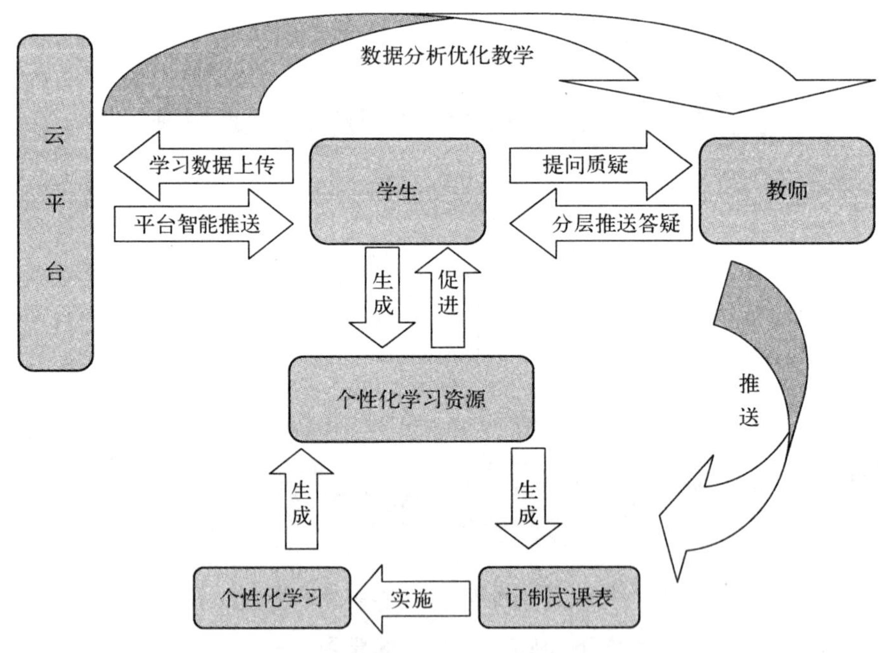

图9　云课堂下“订制式”的学习样态图

3. 构建了基于儒雅教育的课程体系

简而言之，我校的儒雅教育就是通过以文化人的教育，培养语言文雅、仪表典雅、举止高雅、思想和雅且兼具家国情怀和国际视野的现代儒雅人。基于这样的育人目标，学

校从以下三方面构建课程体系:

优化基础课程。云平台为教师优化基础课程提供了有力的支架,基于数据的学情分析,使教师在设计教学目标、教学环节、作业及开展学情评价方面,更加有的放矢;教师运用云平台的推送功能,对重点课目推送相关学习资料,进行拓展延伸,进一步优化了课程资源;云课堂教学范式的探索,促进了教与学方式的变革,进一步提高了课堂效率。

开发拓展课程。依托楚汉文化体验馆开发文史类课程《楚汉文选》《徐州汉墓文化漫谈》《楚汉战争解读》等,依托智能实验系统开发了《动画与动画制作》《3D打印》《微电影制作》等活动课程。

打造品牌课程。利用我校是江苏省围棋文化课程基地、江苏省体育传统项目学校(围棋)的优势,依托围棋文化体验馆开发了围棋文化系列课程,如《围棋入门》《围棋风云人物》《围棋与东方智慧》《围棋与军事战略》等,这些校本课程深受学生喜爱,并在联盟学校推广使用。

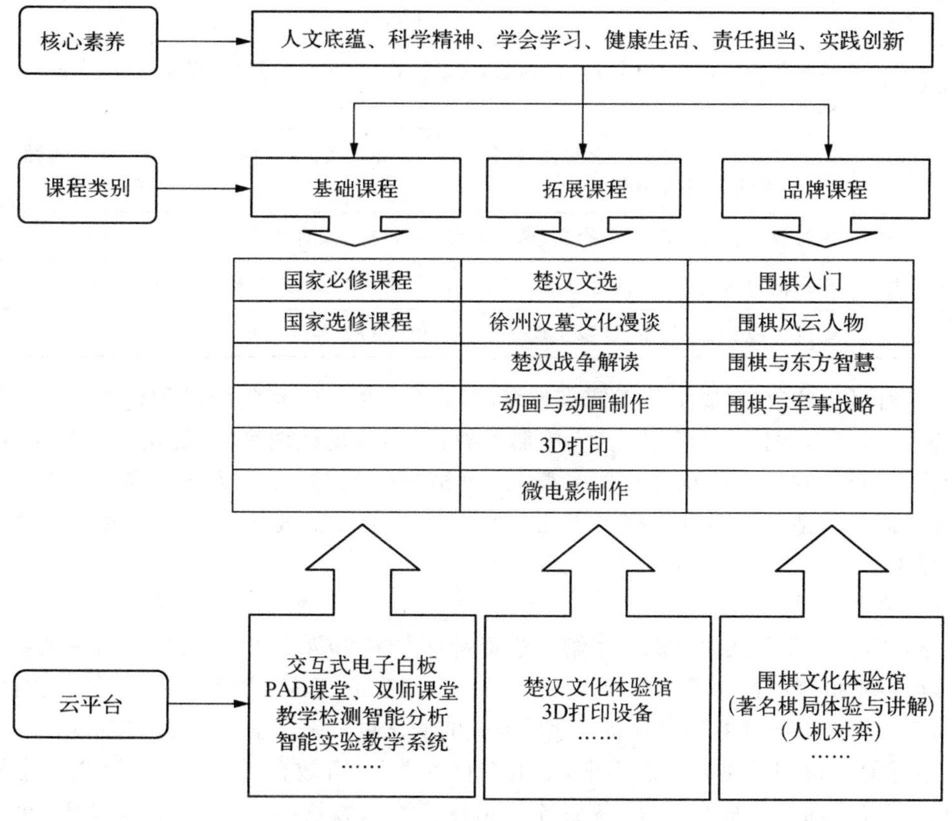

图10 基于儒雅教育的课程体系

4. 构建了发展性云课堂评价指标体系

建立学生发展“二级指标”评价体系。通过云平台数据分析，对学生的学习积极性与参与度等情感态度进行有效的考量，将课堂教学各环节的评价结果转化为过程评价大数据及时保存；运用云平台在分析学生学习情况的基础上形成学生能力属性数据和显性图形化报告，为教师提供课堂教学的策略参考，为智能个性化学习指导提供大数据支撑；运用云平台根据每个学生各不相同的学测数据及学习能力数据，对学生的学习状况进行个性化评估，形成适合这个学生学习特点的跟进学习计划。目前，我校初步形成了注重过程、具有指导性、个性化的云课堂评价体系，包括自主学习、交流合作、学习成效、学习反思、自我成长5大一级指标和28项二级指标。

形成多元评价体系。一方面是平台系统自动生成量化评价；另一方面，师生间、生生间可以相互评价。比如学生利用平台给同伴点赞；学生还可以进行自我评价和总结。教师也可以采用多种手段鼓励学生，如对表现好的学生给以推送音乐、美图等奖励。

表2　发展性云课堂二级指标评价体系

一级指标	二级指标
自主学习	学习登录的频次，在线学习的时长，沟通频次，发表探讨意见、提交问题、完成作业的数量
交流合作	线上主题讨论、课堂讨论发言、资源的上传和下载、疑难问题的解答、自我问题的展示、与教师沟通的频次
学习成效	预习效果、平时作业、小论文、课堂自测、单元检测、期中期末考试
学习反思	知识框架建构、问题探讨分析、模型方法归纳、学习思想汇报、个人目标设立
自我成长	动机兴趣、人际关系、自我实现、学科成绩的发展、生生之间的竞争力

5. 利用云平台，形成了基于儒雅教育的培养学生核心素养的学校样本

儒雅教育是学校的育人特色，实施儒雅教育，培养现代儒雅人，是我们的育人目标。基于这个目标，我们主要从强调学会学习、培植科学精神、厚积人文底蕴、凸显实践创新、注重健康生活和培养责任担当等几方面探索基于儒雅教育的培养学生核心素养的学校样本。

6. 学生发展

学习方式发生了变化。课前了解背景资料自主学习，课上更多讨论质疑、解决疑难问题，课后自主检测进行学习反馈，课堂实现了一定程度的翻转。学生自主学习的比重明显增加，合作探究也向深度学习发展。学习方式的变化也带来了学生学习兴趣的增强。

学习能力得到了提升。近年来，学生在自主学习、有效合作、解决问题、创新意识和信息技术等方面能力提高明显，参加各类比赛获奖人数逐年增加。如，在2017年全国中小学信息技术创新与实践活动（NOC）中，我校学生获全国一等奖1个，二等奖7个。

"看起点,比进步",近三年,学校本科上线率逐年攀升,实现较大突破,获得社会各界好评。

学生文明素质明显提升。学生在文明礼仪、身心健康、团结协作、文化涵养等方面有很大提高,参与社区服务或志愿者活动的积极性也明显增强。

学生去向更加多元化。2017～2019 年,学校毕业生除了通过参加春季高考、夏季高考来实现人生理想之外,还有出国留学、特长生保送等去向,如,围棋特长生柯洁被清华大学录取,游泳特长生张雨霏被选拔进入国家队等。

7. 教师发展

教师的教学理念发生了根本性的转变,从关注高考、关注知识点,到关注学生、关注学生发展;从以材定教到以才定教;从以学科素养为教学目标到以在学科素养基础上的深度学习为教学旨归。以学生发展为中心的教学思想在我校已形成共识。

教师的教学行为发生了本质变化。大数据分析让学习行为可显现,让学习结果可回溯,让教学问题能暴露,促进教师积极反思;教师根据学生自主学习成果设计课程,使教学更有针对性;课上不仅仅是知识的讲解,更多的是组织学生展示、讨论,形成了生生互动、师生互动的良好教学生态。可以说,教师的教学行为已经抛弃了昔日的"满堂灌"。

教师的学科素养与信息技术的融合能力得到显著提升。项目实施之后,教师自主开发的资源种类繁多,有教案、学案、备课资料、扩展资料、微课、绘图等 6700 多条目。教师主动制作并推送微课、视频、音频等学习资源的频次也大大提高。

教师的教科研水平也取得了较大进步。实践促进了研究,项目组教师发表相关论文 34 篇,教后反思 50 多篇,读后感 30 多篇,申报了 2 项省级相关课题、1 项市级课题,信息技术优质课获奖 20 节。2017 年,中央电化教育馆在成都举办以"大数据视角下的教师专业学习"为主题的学术交流观摩活动,我校孙骊老师做云课堂现场展示课,接受了来自全国 200 余位会议代表的观摩,深受好评。

8. 学校发展

我校形成了"线上"与"线下"融合式教与学的新方式。云课堂使学科与信息技术的融合成为教学常态,2020 年的新冠疫情给"线下"教学带来了极大困难,正因为我校教师有近三年的"线上"与"线下"融合教育的实践探索,于是疫情期间的教学工作能够顺利开展。目前,学校的云课堂教学样态更加丰富,多维空间形成的立体化学习环境,为学生提供了更多自主学习的丰富资源,为学生解决问题设计更多种路径,为学生个性多样化发展需求提供更多可能。

突破课堂教学时空局限,使发展公平优质教育成为可能。云课堂的时空无边界,使学习时间更灵活,学习方式更多样。如,学校归类整理形成了三级资源体系:校本资源(课程学习资源、校名师课堂等)——市级资源(彭城课堂、无锡名师课堂等)——跨区域资源(江苏空中课堂、中小学教育联盟等),择优推送,供学生自主学习选择,进一步实现了教育的公平性。

逐步实现智慧学习。以“学生中心”“学习中心”“学力中心”“线上线下融合”、交互探究的云课堂范式已初具形态。学校的云课堂课程体系已初具规模，涉及学科知识、健康生活、文化素养、未来发展等方面，在此项目的基础下，学校将进一步扩大云课堂的内涵，打造智慧校园，实现智慧学习。

校际联盟相互促进。通过与多所学校合作，项目的基本理念与实践不断得到推广，并受到越来越多的关注与支持，多次受邀与区域内外知名中学进行教学研讨活动。

跨区域协作交流。成功参加 2017 年 8 月中央电化教育馆在成都举办的以“大数据视角下的教师专业学习”为主题的学术交流观摩活动。2017 年 6 月，新西兰教师代表团到我校参观，李桂强校长向他们介绍学校云课堂开展情况，引起国外同行的浓厚兴趣。2018 年 5 月，“江苏省教育示范性综合改革国培项目现场培训”在我校举行，李桂强校长应邀介绍了我校省前瞻项目的开展情况，获得与会领导、专家的好评。

媒体宣传，扩大社会影响。《基础教育参考》杂志、《都市晨报》《徐州日报》以及徐州党建网、彭城教育网等媒体先后对我校云课堂项目进行了宣传报道，受到社会的关注和好评。

9. 理论建树

一是形成了基于儒雅教育的培养学生核心素养的学校样本。云课堂让课堂从“满堂灌”的“单声道”转变为多方互动的“双声道”“多声道”，促使教师强化课堂设计，引导学生探究式与个性化学习，从单纯的知识传递向知识、能力、素质的全面培养转变。云课堂带来了学科与生活的联通、知识与素养的统合、线上与线下的链接，为更好地培养学生核心素养提供了更有效的实践平台和策略研究样本。

二是构建了云课堂教学范式。形成了贯穿课前、课中、课后，包括资料推送、激趣激疑，情境导入、任务驱动，对话交流、探究体验，解决问题、创新应用，订制训练、拓展延伸五大教学流程的云课堂基本教学范式。

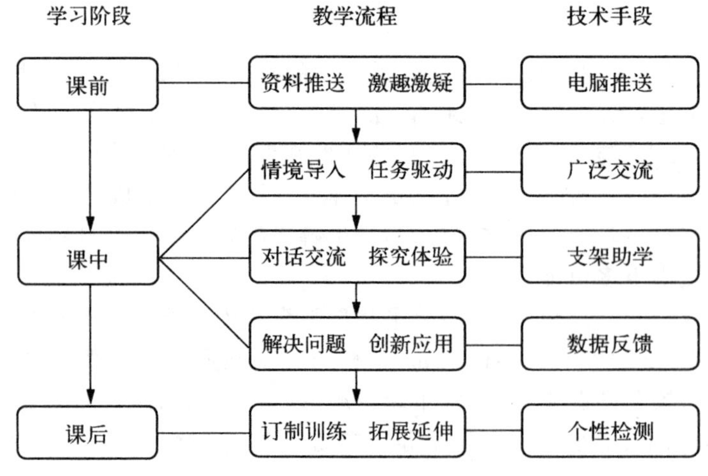

图 11 云课堂教学基本范式

具体到“双师”课堂，我们形成了如下的课堂教学范式。

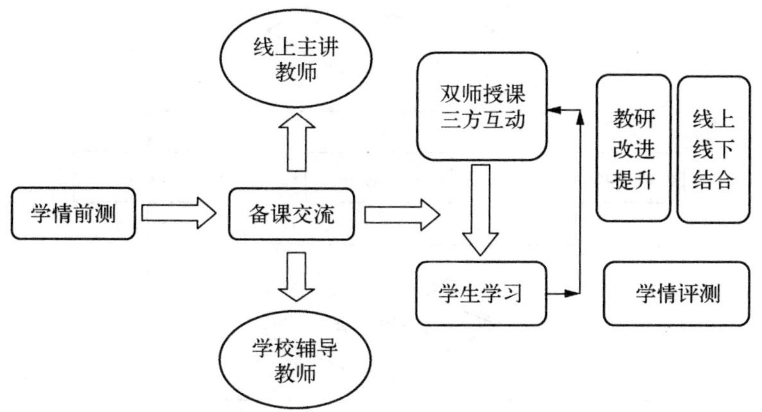

图 12　双师课堂教学范式

三是生成了不同学科的教学样态。教师将信息技术与课堂教学融合，不断探索创新，摸索出不同学科不同课型的教学样态。由于篇幅所限，以下仅以语文学科中的文言文教学和英语学科中的写作教学为例。

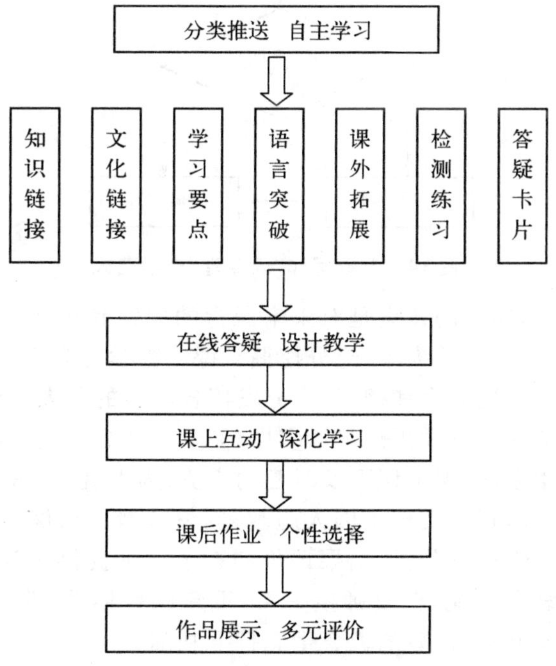

图 13　语文文言文“云课堂”教学范式

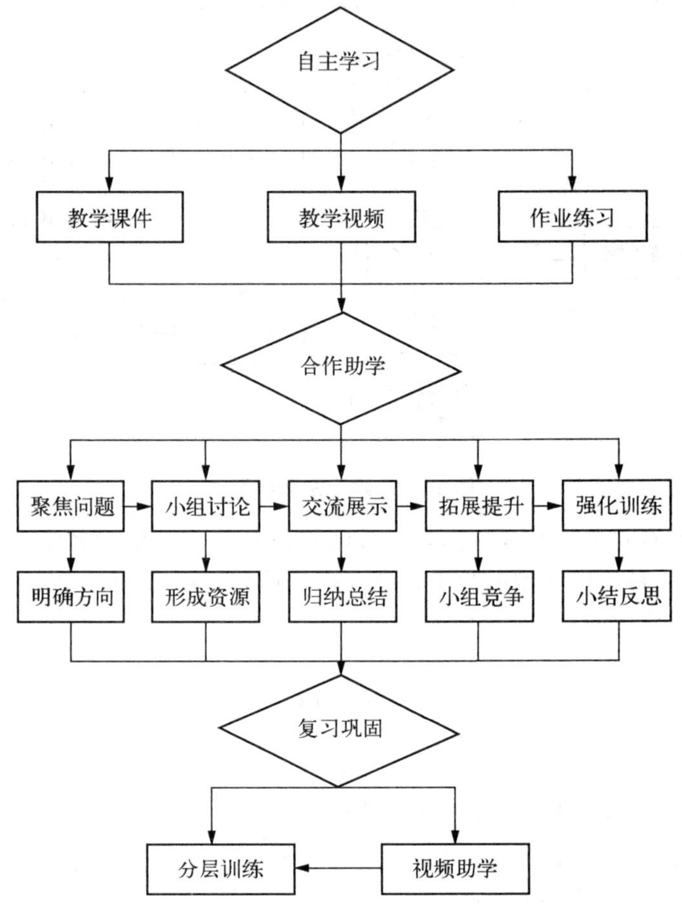

图 14 英语写作“云课堂”教学范式

总之，我们认为，本项目的建设是对未来课堂的探索和实践，其创新之处在于从知识点过关训练走向以核心素养为本，充分挖掘云课堂教学与学生能力培养的契合点，注重将知识转化为理解力、判断力和德行，充分发挥各学科的育人价值。云课堂的教与学方式的转变，使学生的学习方式更加灵活多样，使学生学会自主学习。多重共同体的建立实现师生之间、生生之间、课上课下及时互动交流，为大规模、常态化、全学科“翻转”、协作教学提供技术基础，真正实现了因人施教、因材施教。云课堂教学借助互联网，实现多维数据采集，为教学过程分析、结果评价和教学决策提供科学依据，是对传统教育的颠覆，有利于转变教育功能，调整师生关系，重建课程体系，改变教学方式和评价方式，为形成公平、和谐、开放、高效的教育生态打下基础。

2020 年上半年，在抗击新型冠状病毒过程中，云课堂意外地获得了广泛的用武之地，我校非常从容地安排了线上教学与辅导工作。疫情期间，徐州、淮安、南通、扬州、泰州、连云港和宿迁7市组织了一次联合考试,从“看起点,比进步”的角度来看,我校取得了突出的进步。

第三节　个性化:人才培养的新要求

人是社会发展的主体,人的发展的核心是个性的和谐发展。心理学认为,个性是“个人的一些意识倾向与各种稳定而独特的心理特征的总和”或“个体特有的特质模式及行为倾向的统一体”。哲学中“个性”与“共性”是相对应的一组概念,属于一对辩证关系,个性是指“个体区别于其他个体的本质特征的总和”,对于个体而言,个性是其独特性和共同性的统一。而“所有社会学的个性定义的特点是他们否认个性的自定的属性。个性总是这样或那样被看作社会背景的反映或依赖于社会背景”。教育是培养人的活动,有学者从教育学的角度定义“个性”时更加突出个体所处的历史环境、个体的能动性与生长性,“是个体在一定生理和心理素质上,在一定社会历史条件下,通过社会实践活动形成和发展起来的,表现为个体在社会实践中所持的态度和行为的综合特征”。可以看出,不同的学科视野所理解和定义的“个性”不尽相同,其关注和强调的方面也有所区别。但无论以何种方式理解,大家的共识是:每一个学生都是有个性的,而且每一个学生的个性都有自己的独特性。①

当下,个性化是社会对人才提出的新要求。《国家中长期教育改革和发展规划纲要(2010—2020年)》明确指出:“树立多样化人才观念,尊重个人选择,鼓励个人发展,不拘一格培养人才”,“关注学生不同特点和个性差异,发展每一个学生的优势潜能”。多年来,学校努力通过“一体多翼”的办学策略来实现我们的个性化人才培养目标——培养现代儒雅人。其中“一体”即为“儒雅教育”,“多翼”主要指:以“四雅德育”为抓手,注重学生养成教育,培养现代儒雅人;以围棋为抓手,弘扬优秀传统文化,打造儒雅教育品牌;以游泳为抓手,倡导健康生活,丰富儒雅教育内涵;以校本课程为抓手,补益课堂教学,形成儒雅教育课程体系;以加强外语教学为抓手,创造多元发展路径,拓展儒雅教育国际视野;以教育信息化为抓手,助力学生核心素养培养,奏响儒雅教育时代旋律。

具体到学校对毕业生要求而言,学校要求每一位学生在修完国家规定的学业外,还要拥有“六个100%”,即:100%的学生懂围棋文化,100%的学生参与社团活动,100%的学生修够德育学分,100%的学生参与“小课题研究”,100%的学生学会游泳(至少掌握一种泳姿),100%的学生参与志愿者或者义工活动。

① 仝磊,尚琦:《回顾、反思与展望:我国个性化教育研究30年》,江苏教育,2019年第63期。

一、楚汉文化背景下校本课程的开发[①]

(一) 核心概念及其界定

“楚文化”是中国春秋时期南方诸侯国楚国的物质文化和精神文化的总称，是汉文明的重要组成部分。以徐州为中心的河南省东南部、江苏、安徽的北部为楚文化鼎盛时期的中心。从文化性质来看，楚文明更多地保留了中原姬周文明的特色，同时也吸收了少量蛮夷文化的特点。楚文化的核心特征可分为三个层面：一是民族精神层面，积极进取、开放融合、革新鼎故和至死不屈；二是民族心理层面，崇火尚凤、亲鬼好巫、天人合一、力求浪漫；三是物质方面，主要表现为漆器、木器及青铜器，丝织、刺绣及工艺品，郢都、宫殿及台榭建筑，帛画、壁画及屈骚庄文，编钟、琴弦及轻歌曼舞，还有祭祀膜拜等民俗。

“汉文化”可以指汉朝文化或者汉民族文化，这里我们主要指的是前者。汉文化又称两汉文化，是一个博大精深的文化体系，它的形成基础则是以华夏文化为核心，从西部到中原，在汲取了华夏八方百族文化精髓的基础上形成并发展起来的。汉朝文化主要内容及其基本要旨大致为：“无为而治”奠定了汉王朝的立国之本；“独尊儒术”造就了汉王朝的长治久安；“龙凤文化”成为中华民族的精神象征。

楚文化是两汉文化的先声，被两汉文化吸收和继承，并融入两汉文化，最终成为中华文化的重要组成部分。楚汉文化与其他地域文化相比，既有共同点，也有自身特点，而其最鲜明的特征，可以概括为“刚强雄浑、尚武崇文、勇于竞争”12 个字。

楚汉文化以国家历史文化名城徐州(古称彭城)为中心，覆盖徐、淮、盐、宿、连地区。它起源于 6000 年前的青莲岗文化、大墩子文化、花厅文化乃至更早的下草湾智人文化，融合先秦黄河、长江两大文化体系，形成于秦汉之际的“楚汉争霸”时期，源远流长，南北共塑，博大丰厚。楚文化传承发展至今，留下丰富的文化遗存。仅以徐州为例，现有国家级文保单位 8 处 26 点，省级文保单位 29 处，国家级非遗 9 项，省级非遗 68 项。徐州是楚人的起源和归宿，更是两汉文化的发源、兴盛和归宿之地。因此徐州注定成为楚汉文化的一个核心和枢纽，是研究楚汉文化的最佳样本之一。

(二) 课程开发的依据

1. 国家战略

2014 年 3 月，教育部印发《完善中华优秀传统文化教育指导纲要》，要求分学段有序推进中华优秀传统文化教育，其中对高中阶段提出如下要求：“以增强学生对中华优秀传统文化的理性认识为重点，引导学生感悟中华优秀传统文化的精神内涵，增强学生对中华优秀传统文化的自信心。阅读篇幅较长的传统文化经典作品，提高古典文学和

① 2016 年 10 月，学校以“楚汉文化背景下校本课程的开发与实践研究”为题成功申报教育部基础教育课程教材发展中心校本课程建设推进研究项目，并于 2018 年 11 月顺利结项。

传统艺术鉴赏能力;认识中华文明形成的悠久历史进程,感悟中华文明在世界历史中的重要地位;认识人民群众创造历史的决定作用和杰出人物的贡献,吸取前人经验和智慧,培养豁达乐观的人生态度和抵抗困难挫折的能力;感悟传统美德与时俱进的品质,自觉以中华传统美德律己修身;了解传统艺术的丰富表现形式和特点,感受不同时代、地域、民族特色的艺术风格,接触和体验祖国各地的风土人情、民俗风尚,了解中华民族丰富的文化遗产。引导学生深入理解中华民族最深沉的精神追求,更加全面客观地认识当代中国,看待外部世界,认识国家前途命运与个人价值实现的统一关系,自觉维护国家的尊严、安全和利益。”并且明确要求:“把中华优秀传统文化教育系统融入课程和教材体系。”“鼓励各地各学校充分挖掘和利用本地中华优秀传统文化教育资源,开设专题的地方课程和校本课程。”

2. 地方资源

徐州楚汉文化遗址、遗迹众多。以徐州地区为中心,顺时针北起由济宁向东向南再向西向北,经临沂、盐城、蚌埠、淮南、寿县、阜阳、商丘、菏泽,中间包括枣庄、宿迁、盱眙、宿州、亳州、淮安、淮北方圆 150 公里之内,正是楚汉文化带的核心地区。仅徐州地区就有:九里山古战场、项羽戏马台、马市街、丰沛刘邦故里(大风歌碑)、樊哙井、射戟台等,遗址还有汉楚元王刘交、楚襄王刘注等 13 代楚王墓,5 代彭城王墓。先后出土金缕、银缕、铜缕、丝缕 4 种玉衣和大量玉器、青铜、陶器、漆器等文物两万余件。狮子山楚王陵出土了陪葬的四千多件形态各异的西汉兵马俑陈列;驮篮山出土系列歌舞俑、二十余座保存较完整的汉画像石墓及一千余方汉画像石。仅在徐州,国家级、省级和市级文物保护单位达 147 处,其中多数为楚汉文化遗存。

地域文化是民族千年文化的精华与积淀,以风俗习惯、文化古迹、人文风俗、民族技艺等形式保存下来,对人们产生直接、深刻、全面的影响。学校是培养学生综合能力以及提高学生民族自信心、自尊心、自豪感的重要阵地,在现阶段,如何实现地域文化与校本课程的完美融合与渗透成为促进学校教育改革与进步的新思路。

3. 学校发展需求

以课题研究引领教学和课程改革。运用包括在学科教学中渗透楚汉文化元素,开设楚汉文化选修课程,编写校本教材,建设专用教室和专题网站,探索并改进楚汉文化特色课程的教学方式,引领学生参与楚汉文化实践活动,体验楚汉文化的魅力。通过课题研究将学习的课堂由课内拓展到课外,由书本拓展到社会,以改进课程实施方式为重点,增强学生的学习能力和实践能力。

以课题研究促进教师和学生成长。通过课题研究培养教师的进取意识,激发教师的学习热情,提振教师的教改精神,促进教师的团队合作,推动教师的专业发展。通过课题研究,开发研制校本课程和校本教材,改变教学方式,为学生提供个性化的学习选择和帮助,让学生在参与、互动生成的学习中体验楚汉文化的魅力,进而促进学生全面发展。

以课题研究推动学校特色和内涵发展。通过课题研究使学校的“扎文化之根,育栋梁之才”的发展愿景更加明确,“守正、创新”的办学理念更加丰满,教师群体更加优异,课程改革更加深入,教育科研更加有效,运行机制更加合理,文化生态更加美好,“儒雅教育”办学特色更加凸显。

4. 学生素养提升的需要

楚汉文化有着鲜明的特色,对于中华文化的发展和积淀起到至关重要的作用,其中相当一部分对于当前的高中教育有着积极的作用和意义。

5. 学校对现有资源开发不足

楚汉文化对于中华文化的发展和积淀起到至关重要的作用。然而,据我们所查文献可知,这方面的研究文献非常匮乏,目前仅找到《开发西楚文化资源,推动美术校本课程建设》(王艳燕,2013)和《利用“丰沛地区两汉文化”构建语文校本课程的可行性研究》(马康,2008)两篇与中学课程开发相关的文章,他们分别结合宿迁、丰沛两地的楚汉文化特点进行了地域文化特色的校本课程建设研究,但其研究的地域和学科局限性都比较明显,而对于“大徐州”地区楚汉文化背景的跨学科综合性校本课程开发建设的研究仍处在起始甚至空白阶段。因此,我们进行这方面的尝试和研究,力图填补这一空白,并积累一定的理论和实践经验。

(三) 与学校课程体系的关系

楚汉文化课程是我校校本课程的一部分,它与国家课程以及围棋文化等校本课程共同构成学校以儒雅教育为特色的课程体系。

(四) 主要内容

1. 楚汉文化特色校本课程,按照“感知研习——活动体验——实践创新”的框架进行设计、开发。

知识研习课程:根据楚汉文化的特色,开发《徐州楚汉人物评说》《徐州汉画像石解读》《徐州楚汉文化遗迹》《楚汉战争解读》《楚辞·汉赋·汉散文选读》《徐州汉代珍宝鉴赏》《徐州汉代科学技术》《健身气功·五禽戏》《楚汉文化漫谈》《舌尖上的“楚汉传奇”》《楚汉文化元素创意和设计》等核心课程。主要达成目标是:了解楚汉文化知识,激发学生对楚汉文化的喜爱。

活动体验课程:开发龟山汉墓、狮子山楚王陵、汉兵马俑博物馆、汉画像石棺、汉文化交流中心、刘氏宗祠、项王故里、戏马台等地为学校的实践课程基地,定期进行综合实践活动。主要达成目标是:培养学生积极进取、鼎故革新和英勇顽强的民族精神。

创新应用课程:开发《汉代服装设计与制作》《儒雅学生礼仪规范》《汉元素装饰设计》《礼仪操》等创新应用课程。主要达成目标是:与时俱进,让优秀传统文化与现代文明相融合,提高学生的人文素养。

2. 楚汉文化课程实践基地的开发,以徐州及周边的楚汉文化遗迹为基础,充分利用现有文物保护单位、博物馆等资源,按照“宏观——具体——抽象”的思路设计课程实践基地,引导师生进行深度的楚汉文化体验,领略楚汉文化的博大精深,涵养师生文化长相。

宏观上,通过开发徐州博物馆、徐州民俗博物馆、汉兵马俑博物馆等课程基地,组织师生实地参观,使他们感受楚汉文化的博大精深。

探访楚汉英雄人物故里。组织学生参观刘邦故里、项王故里、皇藏峪、高祖斩蛇起义、项羽戏马台、汉王拔剑泉,了解两位楚汉杰出人物的生平,感悟英雄人物纵横天下、爱恨情仇的一生。

探访兵家必争之地的重要战场。探寻九里山古战场、楚汉垓下之战战争遗址,进一步了解刘邦、项羽两位历史人物的终极对决,引导学生客观理性看待历史人物,并进行研究性学习,点评人物,探究二人成败缘由。

组织学生参观龟山汉墓、狮子山楚王陵、虞姬墓、留侯张良墓,感受楚汉文化繁盛时期的历史盛况,了解重要历史人物、文化特色、风俗习惯等,引导学生对比当前风俗民情,追根溯源。

组织学生参观徐州汉画像石馆、山东薛城嘉祥汉画像石馆,欣赏作为“两汉三绝”之一的汉画像石,领略楚汉艺术,了解楚汉文化中典型的神话传说、典章制度、风土人情,尝试自己动手拓片、临摹汉画像石。

3. 研究楚汉文化在学科教学中的渗透。在语文、历史、政治、地理、化学、体育、音乐、美术等国家课程中,结合教学环节渗透楚汉文化的相关内容,力求在教学内容和课堂形态上呈现一定的楚汉文化特色。

在课堂讲授中渗透楚汉文化。课堂教学是渗透楚汉文化的主要渠道,高中各科教材都可以挖掘出或多或少的楚汉文化元素。可以充分利用这些内容渗透楚汉文化,或者作为教学案例和素材使用。例如,语文学科中就有《鸿门宴》《离骚》等必修篇目,《史记》选读中的《高祖本纪》《项羽本纪》等均可以利用。

在课外研究中渗透楚汉文化。楚汉文化博大精深,本地遗址遗迹众多。课堂教学中由于时间关系略讲或未讲的内容,可以通过课外研究的形式让学生去搜集相关资料,写成小论文或研究报告。例如历史学科学习专题《中国古代的政治制度》后,可以指导学生开展《汉朝在中国历史上的地位》课题研究。

在习题设计中渗透楚汉文化。有关楚汉文化的思想和成就可以作为背景或阅读材料,设计成问题,供学生课堂训练或考试使用,从而实现学以致用和渗透楚汉文化的双重目的。例如,以徐州汉代“三绝”(汉墓、汉画像石和汉兵马俑)作为背景材料设计习题,考察学生对于中国古代政治经济制度的了解情况。

4. 楚汉文化特色课程设施的建设研究。

建设楚汉文化活动专用教室。设置舞台、小剧场等,主要用于学生开展沙龙交流活动、朗诵、戏剧表演等不同活动形式的展示和交流。

建设楚汉文化历史体验馆。主要以图片、作品、实物、模型等方式陈列展出,以便于学生了解楚汉历史的发展,同时利用一些具有地方特色的实物和图画展示徐州当地风土人情，另外还可以利用体验馆的陈列功能，展出学生在学习、体验楚汉文化的过程中参与制作、创作的文化作品，以激励学生学习楚汉文化的热情。陈列室可以设置壁挂式展示、展台展示，并设有制作体验区，学生可以在体验区进行传统民俗，例如剪纸、绣花、摊煎饼等相关的民俗体验，真正把文化融入学生实践中。

建设专题网站。借鉴现有相关网站的做法，建设楚汉文化专题网站，具体设置楚汉历史、楚汉人物、楚汉文学、楚汉风俗、楚汉艺术等板块。

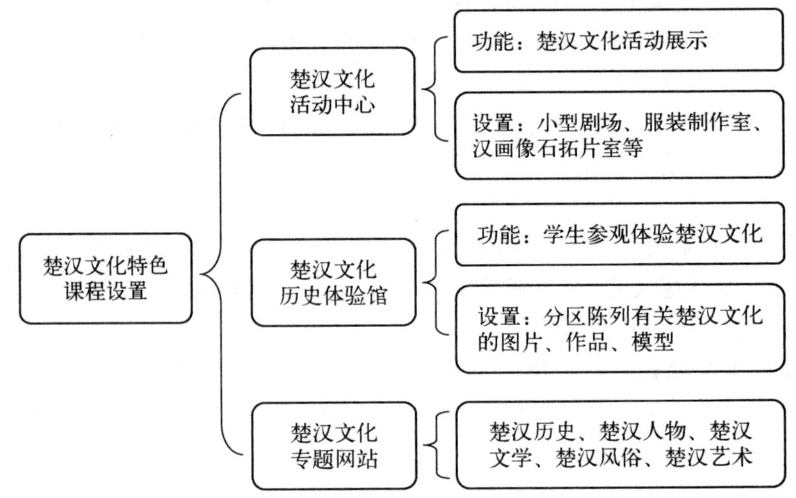

图 15　楚汉文化特色课程设置框图

5. 研究楚汉文化特色课程教学样式，加强以楚汉文化为特色的传统文化教育，建立以课堂教学为核心，以学科基地为辅助的学习体系，通过“自主研学——实践体验——评价反思——内化践行”的活动体验式教学，形成“知行合一”的教学模式。

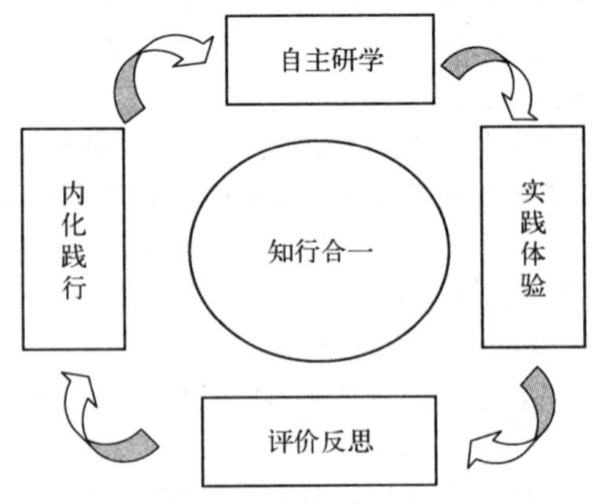

图 16　楚汉文化特色课程教学样式

指导学生开发楚汉文化特色课程。以学生的需求为导向，立足于素质教育与个性发展的同步提高，整合地方文化资源，把传统文化教育融入日常生活中去。课程题目可以是《楚汉相争徐州名人谱》《徐州为何成为兵家必争之地》《追踪楚汉九里山大战》《徐州的传统庙会文化》等。学生以班级为单位选择主题，搜集材料，整理并编印成校本教材。通过文字、图片、视频、课本剧等形式展示楚汉文化特色，培养学生爱国、爱家乡的情怀。

针对热点问题，开设学生论坛，通过探讨与争论，提高学生的思辨能力。论坛题目可以是《如何看待楚霸王项羽自刎乌江》《黄河流经徐州是福还是祸》《理性分析汉墓的厚葬与薄葬》等。通过论坛，将单纯的历史事实升华为历史发展的必然因果，促使学生思考人类社会发展的一般规律。

通过“走出去、请进来”的方式带领学生参加教学实践。如，到沛县参观歌风台、汉城等遗迹以考察汉朝开创者刘邦，到宿迁考察与西楚霸王项羽有关的历史遗存，到徐州博物馆参观汉画像石、金缕玉衣等；邀请老艺人来学校开设讲座或表演，激发学生传承楚汉文化的热情。

6. 开发楚汉文化课程，优化学校办学特色，丰富学校办学特色内涵。学校要办出特色，只有用高质量的特色课程做支撑才具有生命力。楚汉文化校本课程的开发和研究紧紧围绕我校“守正、出新”的办学理念开展，以培养现代儒雅人为前提进行设置。特色校本课程开发从某种意义上讲，就是为了彰显学校特色、提升学校内涵的过程。学校通过开设楚汉民俗文化、徐州饮食文化、徐州汉墓概览、汉画像石欣赏、汉朝政治制度、汉服常识及初步设计、楚汉乐器、楚汉战争解读、汉代礼仪解读等校本课程，指导学生开展徐州传统婚庆文化、丧葬文化、徐州周边古战场探寻、徐州古姓氏探源、汉服设计与制作、楚汉文化发展演变等研究性学习，充实楚汉文化课程资源，丰富学校办学特色内涵。

楚汉文化课程资源发掘和整合的主体是教师，这要求教师要深入了解徐州周边楚汉文化特色，与相关研究专家进行交流、沟通，仔细研读关于徐州地区楚汉文化的相关典籍和著述，进而进行大胆取舍、整合，形成校本课程的资料体系。此过程可以促进教师的学习积极性，提升教师的学习能力、归纳整合能力，尤其可以提升教师对本学科资源进行整合的能力，促进学科教学的开展。

校本课程的设置以满足学生个性发展需求、提高学生综合素质和彰显学校办学特色为出发点和归宿。特色校本课程可以让学生深入了解徐州的楚汉文化，提高审美能力、鉴赏能力，激发学生对祖国传统文化的关注和热爱，同时又可以让学生在领略优秀文化的同时，提升个人素养，形成儒雅特色。

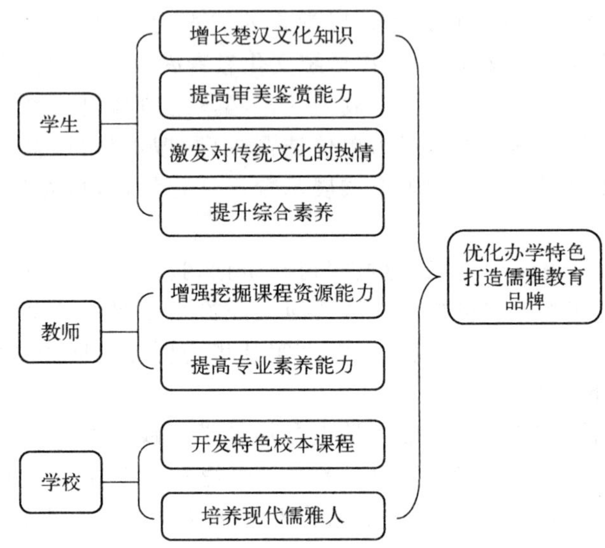

图 17 开发楚汉文化课程优化学校办学特色框图

（五）推进思路

1. 将特色课程的开发和实施项目化，明确目标、时间、分工，使之成为具有工作推进要求的研究和具有研究性质的工作，在既定时间、资源和要求的约束下，完成楚汉文化系列校本课程的开发与实施。

2. 在研究中践行和完善以下特色课程开发路线图：需求评估＋资源分析——主题选择——研制课标——内容编写——课程实施——评价完善——成果推广。

3. 在研究中践行和完善以下课堂教学实践样式：自主研学——合作探究——总结反思——践行推广。

4. 在研究中践行以下学校特色形成的路线图：确定课程特色点——打造课程特色和教学特色——培养楚汉文化专业人才——营造与特色课程相应的物质环境和校园文化——通过巩固、提炼和制度化形成办学特色。

5. 在研究中践行以下原则：人本性原则，既发挥师生在课程建设中的主体作用，又发挥课程对师生个人发展的促进作用；实践性原则，努力形成先进的学校课程文化以及课程化、教材化的楚汉文化建设成果，让师生在开发、研究楚汉文化的过程中得到发展；整体性原则，坚持从全员、全面、全程的角度构建课程，做到统筹兼顾、持之以恒；特色性原则，坚持从本土资源、学校历史、现实和发展需要出发，建设楚汉文化特色课程；规范性原则，建立科学规范的校本课程开发、实施和评价制度。在此基础上，不断创新课程建设的途径和方法，丰富课程建设的内容和形式。

6. 建立并实行课题网络化管理和推进制度以及子课题负责人研究进展定期报告制度。

(六) 已取得的初步成效

1. 楚汉文化课程在很大程度上补益了学校儒雅教育课程体系,使学校教育特色更加鲜明。

楚汉文化课程增进了学生对楚汉历史文化的了解,开阔了眼界,增长了知识。楚汉文化中积极进取、勇于担当、革故鼎新的精神,也丰富了我校儒雅教育的精神内涵。

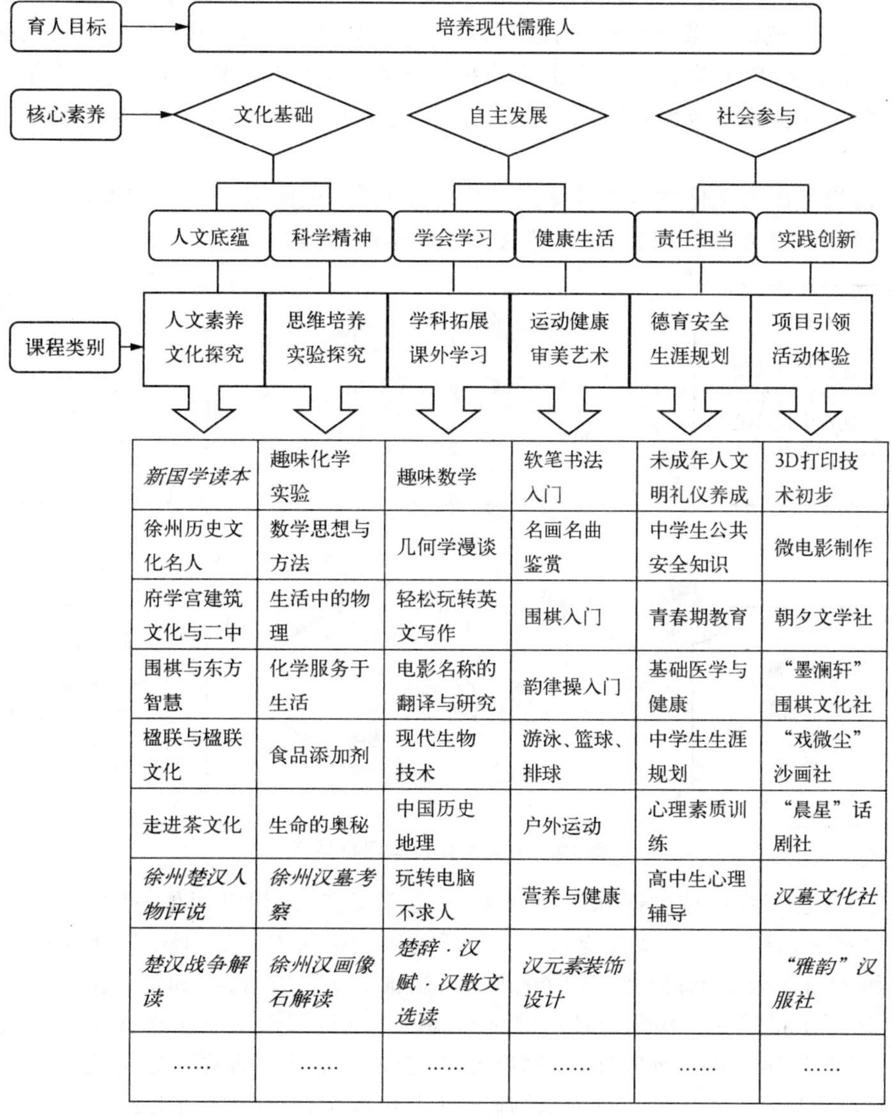

新国学读本	趣味化学实验	趣味数学	软笔书法入门	未成年人文明礼仪养成	3D打印技术初步
徐州历史文化名人	数学思想与方法	几何学漫谈	名画名曲鉴赏	中学生公共安全知识	微电影制作
府学宫建筑文化与二中	生活中的物理	轻松玩转英文写作	围棋入门	青春期教育	朝夕文学社
围棋与东方智慧	化学服务于生活	电影名称的翻译与研究	韵律操入门	基础医学与健康	“墨澜轩”围棋文化社
楹联与楹联文化	食品添加剂	现代生物技术	游泳、篮球、排球	中学生生涯规划	“戏微尘”沙画社
走进茶文化	生命的奥秘	中国历史地理	户外运动	心理素质训练	“晨星”话剧社
徐州楚汉人物评说	*徐州汉墓考察*	玩转电脑不求人	营养与健康	高中生心理辅导	*汉墓文化社*
楚汉战争解读	*徐州汉画像石解读*	*楚辞·汉赋·汉散文选读*	*汉元素装饰设计*		*“雅韵”汉服社*
……	……	……	……	……	……

图 18　徐州二中校本课程体系

注:图中“斜体字”部分为楚汉文化校本课程。

近年来，学校先后接待新疆奎屯教育系统代表团、江苏师范大学留学生团队、韩国国立韩巴大学代表团、江苏省骨干教师培训班等国内外团体的来访，我校儒雅教育（包含楚汉文化）特色办学成绩获得国内外同行的高度赞赏。

2. 拓展学习空间，形成“自主研学——实践探究——评价反思——内化提升”的活动体验式教学样式，教与学的方式得到变革。教学上突破传统的课堂阵地和教学形式，加强课堂教学和学校内外社团活动的密切联系，广泛利用社会资源，建成楚汉文化课程实践基地7个：龟山汉墓、徐州博物馆、九里山古战场遗址、徐州民俗博物馆、徐州汉画像石馆、戏马台、楚王陵。使课堂由课内拓展到课外，由书本拓展到社会，为学生提供个性化的学习选择和帮助，让学生在参与、互动生成的学习环境中体验楚汉文化的魅力。

3. 构建了楚汉文化校本课程体系。我们按照“知识研习——活动体验——创新运用”的思路设计开发校本课程，构建楚汉文化校本课程体系。

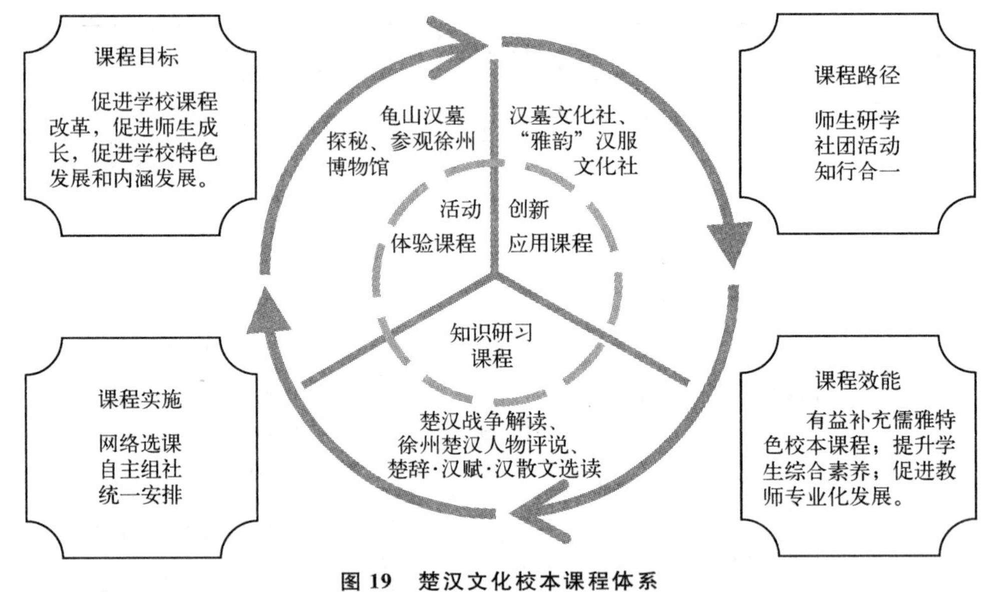

图19　楚汉文化校本课程体系

迄今，在已开发的校本课程中，知识研习类课程有《徐州汉画像石解读》《楚汉战争解读》《楚辞·汉赋·汉散文选读》等5门；活动体验类课程有龟山汉墓、狮子山楚王陵、徐州汉画像石馆等4个；创新应用类课程有《儒雅学生礼仪规范》和楚汉文化社团2个。

4. 形成了推进课程实施的较为健全的制度。制订了学生自主选课制度、课程教学和研究制度、教学效益评价制度，以制度文化建设促进课程的常态化实施。例如，确立“三定一动”“走班式”教学形态，即“教师定”（组建教学团队）、“时间定”（每周三下午开课）、“地点定”（教室固定）、“学生动”（学生自主选课、选师，走班上课），这样，既尊重了学生的个体差异和学习自主权，又使课程实施规范但不失灵活性。

5. 促进了教师和学生成长。课题组累计开发楚汉文化及相关校本课程10门:《徐州楚汉人物评说》《徐州汉画像石解读》《徐州汉墓文化漫谈》《楚汉战争解读》《楚辞·汉赋·汉散文选读》《徐州饮食文化》《徐州历史文化名人》《围棋与东方智慧》《楹联与楹联文化》《汉元素装饰设计》等。发表省级论文《徐州乡土历史教育现状调查》《徐州市乡土地理知识问卷调查分析报告》《徐州两汉文化元素在现代艺术设计中的应用》等9篇,开设《两汉文化看徐州》《汉代三绝》等校本讲座12场,在一定程度上提升了教师的课程开发和研究能力。

通过课程学习,学生从中获得审美体验和心灵滋养,提升了探究能力、创新意识和实践智慧。获得市级表彰的优秀社团有汉墓文化社、“雅韵”汉服社、朝夕文学社等。学生参加相关竞赛获奖50余人次。

三、分层教学的实践探索①

分层教学是一种“学科教学分层,学生发展自主”的教育模式。它以学生的需要为中心安排,是创造适合学生的教育,是对传统教学的反动。“面向全体学生”是素质教育的核心价值观之一。于是,“一切为了学生,为了学生的一切,为了一切学生”也就成了教育者孜孜以求的目标。这句话说起来容易,但是要真正做到就不是一件容易的事情了。因为学生群体并不是整齐划一、被动静止的,他们作为被集合起来的个体是最活跃、最丰富多彩的变量,除了性别、年龄及家庭背景的显性差异外,还有更重要的个体隐性差异,即思维发展水平的差异、智力的差异、原有知识结构和认知能力的差异等等,所有这些都将对教育进程和教学效果产生影响。尤其是在现代少年儿童“成长加速”、教育普及程度上移以及现代人才观弘扬个性的背景下,班级教学的划一性和学生的差异性之间的矛盾已经越来越明显地制约着学生的发展。具体说来,在教学实际中,至少有以下四个方面的表现:(1) 无视学生差异的存在,企望按照统一的程序、统一的标准制造“标准件”。(2) 不公平地对待学生的差异,学生已显露的某些优势素质经常得不到注意,更得不到发展,甚至受到压抑;学生业已存在的发展上的缺陷亦得不到补偿,甚至受到歧视。(3) 虽然承认差异,但受“课内统一要求,课外因材施教”等观念的导向,在课堂上不予重视。(4) 单纯地把差异看作教学的消极因素,一味主张消除差异。

对于上述几个方面的问题,从20世纪80年代起,国内教育界在理论上和实践上已经进行了很多的探索,并提出了不同的策略,也取得了一定的成果。但是,倘若认真地审视一番,便不难发现它们至少存在以下的不足:虽然从各自不同的角度提出了对待差异的比较积极的态度,但大多仍然停留在适应和消除差异上,其视角尚未触及对差异的培植、利用和开发;策略实施的终极目标仍然局限于认知心理方面学业水平的提高上,尚未充分发挥教学的教育教养作用;研究的教育社会学缺失,尤其是分层、分组以后导

① 李桂强:《分层教学的实践探索》,徐州教育学院学报,2004年第1期。

致班级的团体动力丧失。这些缺陷无疑是进行进一步的研究时需要注意并设法加以克服的。早在2000年起,我们就从实践的层面对分层教学进行了一些积极探索。

(一) 分层教学实验模式的构建

1. 确定分层教学的学科、层次,固定分层教学教室以及各层次班级教学、管理的目标和方式。经过一个学期的实地研究,初步确定把数学和英语这两门学科分别划分为A、B、C三个层次水平,其他学科以活动课的形式来实施分层教学实验。其中,分层教学班级的划分是在基本尊重学生自我选择层次班级意见的基础上,综合评价并确定学生所属的层次班;A为最高水平,C为最低水平,学生在三个层次水平间可以流动;活动课班由学生自愿报名,然后再根据其实际水平进行划分。具体做法是:以2000级学生为实施"分层教学"实验的样本,将本年级的8个行政班分成两组,在学生自主选择层次的前提下,同时考虑学生的学习基础和学习能力,每一大组分为AABC或ABBC层次4个教学班,进行有针对性的课堂教学,实施分层目标管理,分层考核评价。也就是说,在分层教学的具体实施中要做到:制订教学目标分层,课堂教学分层,练习与作业分层,考核与评价分层等。

2. 认真做好宣传发动工作。首先是统一教职工的思想认识;其次是做好学生家长的参与和认同工作;然后是充分调动学生的积极性。作为学生一方(含家长),要从自己的兴趣和实际出发,有的放矢地选择、安排自己的课程结构;作为学校一方,进行这场课堂教学改革,绝不是简单地按学生的学习成绩或学生的智力分班,而是根据学生的现有学习水平、学习潜力、教师评价、学生自评等方面的综合情况,比较合理地确定学生所在的层次。我们坚持"分层不分班,保底不封顶,学生自选层,层间可流动"的原则,坚持分层激励,给学生自主选择的机会,充分尊重每一个学生的主体地位。事实已初步证明,本课题在教学整体过程中形成了学生主体参与、自主学习、分层激励、逐个落实的良好态势,体现的是一种教育理念,即尊重每一个学生,为每一个学生的发展创造条件,真正实现了因材施教。我们为每一个学生的成长和发展创造了"自得其乐"的条件,以实现"有选择而无淘汰的教育"。

(二) 分层教学实验的管理

分层教学实验是一项创新性较强的教育教学改革,与一般的教育教学相比较,具有涉及面广、师资要求高、管理头绪多、操作层面较复杂等特点。因此,分层教学实验管理的重要性就凸显出来了。

1. 分层教学实验制度的管理

建立健全分层教学实验管理的领导体系。分层教学不仅仅是一种教学组织形式的变革,更重要的是一种教育思想的更新。在分层教学实验管理中,学校领导要在思想上高度重视,在宣传上加大力度,在行动上大力扶持和指导,让教师、学生、家长均能够认识到实施分层教学实验的重要意义,并且要积极投身到分层教学实验的实践中去。为保证分层教学实验的顺利实施,我们建立健全了比较完善的实验管理领导体系,由分管教学的副校长担任课题组组长，吸收了市教研室、华东师范大学、南京师范大学的有关专家和学者作为课题组的成员，制订了切实可行的管理制度，并落实到人，层层负责。

完善对各种信息、文件、资料的管理网络。分层教学实践的过程是一个对教学探索、研究和总结的过程，各种信息、文件、资料是分层教学实践研究的基础，因此，建立分层教学档案，管理好资源文件，是管理工作中不可忽视的问题。我校由教务处牵头，建立起一个信息资料管理网络。

制度的落实是分层教学管理的难点，因此，必须加强分层教学实验的过程管理，加大落实管理制度的监控力度。学校各业务部门深入教学一线，及时掌握教学实验的第一手情况，定期召开课题研讨会，发现问题及时调整改进。

2. 师资队伍的管理

分层教学能否取得显著成绩，关键在于层次班级任课教师的教学与管理。因此，要合理配备各层任课教师，明确教师个人在分层教学中的任务和在具体操作中应负的职责，明确各层次的教学目标，建立科学有效的学科、班级评价体系。

加强教师之间的相互学习和相互合作。对教师而言，分层教学是一个新的课题，没有现成的经验可以借鉴。这样，教师间的相互学习和相互合作就显得比以往更加重要，因此，我们更加强调教研组、备课组集体的力量。

加强对教师教学过程的监控，建立分层教学档案。首先，分管校长、教务处、教科室、教研组长加强对分层教学班的听课和指导；其次，不定期对学生、任课教师、班主任进行分层教学的跟踪调查，了解分层教学中教师的课堂教学情况、学生的学习和思想动态以及分层教学的进展状况；最后，通过建立分层教学档案实施对分层教学的过程监控。

自实施分层教学实验以来，学校以此为突破口，通过对课题的立项、探讨、研究和总结等实践活动，培养教师的教科研意识，进而提高了教师的教育科研和教育教学管理能力。

3. 行政班与分层次班的管理

建立健全分层教学班的管理机构，制订专门的管理制度。由任课教师负责对分层次班的学生进行课堂管理，相对固定学生的座位，每个层次班成立班委会，及时了解学生的学习状态，并经常和行政班的班主任交流情况。

强化综合管理，构建班主任、任课教师、班干部等“多位一体”和“多管齐下”的班级管理模式。树立“人人都是班主任”的教育观念，强化班主任、任课教师和班干部等之间的信息沟通，尽可能杜绝出现管理的“真空地带”。

分层教学层次班数的设置要从学生的实际出发，不平均设置。有条件的要对C层班实行小班化教学，以便更好地提高教学效率。另外，引入竞争机制，实施动态管理，每学期的期中或期末对学生层次作局部的调整，使学生层次能双向流动，从而激发学生的进取心。

认真开展小组辅导工作。实施分层教学后，A 层次班级中仍会有一些学习能力较优秀的学生，而 C 层次班级中也仍会有一些感觉到学习有困难的学生，为此，需要及时建立小组辅导制度作为实施分层教学的有效延伸和必要补充。

（三）收获与体会

1. 分层教学实验利与弊的剖析

该实验的主要优点有：

符合“因材施教”的原则。从充分满足学生个别化学习需求的角度看，或许世界上只有一种教学模式最有效，那就是个别化教学，但其成本之高是显而易见的。现代学校教育和班级授课制较之个别化教学的最大优点是效益高，但其最大的问题是因统一性和齐步走而难以照顾学生的个别差异。因此，如何在班级授课制的基础上实现个别化教学的效果，是教育工作者们一直在追求的理想境界。分层教学的实验与研究无疑是一个有意义的尝试。

充分调动了学生学习的主动性。学生从自己的兴趣与实际能力出发，有的放矢地选择、安排自己的课程结构，构建适合自己发展的学习“套餐”。这极有可能使学生从中逐渐找到自己将来发展的方向。

符合学生的学习心理。分层教学的立足点是面向全体学生，因而必然使教学要求尽可能地适合每一个层次学生学习的“最近发展区”，使学生在学习中更容易获得成功感。

克服了学生的自卑心理。学生按自己的实际水平选择层次班级，这就有更大的可能增强其自信心和成就感。尤其是被传统教学所忽视甚至遗弃的所谓“差生”，利用“低起点、小步子、快反馈”的方式，使他们能够从中尝试到成功的快乐，减轻了思想压力，较长时间地保持乐观的情绪和平衡的心态，从中体会到“适合自己的才是最好的”。

学生学会了正确地评价自己和他人。由于分层教学模式给学生开的是“自助餐”，同一个学生可能数学在 A 层而英语却在 C 层，使他能够比较正确地评价自己各科的学习水平，进而有针对性地学习。同时也可以认识到每一个同学都如同自己一样有长项，也有短项，不应该因为某一个方面成绩的优劣就判定一个人整体水平的优劣，只有相互学习、平等相待才有可能全面发展，只有全面发展才能适应未来的生活和竞争。

扩大了学生的交往范围。这有利于学生的适应能力、自我约束能力以及自我管理能力的提高，也有利于增强同一层次同学之间的竞争意识及合作意识。从学生发展本位来看，分层教学模式为学生将来真正进入社会打下了良好的基础。

促进了教师教育观念的更新，提高了教师的素质。分层教学模式的操作直接指向主体学习方式，体现了教学过程中学生自主学习的形态。它无疑是教师学习、思考、创造的过程，也是更新观念、探索教与学和谐互动规律的过程。实践证明，分层教学实验研究锻炼、提高了教师教育教学水平，证实了“教研与培训相结合”的科学性和可行性，特别是一批中青年教师在课题研究中、在教育教学理论修养上有较大的提高，在理论与实践相结合的探索中有了长足的进步。

便于教师教学。因为学习基础和接受能力等情况基本相同的学生聚到了一起,就为教师确定教学重点和培养目标带来了方便,也为教师组织学生开展研讨、交流等带来了便利,从而更加有利于发挥教师的主导作用。

为课堂教学改革注入了活力,形成了多向互动的课堂教学局面。课题实验给学生提供了这么多的选择,那么,教师必须提供适合学生选择的丰富多彩的各类课程,教师必须创造足够的条件让学生有能力选择,这个课题本身就成了课题组全体教师的教研内容和科研课题。

实现了优秀师资资源的共享。在传统的教学模式中,全班学生只能面对本学科的一名教师,接触的教师面较窄。分层教学从一定程度上弥补了这种不足,由于有分有合,不同层次间学生的流动从一定程度上实现了教师特别是优秀教师的共享。

体现了教与学的民主。行政班级的划分,对学生来说是强迫的、不公平的,而学生对层次班的选择并不是被动地接受学校的安排,而是在学校、学生和家长三方面充分商讨的基础上才确定的。这不仅体现了教与学的民主,同时,对学生也是一种激励。

建立了新型的师生关系和同学关系。因此,它的教育内涵是丰富的,学生的发展也是多方面的。

实施该实验存在的主要问题有:

一是教育教学的管理难度加大。由于每个学生的分层学科居于不同的层次,分布于不同的教室上课,行政班的班主任很难及时掌握每一个学生的学习情况,有种“抓不住学生”的感觉。况且,一节课的短暂组合也不利于任课教师熟悉学生。

二是给教师的教科研工作带来了一定的困难。分层教学中,由于同教材的教师同时上课,因此,无法相互听课。

三是分层学科不便于任课教师的辅导。由于分层教学是流动式上课,下课后学生又返回行政班,再加上不同层次班的任课教师也不同,因此,不便于任课教师的辅导。

四是学生间的相互影响也带来了一些负面的东西。由于分层教学使学生的活动频繁,来去匆匆,使部分自控能力差的学生平添了一份忙乱和心散,这可能造成学习态度和不良行为习惯的交叉“感染”。

2. 教学改革以来的收获

促进了不同层次学生的不同发展。由于充分尊重学生的选择,各个层次的学生各得其所,各层次的学生在原有基础上都得到了发展。

学生真正成为学习的主人。分层教学的实施,多层次、多角度的活动课程的开设,如何选择,自主权在学生,真正体现了以学生为主体、教师为主导的选择学习、选择发展的特点。学生真正体验到自己是学习的主人,学会选择、学会学习、学会自理、学会适应、学会把握机遇、学会发展,这是过去从未感受过的。

促进了教科研和培养青年教师的工作。在教育教学改革的风口上加大了培养青年教师的力度，加快了青年教师的成长。

正在逐步建立新的管理和评价机制。改革是对旧秩序的打破和新秩序的建立，没有新的秩序，改革只能是昙花一现。过去只有固定不变的行政班级，班级管理、课程管理、教学管理、评价管理等是以班主任为主体、班干部为辅助的模式。现在有了选修班级、分层教学班级，学生按自己的选择各自分流，打破了行政班统一封闭的模式，构建了动态分层激励和制约下的以学生为主体的自我管理模式和全体课任教师“班主任化”的“教管合一”的教学管理模式。

总之，我们的分层教学的实践探索为高中阶段的选科走班积累了较为丰富的经验和教训。选课走班是高中新课程改革的一大特点，为适应社会对多样化人才的需求，满足不同学生的发展需要，在保证每个学生达到共同基础的前提下，各学科分类别、分层次设计了多样的、可供不同发展潜能学生选择的课程内容，以满足学生对课程的不同需求。2019 年 6 月，国务院办公厅颁发《关于新时代推进普通高中育人方式改革的指导意见》，专门强调高中要“有序推进选课走班”，即适应普通高中新课程改革和高考综合改革，依据学科人才培养规律、高校招生专业选考科目要求和学生兴趣特长，因地制宜，有序实施选课走班，满足学生不同发展需要。指导学校制订选课走班指南，开发课程安排信息管理系统，加大对班级编排、学生管理、教师调配、教学设施配置等方面的统筹力度，提高教学管理水平和资源使用效率，构建规范有序、科学高效的选课走班运行机制。加强走班教学班级管理和集体主义教育，强化任课教师责任，充分发挥学生组织自主管理作用。

第五章 反躬内省:学校文化建设中的校长定位

教育部于2013年印发《义务教育学校校长专业标准》,于2015年印发《普通高中校长专业标准》,在这两个文件中均明确指出,校长作为学校改革发展的带头人,担负着引领学校和师生发展的重任。可见,在学校变革中,校长的作用至关重要。就学校文化建设而言,"对于一个学校来说,没有什么比文化更重要了,对于学校文化来说,没有人比校长更具影响力了"[①]。但是,"管理一所学校的文化不能仰仗你所处的领导地位所赋予的权威,而只能通过提升学校中基于行为、信念、人际联系及其他复杂的动力性因素的影响力而进行,而这些因素常常又是不可预测的"。[②] 国外有学者认为,在学校文化建设过程中,校长应扮演好以下八种角色:一是历史学家,认识学校的历史和传统。二是人类学侦探,分析并探究界定当前文化的规范、价值观和信念。三是幻想家,同其他领导人一起描绘学校的未来,不断为学校制订新的发展目标。四是行走的符号,通过自己的衣着和言行推行特定的价值观。五是陶工,塑造学校的榜样,决定学校的仪式、传统、典礼和符号,并随着所有这一切改变自己;聘用认可学校核心价值观的员工。六是诗人,用语言倡导价值观,维护学校的最佳形象。七是演员,在不可避免的戏剧冲突和各种悲喜剧中即兴发挥自己的才能。八是治疗师,监督学校的变化,治愈由冲突和损失带来的创伤。[③]

第一节 敬畏:学校文化建设中的历史传承

"敬畏"是对待事物的一种态度,它是中国传统典籍中常用的一个概念。如,《管子·小匡》:"故以耕则多粟,以仕则多贤,是以圣王敬畏戚农。"《论语·季氏》:"君子有三畏:畏天命、畏大人、畏圣人之言。"《史记·鲁周公世家》:"乃命于帝庭,敷佑四方,用

---

① 特伦斯·E.迪尔,肯特·D.彼德森著,王亦兵译:《校长在塑造学校文化中的角色》,中国青年出版社,2006年,封底推荐词。

② 莎朗·D.克鲁斯,凯伦·S.路易斯著,朱炜,刘琼译:《构建强大的学校文化》,北京大学出版社,2013年,第1页。

③ 特伦斯·E.迪尔,肯特·D.彼德森著,王亦兵译:《校长在塑造学校文化中的角色》,中国青年出版社,2006年,第118~119页。

能定汝子孙于下地，四方之民罔不敬畏。”唐代韩愈《贺太阳不亏状》：“陛下敬畏天命，克己修身。”南宋朱熹在《中庸注》中说：“君子之心，常存敬畏。”

在当代，有学者认为，敬畏是人类由于存在基础的有限性所生发的一种价值情感，它使人们在遭遇神圣性对象之时自觉地规约自身，从而不仅是人与自然和谐的内在基础，也是人与社会共融的道德根基，还是人对自身超越的精神源泉。[①] 所谓敬畏之心，是指人类在自然规律和社会规律面前所怀有的一种敬重与畏惧心理。它能让人懂得自警与自省，有助于人类规范与约束自己的行为。

常言道，水有波而明其流，车有辙而后可循。不同的学校历史和传统孕育出不同的学校文化。“我们认为，从广泛的意义上说，过去其实是一切的发端。作为教学机构，学校应该将过去以及现在的经验当成一座宝库，从中吸取教训，总结经验。”“成功的学校会格外重视它们的过去。反过来说，这也是成功学校的一个显著标志。它们就是靠这种历史感将所有的教职员工、学生、行政管理人员以及校友紧密地团结在这个受人爱戴的集体里。”[②]

我们认为，选择一所学校就是选择一种学校文化。对于学生，就是选择一种学习的方式和未来成长发展的方向；对于教师，则是选择了一种生活的方式和自我价值体现的方式。就学校管理而言，校长不是无所不能的，至少校长要对所在学校办学历史常怀敬畏之心。“一个优秀的校长要走专业化之路，首先要有专业精神，要认清学校的发展走向，认清历史发展的轨迹，在学校发展过程中留下自己的脚印，要有历史使命感和责任感。”[③]

一、对王杰精神的传承

2006 年 8 月～2013 年 8 月，笔者在徐州市王杰中学任校长。该校始建于 1956 年，与解放军某部装甲二师（又称王杰部队）毗邻，原为市第十四中学，1971 年发展成为完全中学。1985 年，为纪念英雄王杰，学校更名为徐州市王杰中学。2004 年，学校创建成为江苏省二星级普通高中。

王杰烈士，1942 出生，1961 年入伍，生前系中国人民解放军 73081 部队工兵营 1 连 5 班班长。王杰入伍后，认真学习马列主义和毛泽东思想，自觉接受党组织的教育培养，处处以英雄人物为榜样，牢记全心全意为人民服务的宗旨，坚持从一点一滴做起，努力工作，奋发向上，勇于吃苦，乐于奉献，两次荣立三等功，被评为“模范共青团员”和一级技术能手。1965 年 5 月 1 日，他在日记中写道：“我们要一不怕苦，二不怕死。做一

---

① 刘宇：《论敬畏》，东岳论丛，2016 年第 3 期。

② 特伦斯·E. 迪尔，肯特·D. 彼德森著，王亦兵译：《校长在塑造学校文化中的角色》，中国青年出版社，2006 年，第 69～73 页。

③ 陈玉琨：《一流学校的建设——陈玉琨教育演讲录》，华东师范大学出版社，2008 年，第 199 页。

个大无畏的人。"1965 年 7 月,王杰在组织民兵进行实爆训练时,在炸药包即将发生意外爆炸的危急关头,为了保护在场的 12 名民兵和人民武装干部,他临危不惧,毅然扑向炸药包,英勇牺牲,献出年仅 23 岁的生命。根据王杰生前的愿望和表现,所在部队党委追认他为中国共产党党员。毛泽东、周恩来等老一辈无产阶级革命家号召全国军民学习和发扬王杰"一不怕苦,二不怕死"的"两不怕"精神。国防部命名王杰生前所在班为"王杰班"。1965 年 11 月,解放军总政治部、全国总工会、共青团中央、全国妇联等分别发出通知,要求广泛开展学习王杰活动。于是,王杰的名字像春风一样吹遍中华大地,王杰牺牲的徐淮大地更是掀起了一股王杰热。以王杰名字命名的"王杰中学""王杰小学""王杰医院""王杰储蓄所"等在徐州纷纷出现。2009 年 9 月,王杰被评选为"100 位新中国成立以来感动中国人物"。王杰用生命谱写的"一不怕苦,二不怕死"精神,已成为中华民族精神宝库中璀璨夺目的瑰宝,在一代代华夏儿女中传承。

显然,历史赋予学校一个不可替代、不可移植的教育资源——王杰精神。笔者到任后,带领团队紧紧围绕王杰精神做文章,确立学校文化建设的指导思想,即与时俱进地挖掘并弘扬王杰精神,全面提升学校办学水平。

(一) 挖掘王杰精神的内涵,确立校训和"三风"

王杰精神的内涵是丰富的,为了便于教育师生,我们将王杰精神概括为"一二三四",即:一心一意为革命;一不怕苦,二不怕死;三不伸手——在荣誉上不伸手,在待遇上不伸手,在物质上不伸手;人生四问——什么是理想? 革命到底就是理想。什么是前途? 革命事业就是前途。什么是幸福? 为人民服务就是幸福。什么是痛苦? 人最痛苦的是失去人民的信任和为人民工作的机会。

在此基础上,学校确立了"弘扬王杰精神,践行励志教育,培养报国之才"的办学理念,将"爱"作为校训。

我们之所以将"爱"作为校训,主要是因为"爱"是中华民族的传统美德,是一切工作的出发点。"一不怕苦,二不怕死"精神是英雄王杰对祖国、部队、战友和人民深爱的体现。王杰中学的师生理应弘扬民族传统,发扬英雄精神。师德的核心是爱生,师爱是一种博爱,是一种责任,体现在对学生时时刻刻视如己出的关怀。未来对社会有用的人才须具有大爱、至爱的品格,充满对祖国、人民、学校、师长、同学和学习的深爱。

紧扣校训"爱",我们确立了学校的"三风"。校风为爱国、爱校、自尊、自强。教风为爱教、爱生、精心、精细。学风为爱学、爱问、成长、成才。

围绕校训和"三风",我们梳理出学生行为规范"三字诀":

王杰人,有理想,学英雄,做栋梁;慈母心,严父情,师恩荡,永不忘;爱学校,尊校训,两不怕,记心上。

惜生命,防火盗,重环保,明安全;严律己,宽待人,友同伴,助他人;言行美,无邪念,不脏言,莫逞狂。

上楼梯,靠右行,铃声响,坐姿庄;知努力,求上进,勤思考,善钻研;苦攻读,勇登攀,讲实效，争风光。

有情义，守诚信，崇人文，尚理性；数理化，天下用，文史哲，世理明；音体美，修身心，破万卷，我自强。

(二) 以弘扬王杰精神为抓手，振奋师生精神

我们站在历史与现实的交叉点上，与时俱进地发掘王杰精神的深刻内涵，让以弘扬王杰精神为主题的励志教育更加贴近时代、贴近学生思想实际。把相应的活动作全盘打算，分年级、分层次地开展，针对一个活动，围绕一个主线，对活动进行细化、实化，使活动内容、形式、目的都有一个明确的要求，增强活动的针对性、实效性、可操作性。同时，在各项工作中发挥学生的主体性及主动性，在活动中真正培养学生的自主、自强、自理和自立精神。

一是紧紧围绕“王杰精神”和学校优秀的革命传统开展教育。通过多种形式和途径了解王杰烈士的英雄事迹和学校优秀的革命传统，感召学生“让英雄走进心灵，用理想雕塑人生”。二是充分利用“王杰班”的品牌进行励志教育。学校在各个年级组建“王杰班”，并举行隆重的“王杰班”命名大会，与部队“王杰班”搞共建，以此激励“王杰班”的学生，并进而发挥先锋模范作用，带动全校各年级、各班级，营造良好的校园氛围。三是积极组织以“王杰精神”为主题的系列教育活动。如开展“王杰在我心中”“王杰的枪我来扛”“走近军营，感受军魂”“励志教育”“诚实守信”等主题活动。每年的军训期间都组织学生前往王杰部队、淮海战役烈士纪念塔等德育基地进行社会实践；定人、定时、定点前往社区开展学雷锋、王杰活动。这些活动我们已经坚持开展了多年。四是积极利用特有的德育资源，努力拓展德育空间，注重德育课程的开发，并逐步形成了特色校本课程体系。学校先后开发了《王杰在我心中》《励志教育系列读本》等校本德育课程，举办了励志教育成果展、励志教育进社区等活动，受到了教育行政部门和社会各界人士的高度评价，中央电视台《异想天开》节目组专程到我校进行以“奇异的书”为主题的实地拍摄。五是建全有效的保障机制，以确保德育工作的顺利开展。

学校在多年发展中已初步形成独具个性的学校文化。“弘扬王杰精神，践行励志教育，培养报国之才”的办学理念促进了学校文化特色的逐步形成。学校努力保持并擦亮“王杰精神”这一不可移植的教育资源，使得学校的管理观与教师的学生观、教学观、课程观、自我专业发展观均发生了较大变化，为实现学校的可持续发展、进一步提升办学品位奠定了精神基础。

1. 用“王杰精神”重铸学校，形成品牌学校文化。学校高度重视王杰精神的浸润作用，形成“王杰精神育人”的鲜明特色。“一不怕苦，二不怕死”的精神体现了英雄王杰对祖国、部队和人民的大爱，而“弘扬王杰精神，践行励志教育，培养报国之才”这一办学理念的提炼，既来源于学校的历史传统，又吸收了现代先进的教育思想，有着丰富的内涵。“弘扬王杰精神”强调的是对这所五十多年老校优良文化传统和光荣革命传统的传承，是对一代代优秀教师的严谨教风、一代代优秀学子的勤勉学风的汲取。“践行励志教育,培养报国之才"则体现了这所现代化学校崭新的育人理念和管理理念,也是对新时期党和国家教育方针的个性化表述,体现了学生全面、个性化和谐发展的需求和教师专业化发展的需要。

2. 教师学生观的定位与形成。在"弘扬王杰精神,践行励志教育,培养报国之才"的办学理念的引领下,教师更加关注学生的全面和谐发展,更加关注学生主体精神的培养,更加关注学生情感体验和心理健康。教师在人才观上也有新的理解,帮助学生充分发掘自己的潜力,发展他们的特长和个性,使之具有正确的价值准则和伦理道德,具有一定的人文精神和科学素养,具有创新精神和实践能力,具有良好的身体和心理素质、审美情趣、劳动观念和技能,从而能够适应未来社会发展的需要。

3. 学校管理观的定位与形成。校长不仅仅是行政上的领导者,也是引领教师发展、学生发展和学校发展的指导者,更应是学习型学校的建设者和优质教育资源的创造者。学校深刻挖掘王杰精神的内涵,与时俱进,理清王杰精神与"三风"建设、师资队伍建设间的联系,把王杰精神贯穿于整个管理过程之中。

学校以弘扬王杰精神为主题的励志教育活动开展得有声有色,逐渐形成了以王杰精神育人的鲜明的德育特色,获得了同行的认可,收到较好的社会反响。徐州电视台、《徐州日报》等媒体多次予以报道。2009 年初,徐州市德育工作现场会在我校召开,先后有四十余家兄弟单位来我校参观学习。同年,学校成功创建成为江苏省三星级普通高中,完成学校几代人的夙愿。

2009 年下半年,中国教育报、中国教育新闻网举办首届全国教育改革创新奖评选,笔者作为候选人之一被推荐参加评选。推荐词是"李桂强:用'王杰精神'励志。作为一所以革命烈士王杰名字命名的学校,学校拥有一个不可替代、不可移植的教育资源——'王杰精神'。近年来,江苏省徐州市王杰中学校长李桂强认真挖掘'王杰精神'的内涵,确立了学校的校训和'三风',紧紧围绕'王杰精神'和学校优秀的革命传统开展教育,充分利用'王杰班'的品牌进行励志教育,积极组织以'王杰精神'为主题的系列教育活动,积极利用特有的德育资源,努力拓展德育空间,注重德育课程的开发,并逐步形成了特色校本课程体系。学校先后开发了《王杰在我心中》《励志教育系列读本》等特色性校本德育课程,举办了励志教育成果展,励志教育进社区等活动,受到了教育主管部门和社会各界人士的高度评价。在这一过程中,李桂强本人也得到了锻炼,先后获得了'江苏省特级教师''徐州市拔尖人才'等荣誉称号。"①

二、对府学文化的弘扬

2013 年 8 月,笔者被调到徐州二中担任校长。学校前身为徐州府学宫,基于学校厚重的办学历史,带领团队重点挖掘府学文化,大力弘扬优秀传统文化。学校在"扎文

① 详见中国教育新闻网·信息频道,2009 年 9 月 1 日,及《中国教育报》,2009 年 10 月 16 日。

化之根 育栋梁之才”的愿景下，坚持“守正、出新”的办学理念，秉承“贵仁、励学”的校训，努力为实现“建设一所优秀传统文化与现代文明相融合，有特色、高质量的全国知名高中”的发展目标而奋斗。2014 年成为“教育部教师教育协同创新中心项目示范学校”，2015 年晋升为江苏省四星级普通高中，2016 年被评为“江苏省文明校园”，2017 年先后被评为“教育部国防教育特色学校”“江苏省体育项目传统学校(围棋)”“徐州市游泳特色学校”。

经过多年的努力，学校探索出“一体多翼”的办学路径，逐渐形成“儒雅教育”办学特色，其中“一体“即为“儒雅教育”，“多翼”主要指：

以“四雅德育”为抓手，注重学生养成教育，培养现代儒雅人。学校开展“文明礼仪健康月”“书香校园建设”“重温传统文化”等系列活动，培养学生的雅言、雅行、雅仪、雅好。

以围棋为抓手，弘扬优秀传统文化，打造儒雅教育品牌。学校成立了全省首家学校棋院——大成棋院，2014 年成为江苏省围棋文化课程基地，2017 年评为江苏省体育传统项目学校(围棋)。培养了以围棋世界冠军芈昱廷、柯洁为代表的大批优秀棋手。

以游泳为抓手，倡导健康生活，丰富儒雅教育内涵。学校是徐州市游泳特色学校，坚持普及与提高相结合，重点打造游泳特色项目，加强体育与健康学科建设，强化对学生运动能力、健康行为、体育品德等体育学科核心素养的培养，培养了以世界冠军张雨霏为代表的一批游泳健将。

以校本课程为抓手，补益课堂教学，形成儒雅教育课程体系。学校从文史、科学、艺术、体育等方面构建儒雅教育校本课程体系，其中具有代表性的校本课程有《府学宫文化与二中》《楹联与楹联文化》《论语阐释》《儒家诸子介绍》《中国茶文化》《围棋与东方智慧》《游泳与健康》《古筝》《中国画欣赏》《未成年人文明礼仪养成教育读本》《传承府学，有你有我》等。

以加强外语教学为抓手，创造多元发展路径，拓展儒雅教育国际视野。学校现为徐州市外国语特色教学基地、徐州市“中国——意大利‘马克·波罗计划’”唯一基地单位，学校采取英语、日语教学并行策略，2018 年高考获省日语单科成绩第一名。

以教育信息化为抓手，助力学生核心素养培养，奏响儒雅教育时代旋律。2017 年学校教学改革实验项目“基于云课堂培养学生核心素养”入选江苏省基础教育前瞻性教学改革实验项目。

三、光大学校已有特色项目

在徐州二中悠久的办学进程中，逐渐探索出一些颇具特色的项目，其中最为突出的项目有两个，一个是围棋，另一个是游泳。

自 20 世纪 80 年代起，学校就开展了游泳特色活动。近年来，学校的游泳特色项目更是得到了市教育局、体育局的高度重视和大力支持，学校新校区建有徐州市唯一的校内游泳馆,游泳馆建筑面积为1200平方米,设有标准六泳道,常年恒温。良好的硬件设施为游泳特色活动的健康发展打下坚实的物质基础。

英国教育家洛克说过:“健康之精神寓于健康之身体。”基于学校在游泳方面多年的探索,学校把光大游泳特色项目作为推动学校素质教育的重要突破口来抓,专门组建特色项目领导小组,由校长亲自挂帅抓落实。我们提出“以游泳为抓手,倡导健康生活,丰富儒雅教育内涵”的发展思路,通过“浸入式”游泳与健康校本课程的开发,进一步做强游泳特色项目,加强体育与健康学科建设,强化对学生运动能力、健康行为、体育品德等体育学科核心素养的培养。

“要学会游泳,就必须下水”,这是对“浸入式”最简单的解释。“浸入式”首先强调的是体验和直接参与,这与新课程标准所倡导的课程要高度重视学生的体验式、参与性是一致的。其次,“浸入式”游泳与健康课程注重创设环境氛围,为学生的参与、体验提供良好条件,潜移默化,由浅入深,逐渐“浸入”,使他们的身体、心灵、审美得到滋养,综合素养得到提升,从而丰富儒雅教育内涵。

(一) 项目创意

1. 弘扬中华水文化。源远流长的中华文化从一开始就孕育着思想内容丰富的水文化。《易经》之水篇的“大一生水”即“天生一,一生水,水生万物”。水,在中国文化中衍生出了许多独特的道德、哲学思想,在儒释道中也都有所体现。水中,有道意,有儒风,有禅意。老子曰“上善若水”,孔子曰“智者乐水”,禅语曰“善心如水”。中国的水文化至今仍然作为一种生活智慧指导着中华民族的繁衍生息。

中华水文化是中国优秀传统文化的重要组成部分,从某种意义上来说,水是认识中国历史的一个关键,中华水文化是树立中国文化自信的核心和基础。我们通过“浸入式”游泳与健康课程的开发与实施,引导学生了解中华水文化,树立中华文化自信,进而传承和弘扬中华优秀传统文化。

2. 为学生终身教育奠基。社会经济的发展催生了终身教育理念。终身教育是指人们在一生各阶段当中所受各种教育的总和,终身教育思想成为很多国家教育改革的指导方针。俗话说:“身体是革命的本钱。”“终身体育”是伴随着“终身教育”的概念产生的。终身体育作为一种完整的现代体育思想,其基础来自两个方面:一是人体自身发展,需要体育锻炼伴随终身;二是终身体育是现代社会发展的需要。

学校体育是终身体育的基础。高中生是青春发育期的关键时期,也是有目的、有计划、系统地全面锻炼身体,促进身心健康,掌握体育知识技能,养成健身习惯,培养体育意识的重要时期。在这个时期,身体生长发育得如何与健康理念能否牢固树立,直接影响着人的一生。学校以游泳为抓手,通过游泳与健康知识、技能的研修,帮助学生树立终身体育锻炼的健康理念。

3. 使学生学会健康生活。现实中,中国青少年体质健康问题突出。如,肌肉软、关节硬、动作笨、一站就晕成了当下很多中小学生的真实写照。2012年,中国教育科学研究院发表的《我国青少年体质健康发展报告》表明，我国学生体质健康问题仍然突出，主要有超重和肥胖现象严重，近视发生率继续增加，速度、力量素质增长趋于停滞，耐力素质低谷徘徊，血压调节机能不良比较普遍等。该报告指出，影响青少年体质健康的原因很多，其中之一是：体育不能按国家规定严格实施，导致学校体育课程不能开齐开足，学生正常体育活动时间被挤占；体育课程缺乏科学设计，脱离学生生长发育规律，大大削弱了锻炼效果。

科学研究表明，游泳在增强心肺功能、提高学生耐力和柔韧性方面具有其他运动项目无法比拟的优势。游泳可以促进心血管系统的发育，这一点是其他运动项目不可替代的。高中阶段的学生进行游泳锻炼是发展学生有氧耐力素质的有效途径，体育界的许多专家认为，游泳在所有耐力运动项目中是最好的一种。游泳还可以帮助缓解压力和抑郁。高中生因升学压力比较大而容易产生精神萎靡、失眠、神经衰弱、记忆力下降等心理问题。心理专家指出，内啡肽是一种感觉良好激素，可以改善人的情绪，而游泳能有效刺激内啡肽的分泌，帮助学生缓解学习压力。而相关研究证实，游泳还可以通过一种被称为海马神经再生的过程来帮助恢复因压力而受损的大脑功能。所以，游泳不仅能增强学生的体质，还能有效缓解学生的压力。我们通过引导学生研习“浸入式”游泳与健康校本系列课程，让学生体验运动的快乐，养成健康习惯，为选择健康的生活方式提供支持和帮助。

4. 使学生掌握生存技能。一直以来，中小学生溺亡人数居高不下。据国家卫计委和公安部门的统计显示，我国每年因溺水身亡的儿童高达2万人。2017年2月17日，教育部基础教育司在《致全国家长的一封信》中写道，溺水是造成中小学生意外死亡的第一杀手。2017年海南省的一项调查显示：作为一个临水大省，竟然近八成学生不会游泳，女生不会游泳的比例更是高达94.7%。根据江苏省教育厅提供的数据，每年全省溺水而亡的中小学生人数占非正常死亡人数的40%左右。无论造成溺水事故的最初原因有哪些，归根到底是由于他们不会游泳而造成的。

由此可见，游泳不单是一项体育运动，更是一项生存技能。2013年，教育部就要求有条件的地方或学校要普及游泳教育，提高学生自救自护能力。世界上不少国家都将游泳列为青少年必修的运动项目，要求每个学生从小掌握游泳技能，其主要目的就是为了保障生命的安全。对于高中学校而言，在学生即将成人的最后学段，为尚未掌握这项求生技能的孩子普及游泳教学就显得刻不容缓。

（二）建设目标

一是通过游泳与健康课程资源开发、建设、实施，构建独具特色的游泳与健康课程体系，建设游泳与健康课程文化。二是通过学生在游泳与健康课程的“浸入式”体验、参与，拓宽学生实践的有效途径，促进学生强健体魄和健康心理的塑造，提高学生综合素质。三是通过创建“浸入式”游泳与健康课程，进一步提升学校的办学水平，形成可以辐射全省乃至全国的“儒雅教育”特色品牌。

（三）建设内容

1. 课程规划。近代以来，中国教育从“三育”到“五育”的嬗变，都强调体育在“人的全面发展”中的地位至关重要。“健康生活”是中学生核心素养中的重要素养,应当成为我们的教育追求。基于此,“浸入式”游泳与健康课程建设的愿景为:不仅注重培养学生的游泳技能,更注重学生强健体魄的塑造和健康生活理念的养成,同时也关注学生健康心理的发展。我们希望通过学生在活动中的“浸入式”体验、参与,促进学生强健体魄和强大精神的塑造,提高学生综合素质,为将来的终身发展奠定坚实基础。

“浸入式”游泳与健康课程开设原则是:全员参与,注重体验。至高中毕业前,每个学生至少学会一种泳姿。

2. 课程结构。“浸入式”游泳与健康课程结构主要有三种形态:场馆课程、社团课程和主题活动课程。场馆课程包括游泳的起源和传说、游泳历史发展简析、游泳风云人物榜、各种泳姿的学习等;社团课程包括游泳与健康、游泳运动学初步、游泳与美学、游泳中的科学原理、毛泽东等伟人与游泳、游泳裁判知识、游泳比赛赏析等;主题活动包括水中健美操、水中瑜伽、游泳与健康沙龙、游泳与健康文化节、校园游泳联赛、游泳对外交流活动等。

表 3　徐州二中开设游泳与健康课程及教学安排

课程形态	课程名称	选修方式	开设年级
场馆课程	游泳的起源和传说	必修	高一
	蛙泳	必修	高一
	游泳历史发展简析	选修	高一
	游泳风云人物榜	选修	高一、高二
	水文化中的文学	选修	高一、高二
	水文化中的哲学	选修	高一、高二
	仰泳	选修	高二
	自由泳	选修	高二
	蝶泳	选修	高二
社团课程	游泳与健康	必修	高一
	游泳运动学初步	必修	高一
	游泳比赛赏析	选修	高一、高二
	毛泽东等伟人与游泳	选修	高一、高二
	游泳与美学	选修	高一、高二
	游泳裁判知识	选修	高一、高二
	游泳中的科学原理	选修	高一、高二

续表

课程形态	课程名称	选修方式	开设年级
主题活动课程	水中健美操	选修	高二
	水中瑜伽	选修	高二
	游泳与健康文化节	必修	高一、高二
	游泳与健康社团活动	选修	高一、高二
	游泳与健康沙龙	选修	高一、高二
	校园游泳联赛	选修	高一、高二
	游泳对外交流活动	选修	高一、高二

3. 实施路径。“普及与提高相结合”是我校开展“游泳与健康”特色项目建设的总原则。一是上好游泳课。2006 年 9 月以来，我校在市体育局的支持下，将游泳课列为校本必修课，每周开设一节游泳课，选派专职教师上课，把握好普及游泳的第一环。课外活动安排班际游泳比赛，以比赛促提高，用比赛调动学生进行游泳锻炼的积极性，这也是巩固课堂教学成果、普及游泳的重要一环。二是抓实游泳队的训练。利用课余和寒暑假的部分时间，选拔在普及基础上显露出来的苗子，由兼职教练和外聘教练进行针对性培训，以此来进一步提高他们的游泳水平。在此基础上，我校每个学期举行一次全校性的游泳比赛，以推动活动正常开展，促进学生游泳水平不断提高。

近年，我校在各级各类游泳比赛中取得了不俗的成绩。自 2010 年以来，我校学生在游泳项目上有 21 人达国家二级运动员标准，9 人达国家一级运动员标准，2 人达健将级，58 人次进入省级大赛前六名，26 人次获得前三名。连续十多年蝉联徐州市游泳比赛团体冠军。先后向市游泳队输送运动员 30 余人，向省队、部队输送 6 人，向国家队输送 2 人。其中，世界冠军张雨霏成为我市近十年第一位游泳国手。

四、校长当因应学校历史而积极作为

心存敬畏，并非让人无所作为。相反，有敬畏之心者大有作为，有敬畏之心者必荣于人。只有这样，心存敬畏才更有意义。面对学校厚重的办学历史，校长当有积极作为。我们曾认真梳理了有关组织管理方面的资料，其中，“BPR”理论引起了我们的兴趣。该理论从诞生之日起，就以其思想的先进性和变革的彻底性成为管理理论界和实业界关注的热点。我们认为，在学校发展过程中，“BPR”理论也可以给办学成功或陷入困境之后的学校提供学校发展的理论指导。在实践中，有许多个性鲜明的学校发展策略，客观上是符合“BPR”原理的。寻求学校发展的“BPR”理论，对于提高学校管理的效能和不断超越自我，具有重要的现实意义。近几年，我们在学校改进过程中，尝试借鉴“BPR”理论，实践表明，学校发生了一系列积极的变化，整体办学水平得到较大提升，得到教育行政部门的肯定和社会各界的好评。

(一)"BPR"理论及其对学校发展的启示[①]

1. "BPR"理论简介

1993年,美国学者哈默和钱皮(Michael Hammer, James Champy)共同发表了《企业再造》(Reengineering the Corporation),这本再造理论的奠基之作迅速在全球企业管理界掀起了再造热潮。他们提出的"业务流程再造"(BPR, Business Process Reengineering)就是要针对竞争环境和顾客需要的变化,对业务流程进行"根本的重新思考"和"彻底的重新设计",再造新的业务流程,以求在速度、质量、成本、服务等各项指标上取得显著的改善。BPR追求的是一种动态的"最佳企业实践"状态,实施BPR的企业必须是一个不断引进和吸收不同的管理思想和方法并做出相应改进的学习型组织。BPR突破了传统的劳动分工理论的思想体系,为企业经营管理提出了一个全新的思路,进而引发了一场管理革命。

那么,究竟何谓BPR?哈默博士认为,BPR是在对企业流程进行分析的基础上,对其重新设计以获得绩效上的重大改善的活动。它主要有以下特点:(1)BPR是一项战略性的进行企业重构的系统工程。具体而言,BPR借助了工业工程技术、运筹学方法、管理科学、信息技术等多项现代社会人文科技手段,从业务流程、组织结构和企业文化等方面对企业进行系统重构。(2)BPR的核心是面向顾客满意度的业务流程。首先,BPR摈弃了职能导向的管理思想,确立了以"最大限度满足顾客需求"的流程为核心的组织形式,使员工由被动的服务提供者变为主动的服务创造者,大大提高了员工工作的主动性和积极性,从根本上确保了企业整体服务水平的日趋完美。其次,BPR压缩了科层组织中的管理层级,缩短了高层管理者与一线业务员工、顾客之间的距离,有助于企业贴近顾客群,直接获取他们对产品的真实反馈意见和最新需求信息,准确预测市场动向并及时进行经营决策调整,以提高顾客满意度。再次,BPR将市场导向的全面质量管理思想贯穿于企业上下,激发了员工自身对确保产品与服务品质这一工作的投入意愿,从而最大限度地保证产品质量的全面提升。(3)BPR的要素是目标、技术和人。BPR的核心任务是要将技术和人这两个关键要素有效运作在业务流程的再设计与重构活动之中,从而推进企业组织的技术性和社会性发生适应企业整体绩效改进和长远发展的改变。有研究表明,推进BPR的力量来自于企业基层和各层级员工间的交叉互动式学习。因此,推行BPR的先决条件是培育一个有助于鼓励学习,特别是从失败和不断革新中学习的企业环境。

2. BPR对学校发展的启示

启示一,以顾客为中心的原则启示我们应将学生的发展置于学校发展的核心位置。学校最根本的生命意义是学生的发展。学校的目的不应该是单一地传授知识,而应该

---

① 李桂强:《学校发展的"BPR"理论研究》,中小学校管理(人大复印资料),2005年第4期。

是最大限度地促进学生的发展，这也是新课程改革的总目标。因此，学校应该成为学生发现自己潜能的地方，也应该成为学生获得最大帮助的地方。当然，正如企业以最大限度满足顾客从而使企业自身也得到发展一样，学生的发展并不意味着必须牺牲教师的发展，恰恰相反，只有教师得到了真正的发展，学生才能得到真正的发展。

启示二，全面关注业务流程的系统化启示我们在学校发展中，首先应注重"流程"。BPR 强调"组织为流程而定，而不是流程为组织而定"，一个流程是一系列相关职能部门配合完成的，对"流程"运行不利的障碍要被清除，职能部门的意义将被减弱，多余的部门及重叠的"流程"将被合并。其实，在学校中又何尝不是如此？当下，学校深化内部体制改革的力度越来越大，其中重要的一条是要因事设岗，而不是因人或部门设岗。其次，应使用绩效度量和整体最优原则，关注学校办学整体效益最优，关注学生的全面发展。再次，应借助最新信息技术成果，以最大限度地实现信息实时共享基础上的集成管理，进而利用最新信息技术成果实现教育教学的高效率和高效益。

启示三，要自上而下，将教师培养成为面向顾客（主要是学生、家长和社区）需要的专家。这里主要指以下几点：一是强调校长的积极参与和大力推进。校长应该善于把以人为本的思想和任务导向的目标统一起来。同时，校长的风格应是互动型和非命令式的。二是强调培养一个团结的、综合力与示范效应强的再造团队。三是提高学校管理者与全体教师的综合素质。

启示四，快速变化的教育环境，要求学校组织要更富有弹性，并大力提高组织整体的综合效能。要在组织中真正充分地下放权力，降低决策层级，将决策点置于流程内部，从而达成纵向压缩组织，使组织扁平化和充分发挥每一位教师在整个学校流程中的作用。要创设学校上下的团队合作和并行的工作氛围。这至少需要做到以下三点：一是每位教师在工作中不仅要执行上级的命令，更重要的是积极地参与，起到决策与辅助决策的作用；二是组织团队并不完全按行政组织来划分，而主要是根据业务的关系来划分；三是团队工作的基本氛围是信任，以一种长期的监督为主，而避免对每一步工作的稽核，才能提高工作效率。

启示五，在竞争环境持续变化的情境中推行变革管理和知识管理。如众所知，现在的世界已进入了一个急剧变革的年代，"变"是唯一不变的真理。所谓变革管理，一是能快速适应科学技术、教育环境的急剧变化，不断进行观念创新、战略创新、制度创新和组织创新，把创新渗透于管理过程之中，作为经常性的主要管理职责；二是每个管理者都应成为勇于革新者，共同为全体教师充分发挥创造才能建立新的机制；三是学校应个性化，即特色化，在激烈的竞争中一味模仿别的学校是难以生存的，成功的学校必将是具有个性化特征的变革型学校，他们不断创造出与众不同的"产品"和独具特色的管理方式。显然，一个有创新力的学校一定是一个有效率的学习型组织，其创新力来源于强有力的知识管理，知识管理的作用在于培育和提高组织内部个人和集体的创造力。

启示六，BPR 给学校带来了许多新的机遇和挑战，精心设计的 BPR 架构将会全面增强学校的生存力和竞争力。第一,学校发展的 BPR 在我国中小学管理中是客观存在的,尽管目前在理论界与实践中尚无人系统地探讨过这一问题,但实际上,许多成功学校的发展策略在客观上是符合 BPR 理论的。第二,校长要不断寻求学校发展的新的生长点——实施 BPR 策略。当下,社会变革的速度逐渐加快,任何一所学校办学模式或经验的有效性周期正在缩短,与此同时,社会却对学校的人才培养、办学质量提出了越来越高、越来越多样化的要求。如果学校不能适时地转入 BPR,那么,就将会丧失发展机遇,处于被动地位。

(二) 学校发展的 BPR 理论界定

什么是学校发展的 BPR 理论?借鉴企业发展的 BPR 理论,我们可以这样定义:学校发展的 BPR 就是学校管理者以组织核心竞争力为重点,对学校教育教学流程和组织结构进行根本性的再思考和再设计,以达到学校绩效的巨大提高的策略。

显而易见,学校发展的 BPR 理论与企业的 BPR 理论有一定的相似之处,但二者并不完全一样。因为学校与企业所处的内外部环境毕竟多有不同,所以,学校与企业的 BPR 方式也就有可能相去甚远。一般地,企业实现 BPR 往往是突变式的、跨越式的,而学校达到 BPR 则往往是渐变的,是在原有基础上的扬弃和发展。

(三) 影响学校发展的 BPR 理论实施的因素分析

1. 有利于实施 BPR 的因素分析。一般说来,对于大多数学校而言,下列因素的存在必将有助于 BPR 的成功推进:第一,校长真正认识到变革的需要,并且学校领导层认识一致或趋于一致;第二,鉴于 BPR 是一个过程,因此,校长要有进行一种长期变革的较强烈的愿望,并且有学校发展的战略引导;第三,校长与教师都能够以一种开放的心态听取内外咨询顾问对于学校发展的关键性假设;第四,学校要有健全的管理机制,成员间还要有一定的信任与协作;第五,组织为流程而定,而不是流程为组织而定。

2. 不利于 BPR 实施的因素分析。实施 BPR 的过程中往往伴随着大量的风险,因此,如何准确地衡量 BPR 的进度与成效,及时地识别到实施 BPR 可能失败的征兆,在实践中不仅是一项复杂的工作,也是一项非常必要的工作。实施 BPR 的不利因素主要有:

一是错误地选择时机或缺乏实施 BPR 项目的必要条件。这是导致 BPR 项目失败的根本原因。譬如,学校缺乏上一级教育行政主管部门的支持或参与;大多数教师对 BPR 项目不了解,或有着不切实际的期望,或存在着普遍的抵制情绪等诸如此类的现象,都意味着当前并不是学校实施 BPR 项目的适当时机。

二是 BPR 的发起者或倡导者的行为超出其职权范围或不符合学校文化所容忍的限度。特别是当组织明显存在以下因素时,可能意味着当下的环境并不是一个合适的实施 BPR 或引入其他组织改进或变革方案的好时机。其一,一个远离顾问或过于沉溺于现实的校长是无法感觉到变革需要的,他往往一意孤行,拒绝接受应该变革的意见,更喜欢维持现状。其二,组织成员之间互不信任,特别是当此现象普遍存在于学校决策层时，则情况会更糟。

三是假若一所学校已经具备了实施BPR的充分条件，但是在实施过程中也可能受挫。这有两种可能：一是低估了变革的阻力，其恶果大多以组织的变革活动失去方向感，或发生全局性溃败的形式表现出来；二是无法有效激起教师对BPR的持久的参与热情与积极性。

(四) 学校实施BPR的策略及误区

1. 需要实施BPR的三类学校

借鉴企业实施BPR的经验来看，我们认为，需要实施BPR项目的学校大体可分成三类：

第一类，积重难返的学校，即我们平常所说的薄弱学校。这类学校往往身陷困境而不得不准备背水一战，期望借助一套突破性的管理改进方案，冲出困境。这里所说的"困境"，可能是学校办学成本过高，可能是学生合格率太低，也可能是学生、家长和社区已经对学校办学怨声载道或到了忍无可忍的地步。尽管薄弱学校的成因比较复杂，但此时，坚决彻底地推进根本性的学校再造当是学校唯一的出路。

第二类，目前尚可但即将或有可能陷入困境的学校。这类学校日子还过得去，当前的办学状况甚至还是令人满意的。然而，倘若从学校长远发展的角度思考问题，就有可能会预见到在不远的将来便会有"暴风骤雨"的降临，或感觉到某些潜在的不确定因素将给学校带来危机，这种危机甚至有可能威胁到学校以往的成功基业。在这种情况下，有远见、能未雨绸缪的校长就会在学校即将走下坡路、步入逆境之前，适时推行BPR，以改进学校发展过程中的薄弱环节，提高学校的整体素质和综合竞争力。

第三类，目前处境良好，但希望把竞争对手远远甩在后面的学校。这类学校目前正处于巅峰时期，不要说眼前没有困难，即使是在可以看得见或想得到的将来也不会有什么大的问题。如果这类学校的校长能够不安于现状而锐意进取，那么推行BPR将被看作是持续培育学校竞争优势和提升学校绩效的卓有成效的战略性手段，从而使学校真正做到把竞争对手远远甩在后面，使自身的优势地位与影响力得到进一步加强与巩固。

2. 实施BPR的误区

误区一，认为BPR是对组织机构进行从头开始的全面改造，应做到完美无缺。事实上，BPR确实需要进行有必要的组织机构调整，使组织更趋于合理、完善，但并不追求完美无缺或绝对化的全面改造。

误区二，认为BPR是压缩组织规模，裁减教师，进而以更少的资源做更多的工作。事实上，BPR是为了提高工作效率而压缩组织规模，裁减教师并不一定能够提高效率。BPR是通过过程创新、教师之间协调工作和敏捷化的组织机构，实现学校的高效运作。

误区三，认为BPR可以彻底地消除一切问题。事实上，BPR是一个长期的、不断渐进的过程，不可能在一夜之间实现。

误区四,认为 BPR 会引起学校的混乱和教师的焦虑情绪。事实上,不实施 BPR,上述现象也未必就不存在。在实施 BPR 过程中,系统的培训与沟通可以有效避免此类情况发生。

3. 学校发展的 BPR 理论实施之路

针对如上所述可能存在的误区,实施 BPR 的学校应该坚决秉承以下思路:

(1) 注重在“突破性”再造与连续性改进中寻找均衡。事实上,连续性改进是和上述思想一致的,其目标都是要通过不同形式的流程优化,改善学校与学生、家长和社区之间的关系,提高学校运营绩效,塑造学校竞争优势。从这一原则出发,突破性再造与连续性改进都只是 BPR 的手段,在 BPR 的不同阶段和不同环节上,二者应该互为补充。例如,对于根本不利于学校教育教学的流程,必须进行彻底地、根本性地再造;而对于尚有潜力可挖的流程,或者在 BPR 项目基本达到目标而仅需要不断寻求局部更新以保持过程的先进性的情况下,连续性改进当是更合理的选择。

(2) 注重将 BPR 项目规划中的战略性和执行运作中的战术性统一起来。毋庸置疑,依托清晰的学校战略规划和高度认同的组织文化,明确设定 BPR 项目的展开步骤和各部门的具体再造任务,对于成功实施 BPR 而言,显得尤为重要。否则,在实施过程中,BPR 解决方案往往会被篡改为一系列的战术性活动进行展开,这必然会导致 BPR 的成功率不高。

(3) 注重发挥以下三个方面对学校再造所起的积极作用:广泛的知识共享,有针对性的系统培训,根据再造项目的进度开展的校内外沟通活动。

(4) 将一线教师放在再造工作的中心地位,这包括充分发挥个人管理的能动性,并促成良好的团队合作。首先,面向顾客,即学生、家长和社区,是学校开展业务运作的基本原则。其次,面向教师——让教师了解学校的经营哲学和近期、中期及远期发展目标,激发教师个人的管理意愿,赋予教师更多的自我决策的回旋余地,这些都有助于学校获得源源不断的再造动力。再次,校长应该将促进、激励教师和为教师提供支持性服务视为自己的首要任务。而培养教师和团队的学习能力和创造力,也将成为优秀校长的必然使命。此外,一个充满平等精神的校长,无疑会对构建一个柔性的、面向团队和业务流程的学校起到非常积极的作用。

(5) 在特定阶段,有选择地引进“外脑”是学校实施 BPR 的助推器。学校可以采取聘请教育系统内外的有识之士及有智之士担任办学顾问来促进学校发展。有选择地引进“外脑”的好处:一是“外脑”不仅了解先进的管理理论与技术的最新发展,而且对学校的管理与运作有着丰富的经验与深刻的认识,同时,在业务实践中积累了宝贵的实施经验,从而保证了许多易犯错误被消灭在萌芽状态;二是“外脑”从局外人的角度更容易识别、促进与推动学校业务流程的改进,为学校带来理念更新、业务衔接、制度保障等多方面的综合提高;三是对学校实施 BPR 的质量进行监控。

我们认为,BPR 不仅是一种技术,更是一种思想的结晶。在竞争愈演愈烈的当今社会，教育改革也必将越来越向纵深发展，在审慎地考察学校办学历史渊源的基础上，有效地实施 BPR 将成为学校提高竞争力的必然手段。

第二节　调适：学校文化建设中的时代脉搏

2015 年，联合国教科文组织发布了《反思教育：向“全球共同利益”的理念转变？》的报告，该报告指出：“《富尔报告》和《海洛尔报告》对于世界各国的教育政策无疑具有启发作用，但我们现在必须认识到，自 20 世纪 70 年代乃至 20 世纪 90 年代以来，全球智力格局和物质基础都发生了翻天覆地的变化。21 世纪的第二个十年标志着一个新的历史节点，给人类的学习和发展带来了新的挑战和新的机遇。”①

毋庸置疑，教育与社会发展是密切相关的。首先，教育随社会的发展而发展。在每一个社会中，教育的发展水平都是该社会诸方面综合作用的结果，也是这些方面发展水平的综合反映。人类社会的发展是人类不断地从各种力量的奴役下逐渐解放出来的过程，因此，教育也循着同样的螺旋式上升的路线发展着。历史表明，社会诸方面对教育的作用在不同的历史时期和不同的国家里是不平衡的，并循着一定的趋向变化，这是社会与教育在共同发展中表现出来的第二个规律性的联系。当然，历史也表明，社会与教育的关系不是单向的作用，而是双向的相互作用，如果从教育对社会反作用的角度看，那么可以得出这样的结论：教育对社会的反作用与社会发展水平成正相关。越是现代化、越是进步的社会，对教育的需求越大，教育对社会的反作用也越大。就总体趋势而言，社会对教育的依赖性越来越大，与此同时，教育对社会的反作用从方向上看，也由更多地为继承、传递、保存人类已有的传统与文化服务，转向更多地为变革现实及未来社会的发展创造条件。最后，教育与社会的联系并非只是直接的、简单的吻合，而是需要一定的转化机制；在发展时间上不可能完全同步，存在着一定的时间差；在表现形式上，教育也有不同于社会的独特性。因此，从社会的角度看，不仅应为教育发展提供社会条件、良好生态，而且应尊重教育的相对独立性，用法律等有效形式，保障教育按其内在的规定性与逻辑实现健康发展。在现代社会，尤其要处理好教育与社会的关联性和相对独立性的关系问题。②

校长作为一所学校的主要管理者，在很大程度上决定了学校发展的走向，在充满变革的当下，校长要紧扣时代变化的脉搏，敏感于社会变迁对教育带来的挑战和机遇。

---

① 联合国教科文组织：《反思教育：向“全球共同利益”的理念转变？》，教育科学出版社，2017 年，第 7 页。

② 叶澜：《教育概论》，人民教育出版社，1999 年，第 96 页。

一、我们正处在教育发展的重要战略机遇期

当今世界面临着百年未有之大变局，国内外形势发生着深刻复杂的变化。在中华民族伟大复兴的时代背景下，新时代中国社会主要矛盾已经转变为人民日益增长的美好生活需要与不平衡不充分发展之间的矛盾。

一个国家、一个民族要赢得主动、赢得优势、赢得未来，就必须敏锐发现机遇，紧紧抓住和用好机遇。党的十九大指出，国内外形势正在发生深刻复杂的变化，我国发展仍处于重要战略机遇期。这是党中央全面分析形势和任务得出的重要结论。尽管世界大变局充满着风险与挑战，但和平与发展仍然是当今时代的主题，我国在解决各种世界性难题中的作用不可替代，经济全球化的历史大势不可逆转，我国在主要科技领域和方向上有着重要的一席之地，各国对我国市场等方面的依赖全面上升。正因此，我国发展仍处于并将长期处于重要战略机遇期的基本判断是正确的，时与势在我们一边。①

其实，早在 2002 年，党的十六大就指出，21 世纪头 20 年，对我国来说是一个必须紧紧抓住并且可以大有作为的重要战略机遇期。“所当乘者势也，不可失者时也。”时代的发展和变迁给中国教育带来了巨大的机遇和挑战。

从教育的战略地位看，优先发展教育，建设人力资源强国，办好人民满意的教育，成为我国教育改革发展的时代主题和重要任务。这集中体现了中央对教育在国家未来发展战略布局和经济社会发展战略中的地位的深刻认识和基本要求。

从经济发展的大趋势看，我国现在已进入全面建设小康社会的发展阶段。这个阶段将是工业化、城镇化快速推进的时期，自主开放经济的时期，社会关注公平正义的时期，也是产业结构优化升级的阶段，提高自主创新能力的阶段，消费从生存型向发展型提升的阶段。在我国社会从生存型向发展型大转变的时期，如何适应这一转变，满足社会需要，是教育发展面临的新课题。

从世界教育发展新趋势看，20 世纪末以来，公平正义越来越成为备受国际社会关注的重要话题，教育公平日益成为教育现代化的基本价值，成为世界各国教育发展的基本出发点，尤其是教育均衡发展成为世界上许多国家制定教育政策的基本原则。就我国教育发展而言，目前还存在着教育需求与教育供给不足，人民群众渴望接受优质教育与优质教育资源不足的矛盾。教育要不断上水平、上台阶，在更大范围、更高程度上满足人民群众的教育需求，为全面建设小康社会作出新贡献，必须逐步缩小教育差距，坚定不移地促进教育公平，走均衡发展之路。

概括地说，我国教育事业的发展已经进入了全面提高质量的新阶段，进入了推进教育公平的新阶段，进入了建设人力资源强国的新阶段。②

---

① 人民日报评论员：《正确认识我国发展的重要战略机遇期》，人民日报，2018 年 12 月 25 日。

② 翟博：《紧紧抓住教育发展的重要战略机遇期》，中国教育报，2011 年 4 月 12 日。

二、对新课程改革的若干思考

课程是实现教育目的最重要的途径，是组织教育教学活动的最主要依据，是集中体现和反映教育思想和教育观念的载体，因此，课程居于教育的核心地位。国家从2000年前后开始实施第八轮课程改革，本轮课程改革的背景主要有四：一是国际竞争日趋激烈；二是人类生存与发展面临着诸多困境；三是世界范围内大规模基础教育改革浪潮的推动；四是国内基础教育阶段的现有课程体系不适应素质教育发展需要。20世纪80年代以来，国家接连出台一系列关于教育改革与发展的政策，如《中共中央关于教育体制改革的决定》(1985年)、《中国教育改革与发展纲要》(1985年)、《面向二十一世纪教育振兴行动计划》(1993年)、《国务院关于基础教育改革与发展的决定》(2001年)、《国务院批转教育部2003—2007年教育振兴行动计划的通知》(2004年)、《国务院关于深入推进义务教育均衡发展的意见》(2012年)、《国务院办公厅关于新时代推进普通高中育人方式改革的指导意见》(2019年)、《中共中央国务院关于深化教育教学改革全面提高义务教育质量的意见》(2019年)等。新课程改革的核心理念是关注学生发展、强调教师成长、重视以学定教等。

实践表明，国外一些主要国家的基础教育改革对本轮课程改革起到非常重要的影响。2005年前后，我们曾认真研讨过日本的课程改革，至今十多年过去了，我们认为，其中的一些观点仍然值得我们认真思考，现再择其要者梳理如下。[①]

(一) 当代日本基础教育改革概述

19世纪40年代，西方列强东进，日本被迫开放门户。从那时起至今，在日本教育史上进行了三次重大的改革：19世纪60年代，日本明治政府以天皇誓言的形式发布政府的施教纲领——《御誓言》(五条)，奠定了日本近代改革封建旧教育，兴办资本主义学校教育的基础。第二次世界大战后，日本政府在国内外的双重压力下，先后颁布了《教育基本法》和《学校教育法》等教育法规，开始了日本近代教育史上的第二次教育改革。从此，日本教育取得了飞速发展，成为日本社会、经济和文化发展的强大动力。20世纪80年代起，日本又掀起了近代教育史上的第三次教育改革浪潮，提出了以重视个性、向终生学习体系过渡和适应国际化、信息化等时代变化这样三个原则为中心的新教育理念。如果说，日本的前两次教育改革是被动的话，那么其第三次教育改革则完全是为了主动适应教育的全球化发展和自身发展的需要而展开的。

当代日本的教育改革政策，概括起来，主要有：第一，建立终身学习体制；第二，改革基础教育；第三，改革高等教育。与此推行的各项政策相适应，他们提出了教育改革的三个目标：一是培养具有宽阔胸怀、强健的体魄、丰富的创造力的人才；二是培养具有自主、自立和公共精神的人才；三是培养在国际事务中能干的人才。从中我们可以看出，

---

① 李桂强：《有关新课改中的几个认识问题——从当代日本基础教育改革谈起》，世界教育信息，2005年第1期。

当代日本教育改革有着浓厚的国家主义和能力主义的色彩。而在改革基础教育方面,主要表现在以下几个方面。

1. 改革教育内容和方法。从1991年起,以培养能够自我适应社会变化的具有丰富人格的人才为目的,日本进行了教学大纲的修订,并决定从1992年起,分年度先后在小学、初中和高中实施新的教学大纲。

2. 加强道德教育。作为一个东方国家,日本历来高度重视对少年儿童的道德教育。在这次教育改革中,要求学校考虑从根本上改进道德教育的内容,以培养具有自我生活方式的人,形成基本的生活习惯和社会所期望的人际关系,形成必要的道德性。

3. 加强学生指导和毕业出路指导。学生指导的课题不仅仅停留在学生对学校教育的不适应和问题行为这些消极方面,更重要的是要从积极的方面,即根据每个儿童的个性特点,去发掘和培养他们内在丰富的精神世界。特别是加强对学生厌学和中途退学等问题的研究和解决。在毕业出路指导方面,提出要改变偏重分数评价并以此决定学生未来出路的做法,充分考虑到每一个学生的能力、适应性及其愿望,使指导更切合学生的实际。

4. 加强高中教育改革。一方面积极进行学校和学科制度的改革,以及教学内容和方法的改善;另一方面采取措施对高中招生工作加以改进,即招生不只是看学生的学习成绩,还要把学生的适应性以及其他方面的情况考虑在内。

5. 振兴幼儿园教育。日本的学前教育在其整个教育系统中历来是比较薄弱的环节。迄今为止,仍然大约有三分之一的市镇村没有设立幼儿园。为此,日本决定作出努力,缩小地区间学前教育发展的差距,增加必要的投入,减轻家庭的经济负担,以使其学前教育能有较大发展。

6. 加强特殊教育。日本把特殊教育的目标定位为最大限度地发展身心障碍的儿童,尽可能实现其对社会的参与和自立。为了实现这个目标,强调要根据每个儿童的缺陷情况,进一步加强、做细对他们的教育,并要求其他中小学的学生和教师以及全社会都要增进对身心缺陷儿童的理解和认识。

7. 改善办学条件。日本人认为,适当的班级规模和确保必要的教职员是保障办学条件的一大支柱。日本为此而制定了每年的改善计划。对教师队伍的配备是增加了编制,对班级规模的改善是实行了小班教学,各班人数规定为40人。在改善办学条件方面,为了让学生拥有与他们的学习活动相适应的环境,日本以新增改建中小学校舍为中心,增加了经费投入,并对室外教育环境加强了设备的配备。

8. 提高教师素质。学校教育的成败在根本上取决于教师的质量。伴随日本教育的普及,从20世纪70年代中后期起,日本就把提高教师质量放在突出的位置,为此而采取了一系列的措施来加强教师队伍的建设,狠抓教师素质的提高。

9. 改进学校管理。日本人认为,一个学校确立起与教育场所相适应的基本秩序,使教育工作得以协调顺利地运转十分重要。而在其中,最重要的是发挥每个教师的积极性和创造性。为此，日本加强了几个方面的改进，如实行校务分掌制度，建立教职员服务规范，保证教职员大会功能的正常发挥等。另外，加强了学校同学生家长、当地社区的联系与协调，以及实现中小学管理队伍的年轻化等。

(二) 当代日本基础教育改革对我们的启示

从上述对日本基础教育改革的概述中，我们不难发现，在世纪之交，日本人表现出了一种超常的敏感性，在他们的当代教育改革中较早且较全面地抓住了带有全球发展趋势的问题，如教育终身化、个性化、多样化、信息化和国际化等，另外还有教育的科技取向以及教育的道德伦理取向等。我们认为，日本的基础教育改革对我们至少有以下四点启示。

1. 日本人对国际教育发展趋势的敏锐性把握是值得我们学习的。在这方面的一个突出的例子是对于终身教育、终身学习构想的反应，日本人早在20世纪60年代就开始了。1965年，联合国教科文组织在成人教育发展国际会议上提出了“终身教育”的思想，在世界各国产生了极大的影响。日本是世界上积极实行“终身教育”的国家之一，他们多次召开了相关的研讨会，在实施“终身教育”方面形成了自己的一套行之有效的政策措施。如于1990年颁布了《关于完善振兴终身学习政策措施的推进体制的法律》(简称《终身学习振兴法》)；1988年，在原有的社会教育局的基础上成立了终身学习局，制定和调整有关终身学习的政策措施；1990年设立了终身学习审议会，就今后振兴终身学习的方针政策和充实区域性终身学习机会向文部大臣提出咨询建议等。可以说，日本在20世纪90年代就已基本建立和完善了推进终身学习事业的行政体制。而我们对此则直到20世纪90年代才作出反应。

2. 把基础教育的个性化落实为各级各类教育机构、内容、形式、方法的个性化、特色化、多样化。日本人在这方面已经走了很长一段路，而我们却刚刚起步。日本的基础教育改革是以课程改革为主的。日本根据基础教育中存在的问题，诸如偏重知识教育、进行灌输式教学以及青少年犯罪现象日益增多等，提出了课程改革的基准是：(1) 培养身心协调发展、具有丰富情感的人；(2) 安排充实而又愉快的学校生活；(3) 既要重视作为国民所必须的基本知识和基本技能，又要适应学生的个性和能力，实行因人而异的教育。在课程设置上，重点是加强基础课，削减必修课，增加选修课，合并一些课程，减少课时数，避免过早的专门化。这些改革打破了日本战后四十余年来一成不变的、整齐划一的基础教育学校体系，为培养创造性的个性人才奠定了制度上的基础。另外，日本还创设了六年一贯制中学和优秀生“跳级”制度，这就使得个性化人才的培养有了体制上的保障。

3. 在基础教育国际化、信息化方面，由于其国力发达水平高于我们，且已经完成了一段行程，我们应急起直追。日本是“教育国际化”口号提出最早的国家，并且已经总结出了一套教育民族化与国际化和谐结合的好经验，这值得继续扩大开放的我国教育界借鉴。关于开展适应国际化、信息化、高科技化社会的教育，日本人认为，在培养为国际社会所信赖的日本人的同时,要研究如何培养活跃于国际社会之中的各类人才;在信息通信领域,要准备迎接多媒体时代的到来,探讨新时代下的教育方式等。

4. 对于日本人一手抓教育的科技取向、一手抓教育的道德伦理取向的做法,我们虽有共识,但在具体的落实措施上,不乏借鉴之处。日本人认为,科学技术的发展进入了信息社会这样一个崭新的阶段,要求学生的基本技能不仅仅是传统的“读写算”,而且要学会利用各种信息设备获取、选择、创造和传递信息。同时,科技的发展也带来了诸如环境、能源、科技与伦理等问题。日本文部省曾在一份报告中指出,近年来科学技术的惊人进步和经济的急速发展,从根本上对人类的存在本身提出了问题,进行建立在对人的理想样态和生活方式自觉认识的基础上的道德教育,培养能够主体性地适应未来社会变化的人,如今已成为了全民性的课题。再加上由于青少年道德等问题而出现的所谓“教育荒废”现象,引起日本社会对教育的强烈不满。为此,日本在一手抓教育的科技取向的同时,大力推行道德伦理教育,采取了一系列行之有效的新举措。例如,指定“道德教育推进校”,就如何进行校内外贯穿一致的道德教育进行研究;强化同家庭和社区的联系与合作等。

(三) 对当代日本基础教育改革的反思

我们在积极、认真地借鉴日本基础教育改革经验的同时,也应该有自己的清醒认识。我们认为,以下几方面应当引起我们的认真反思。

反思一:关于基础教育改革的步伐,是渐进式还是突变式?日本的第三次基础教育改革已走过了二十余年的历程,尽管政府为之倾注了大量的心血,但这次改革并未撼动日本学校制度的根基,这足以证明改革是何等的困难!可见,在今天如此高度成熟的日本社会中,再进行过去那样急于求成的全面改革,似有不妥。至少在近期内,想要实现大规模的第三次教育改革,其盖然率不会很大。今后的教育改革,仍将是以软件方面的改革为中心(即由量的扩充转为质的提高,包括制度的多样化、运营机制的灵活化等)。同时,应以今日的多种学习条件为前提,向终身学习体系的方向过渡,以此来代替单纯的学校制度改革。总之,今后推行的教育改革趋势必然是以质的提高为重点,在原有的教育制度大框架内推进制度的多样化、运营机制的灵活化,实施一点一滴的渐进式改革。因此,对于我们的基础教育改革,也应该是在稳妥的前提下积极推进,而绝不能是疾风暴雨式地推进。众所周知,我们曾经在所谓的“跨越式”发展中付出了太多太多的代价。

反思二:如何认识改革的分歧。现在,日本国内对第三次基础教育改革的评价分歧仍然很大。在今天的日本,人们大都赞成进行基础教育改革,但是对究竟如何进行改革却并没有形成国民共识。在这里,既有从彻底的市场原理主义立场出发主张个性化、自由化的,也有从复古的国家主义立场出发强调传统和道德教育的,也有从维护《教育基本法》的立场出发强调教育的公共性和民主主义的。正如一些有识之士所指出的那样,这次基础教育改革本身便包含着某种矛盾,也可能破坏教育的公共性和平等性,产生新的差别和竞争,带来教育现场的混乱等问题。因此,我们当以此来反思我国现在正在进行的新一轮基础教育课程改革。可以说,我们的改革争论不小、困难不少。从目前新课改的实际情况来看,新课程实施的现状不容乐观。我们要清醒地看到新课改实施的长期性、艰巨性,而不能仅仅停留在新课改实施的经验总结上。因为,教育改革也是一种反省性、计划性活动,不管改革设计者的意图如何,他们所提出的观点对实际教育改革的影响在绝大多数的情况下未必符合他们的初衷,而往往是按照当事人(即参与改革的人)的需要来理解的。

反思三:关于对待日本基础教育改革经验的态度。我们在借鉴日本的教育改革经验时,应抱持冷静的头脑和辩证的眼光。中国对日本教育的研究是在改革开放浪潮的大前提下开始的。在连续多年的封闭以后,突然走向世界,一个在长年不见阳光的黑屋子里呆惯了的人,一下子打开窗户后,会觉得外面的世界耀眼得很,最初进入中国人眼帘的都是日本令人眩目的成功部分。日本何以如此发达?经济如此高速发展,必有其有益的经验,那么,下决心要把经济搞上去的中国,一定得借鉴这些经验。于是乎,大家都以国家利益为出发点,把目光对准了日本,对准了日本的教育。由于众所周知的原因,新中国成立五十多年,经济发展速度总不尽如人意,教育也曾数度改革,不断摸索,可总也起色不大。这究竟是为什么呢?这样一想,就越发觉得日本教育成功,自然就有"全盘拿来"的想法了。另外,毋庸讳言,个性化和多样化的改革,对培养具有创造性的人才而言,有着重要的现实意义和战略意义。但是,我们也应当看到,强调个性化、多样化的教育也极有可能引起新一轮的升学竞争,个性化和轻松的学习也可能带来学生学力水平差距扩大以及总体水平下降的问题。

反思四:关于占有资料及分析资料。我们在对有些观点资料进行介绍、分析时,应有自己的见解,不能人云亦云,亦步亦趋。战后日本的经济确实在较短时期内取得了飞速的发展,这已是世人所公认的评定。教育促进了日本经济的发展,而发展了的经济反过来又向教育提出了更高的要求,从而促使了教育的发展,这已是个不争的事实。但是,我们也应该看到,日本今日的繁荣并非日本一国的力量所能形成。一个国家的经济发展有许多因素,其中既有共性的,也有那个国家所特有的。日本的经济发展因素,像众多的研究专家所表明的那样,是有很大的个性的,教育只能算其中因素之一。再则,教育这一社会现象有其本身的目的,并不单纯就是为了促进经济发展,也并不仅仅是为了适应经济发展的需求而进行自我变革。

另一方面,我们对资料观点的占有上要切忌片面。迄今为止,从我们所能接触到的有关日本的教育资料来看,大部分都属于官方的,其中过多地强调了成功方面的经验,而很少谈及失败之处。由于我们不太了解日本的国情,总觉得官方机构的内容可信赖,从而导致了对不同观点、材料的忽视。这种资料选择上的偏颇,又进一步助长了上述分析、判断上的盲目。就目前我们所能见到的文献资料来看,介绍日本教育的多是向我们展示了一幅与经济腾飞并驾齐驱的健康发展着的日本教育图景,尽管也有少数文章列举了诸如中小学校园暴力、“少年非行”和高等教育中的博士过剩等当今日本教育存在的问题,但多是抽象地讲一句“日本的教育也面临困境”而一笔带过。事实上,自20世纪90年代以来,日本中小学学生中的欺负人、逃学、上课秩序混乱、暴力犯罪、卖淫等问题不仅没有改善,反而越演越烈,成为困扰日本教育的严重问题。据1998年日本总务厅的调查,有着受欺负经历的中小学生比例高达33%,曾目睹别的学生被欺负的中小学生达到56%。另外,中小学的校内暴力事件高达24000件,其中四分之三是在中学发生的。有的学生不堪被欺负所带来的身心痛苦而选择了自杀或报复杀人。

总之,当代日本基础教育改革已取得了一些令世人瞩目的成绩,其中的成功经验值得我们去认真地学习和消化,进而形成我们自己的特色。但其中也有一些教训需要我们深刻地反思,唯有如此,我们的基础教育改革才能不走或少走弯路。

三、对基础教育阶段“巨型学校”的理性审视

从我国基础教育的实践上看,在20世纪八九十年代,中国基础教育界出现了两个新名词——择校生和薄弱学校,这是一对孪生怪胎,相辅相成,相互影响……择校导致学校在生源和财源分配上的严重失衡,加剧了学校的分化,并造成了恶性循环和连锁反应,加剧了薄弱学校的危机,再加上社会舆论的渲染和新闻媒体的炒作,更助长了公众的择校欲望。

近年,又衍生出一个新名词——“巨型学校”。何谓“巨型学校”?[①] 它与“重点中学”不完全相同。从字面上来看,当是指规模很大的学校。学者张新平认为,“巨型学校”是相对于“小型学校”和“中型学校”而言的“超级航母”学校,是指在校生人数超过3000人、班级总数高于60个的超大规模的中小学学校[②](至于这个标准是如何制订的,不在本文讨论之列,但为了行文方便,本文也延用“巨型学校”的提法)。在基础教育改革愈发深入的今天,在很多地方,特别是经济欠发达地区,“巨型学校”得到了越来越多的推崇和青睐。从结果上看,“巨型学校”的优势是十分明显的。如,它促进了基础教育事业的快速发展,减轻了政府对基础教育资金投入的压力,从一定程度上满足了社会民众对优质教育资源的渴求。

然而,在实践过程中,“巨型学校”也出现了一些不容忽视的弊端,引发了一些争论。其中的一个重要原因就是其价值取向和功能定位存在偏差,对其目标和任务认识模糊等。我们认为,要使“巨型学校”真正成为促进基础教育发展的平台,就有必要对其进行理性的审视和反思。

(一) 教育公平:“巨型学校”的理性价值取向

教育公平是指国民在教育活动中的地位平等和公平地占有教育资源,是社会公平

① 李桂强:《对“巨型学校”的理性审视》,教学与管理,2007年第6期。

② 张新平:《质疑巨型学校》,中国教育报,2006年10月30日。

价值在教育领域的延伸和体现。倘若离开了教育公平，那么就会妨碍国民生存权与发展权的实现，损害国民的合法权益，使国民无法共享教育改革的成果，国家的教育目的也难以得到充分实现。可见，教育公平是社会公平的起点，是构建和谐社会的基石。

因此，“巨型学校”的价值取向应该由基础教育的性质所决定，特别是基础教育的特殊阶段——义务教育阶段。作为一种强迫教育，从根本上来讲，义务教育就是机会均等的教育。政府有义务设置办学条件相对均衡的学校，在硬件投入、办学经费等方面，实现教育投入的相对均衡，并在此基础上实现办学条件的标准化、均衡化，以在城乡之间、地区之间初步实现居民之间义务教育权利的平等，实现公民发展权利的起点的公平。换言之，“巨型学校”的理性价值取向应该是努力追求教育公平。然而，由于“巨型学校”多是利用当地的“模范学校”“实验学校”或“重点学校”的资源而建设起来的，于是，“巨型学校”势必会引发有关教育公平的争论。比如，学校目标的繁杂和寻租行为的泛滥势必会加剧对“巨型学校”的认同危机，并使其道德基础受到挑战。“巨型学校”通过有选择地执行国家基础教育的有关政策（如“就近入学”政策），不但获得了按规定收取数量可观的借读费的合法性，而且获得了将违规收费转化为“自愿赞助”的能力。这种名义上坚持国家基础教育的有关政策而又拒不执行国家收费政策的寻租行为，加速了统一学校制度的公开分裂，强化了教育中的地方保护主义。这样一来，“巨型学校”借助特殊的改革情势，正在由一种公共教育机构日渐蜕变为一种特殊利益单位。这显然与当下国家构建和谐社会的初衷背道而驰。

（二）解决问题：“巨型学校”的理性功能定位

“巨型学校”存在的初衷之一是满足人们对优质教育资源的需求，以解决现阶段优质教育资源的稀缺问题。但是，我们在教育实践中发现，“巨型学校”在试图解决上述问题的过程中又衍生出不少问题。主要有四：一是“巨型学校”的建设扩大了当地基础教育发展的不平衡，特别是不利于欠发达地区县域基础教育的均衡发展。因为相对充裕的经费投入促进了各地“巨型学校”师资水平的提升和办学条件的优化，使之更具竞争力和吸引力，这样“巨型学校”就可以筹集到更多的发展资金，并进一步形成良好的社会声誉，形成良性循环。教育资源配置的失衡又进一步加大了校际之间的落差，导致了各个学校之间发展的“马太效应”，即好的越来越好，差的越来越差。二是“巨型学校”的创建导致了各地基础教育阶段办学的“规模不经济”。学者张新平认为，中小学规模一旦超大，学校性质和管理方式就会发生变化。由此引发的后果之一就是学校组织目标的模糊、逆转、倒置，学校规模效益也随之下降。三是“巨型学校”的创建加剧了学校建设的“扩张冲动”。由于各地在资源配置上均向“巨型学校”大力倾斜，再加上“巨型学校”利用其名牌效应和政策上的特权，可以更多地筹集到计划外资金，甚至得到对违规操作的赦免，从而使得学校很少受到资源短缺和“硬”预算的约束，因此，各地的“巨型学校”在发展中大多表现出严重的“扩张冲动”，如硬件建设盲目求高、求大、上规模，从而耗费了大量的资金。四是“巨型学校”的创建制约了当地基础教育整体办学水平的提高。从辩证法来看，“巨型学校”的创建，一方面是扩大了优质教育资源，而另一方面则是稀释了优质教育资源。如，单纯从备受社会各界高度关注的中考和高考升学率来看，君不见在“巨型学校”高速发展的过程中，各地的中考和高考升学率并未上升多少。相反，由于“巨型学校”的生源爆满，使得其他一些学校生源不足，无疑就造成了这些学校的资源闲置（从这一点来看，这也是“规模不经济”的一种表现）。

因此，在解决人们对优质教育资源需求问题的过程中衍生出的上述问题，应该引起我们的高度重视，应该及时予以妥善解决，否则，不但不利于基础教育阶段主要问题的解决，还会使政府的形象受损。

（三）个性发展：“巨型学校”的学生本位追求

如众所知，班级教学制的发展及运用使得学校教育的效率越来越高，大量的人才从学校走入社会，但同时由于整齐划一的、单一的教学模式，也使得受教育学生的个性发展在逐渐丧失，学生被按照社会需要的模式统一培养，在基础教育阶段则是按照中考或高考的模式来强化训练，甚至被当成流水线上的产品，这样就导致学生的个性得不到充分的发展，进而就可能会导致人才萎缩，产生社会创造力减弱的危机。

基础教育阶段是学生的自我意识、思考能力、创新意识逐渐形成的黄金阶段，是个性形成与发展的关键期。因此，在基础教育阶段营造一个有利于学生个性发展的氛围是非常重要的，这对学生个性发展有着极大的影响。

学者李宏伟和耿申认为，“巨型学校”与因材施教、小班教育的理念相冲突，教育管理上也存在一系列问题：一是造成校内空间拥挤，学生没有足够的学习和活动空间；二是不得不采取更严格的纪律、规定、命令来管理学生，限制性管理多于引导性教育和为学生服务；三是教师难以因材施教，难以把握学生个体的心绪状态；四是学生学习资源相对减少；五是班额扩大，教师负担加重，学生学习质量降低等。可见，“巨型学校”要摆脱当代教育的困境与尴尬，就必须重新审视现代学校的使命与功能，研究学生成长的规律。学校应该本着尊重学生、尊重学生个性发展的原则切实给予学生应有的关爱，给予他们更多地参与社会实践的权利，使学生在全面发展的基础上个性得到充分发展。也就是说，“巨型学校”的学生本位追求仍然应是促进学生的个性发展。

（四）质量提高：“巨型学校”的永恒目标

“巨型学校”规模化办学的根本是保持规模扩张与质量提高的平衡。换句话说，“巨型学校”的主要职能应是遵循“在规模扩张的同时确保质量提高，在质量提高的基础上进一步施行规模扩张”的原则，把握学校的发展方向，明确未来的目标，选择和确定实现目标的途径和策略。“巨型学校”的永恒目标应当是巩固发展基础教育事业，不断提高教育质量，为现代社会培养高素质的人才。因此，“巨型学校”要实现可持续发展，就必须提高教育质量和办学效益。更为重要的是，“巨型学校”办学也只有努力形成自己的办学特色，提高教育质量，才能赢得社会声誉。可以说，“巨型学校”办学中的规模扩张与质量提高是一对永恒的矛盾，需要“巨型学校”在教育教学条件保障的前提下，通过制度创新来协调。

（五）共同进步："巨型学校"的互助合作内涵

"巨型学校"创建的另一个初衷是发挥"巨型学校"的示范性，以带动该地区基础教育水平的整体提高。行文至此，笔者不得不提及与"巨型学校"密切相关的另一类学校——薄弱学校。薄弱学校是指在同一个时期和地区内，相对而言，办学条件较差、办学水平不高，并由此导致社会声誉较差的一类中小学学校。它作为我国基础教育不均衡发展所产生的重要现象，自20世纪80年代以来受到越来越多的关注。根据"木桶原理"（木桶容量的大小取决于构成木桶的最短的那根木条，而不是最长的那根木条），要整体提高基础教育的质量，必须首先加强薄弱学校的改造，或至少是将薄弱学校的改造工作与"巨型学校"的建设同步进行。新修订的《中华人民共和国义务教育法》规定："国务院和县级以上地方人民政府应当合理配置教育资源，促进义务教育均衡发展，改善薄弱学校的办学条件"，"县级以上人民政府及其教育行政部门应当促进学校均衡发展，缩小学校之间办学条件的差距，不得将学校分为重点学校和非重点学校。学校不得分设重点班和非重点班"。然而，现实是"巨型学校"与薄弱学校因资源配置失衡所导致的经费、师资、办学条件等方面的巨大差异，使得这两类学校在办学理念、追求目标、价值观念、行为方式、心理期望等方面迥然不同，在它们之间没有也不可能有真正的沟通。所谓发挥"巨型学校"示范性的预想，在这两种文化的分野中，也必将成为一种美丽的童话。

我们认为，在"巨型学校"的建设过程中要处理好"巨型学校"与薄弱学校改造的关系。创建"巨型学校"的初衷之一就是要在基础教育阶段的办学实践中引入竞争机制，这从理论上应该是既有利于"巨型学校"的建设，又有利于促进一批薄弱学校的改造。但是如果处理不当，只是一味强调了"巨型学校"的建设，那么就势必会造成薄弱学校更加薄弱，其后果将得不偿失。因此，在实践中既要坚持不平衡发展原则，又要坚持合理分配原则，丰富"巨型学校"与薄弱学校的互助合作内涵。

简而言之，"巨型学校"是规模企业在教育领域的翻版，而规模企业是企业组织形式演进的高级阶段，是纵向联合、横向联合和多角化经营的结果。"巨型学校"办学可以引进经济规律，以教育规模优势实现规模效益和利润最大化，但这种"规模效益和利润最大化"要受教育规律的约束。我们认为，要在"巨型学校"规模化办学中保持经济规律与教育规律适当平衡是困难的，而不保持适当平衡是危险的。因此，如何保持二者之间的适当平衡就成为"巨型学校"取得成功的关键。

四、促进公平提升质量的校本实践

近年来，我国政府工作报告中关于教育部分的关键词，从"优先发展"到"优先发展、公平发展"，再到"促进公平发展和质量提升"。一方面，这表明政府对教育优先发展战略是一以贯之的；另一方面，也表明优先发展教育的战略重点越来越突出，促进教育公平和提高教育质量已成为落实教育优先发展战略的核心着力点。推进教育公平发展和质量提升的主导在政府,而实施的主体中当有各级各类学校,就基础教育阶段学校而言,促进教育公平发展和质量提升必须落实到各学科教学质量与学生综合素质的提高上,这是历史赋予的最重要、最核心的使命。

教育公平原则是一个具体的历史范畴,在不同的历史发展阶段有着不同的认识和政策取向。迄今,学界就教育公平形成以下三点共识:一是教育公平包含着受教育权利的平等与教育机会均等;二是教育公平是指所有的儿童都享有受教育权利且接受质量大体相同的教育;三是教育公平意味着适合个性差异的教育。当下,“后普九”时代的学校教育需求层次正在向两头延伸,重点在学前教育、高中阶段教育和高等教育。下面谈谈我校在追求有质量的教育公平的过程中的历史担当。

(一) 争取政府投入:力求在资源配置上消解同类学校间的不公平

事实上,区域内同类学校间的不公平状况远比区域间的不公平状况严重,主要表现在经费拨款、设备设施配备、师资队伍等显性差异和社会影响力等隐性差异。有研究表明:经费方面,重点学校的生均经费普遍比非重点学校高出 15%～20%;专项经费基本为重点学校所有,非重点学校很少有机会得到。办学条件方面,重点校通常比非重点校在设备上优越 3～5 倍。师资方面,重点学校的教师在学历构成、师生比、晋升职称的比例、进修深造的机会等方面都优于非重点学校。教育资源不均衡将会导致教育质量的差异。国际学者研究表明:在控制家庭背景后,学校投入对学生成绩有非常大的影响;获得课本和其他阅读材料以及生均费用对学生学业成绩都具有显著正影响;降低班级规模能显著提高个人学习成绩。国内研究也发现,校舍及设备条件、教师学历均与教育质量显著相关。①

近年,学校以“争创省四星级高中”为抓手,积极争取政府支持,学校办学条件得到非常大的改善:一是调整了新的领导班子;二是易地新建一所占地约 100 亩、建筑面积 8 万多平方米的新校区;三是主管部门在编制非常紧缺的情况下给学校协调了 7 个招聘硕士研究生的指标;等等。在此基础上,学校自加压力,强化内涵发展、特色发展,于 2015 年成功创建成为江苏省四星级高中。

(二) 均衡校内资源配置:关注教育起点公平

教育起点公平一般是指受教育的机会公平,是指使得受教育者有可能平等地接受教育,是教育公平追求的首要目标。学校的校内资源主要有教学设备、师资、教学时间保障、学习机会提供、学生奖惩制度等,在配置这些资源时,应该尽可能均衡配置,妥善解决受教育者教育起点公平的问题。

近年来,学校把优化环境建设、提升办学条件、完善教育教学保障等纳入学校五年发展规划之中,明确每阶段的具体任务,多方筹集资金,积极谋划实施,脚踏实地、保质

① 檀慧玲:《国家义务教育质量监测:实现有质量的教育公平的有效途径》,中国教育学刊,2016 年第 1 期。

保量地做好基础设施建设，各项建设任务有序推进、按时完成，为学校教育教学工作提供了可靠的物质技术保障。目前，学校图书馆、计算机教室和各类实验室均按省一类标准配备，完全能够满足每一位学生正常课堂教学和活动的需要。学校教师的不平衡主要表现为学校年级之间师资水平的不均衡、学科之间师资水平的不均衡、同一学科内部师资水平的不平衡以及教师个体身心发展的不平衡。对此，学校认真调研，反复协商，均衡调配各年级教师队伍，即：一线教师由教务处统一培训管理，班主任由德育处和年级处选任；在配备学科教师时，将经验丰富的教师和青年骨干教师合理搭班，尽可能做到把教师均衡分配到各班任教，力求使各班科任教师整体的教育教学管理实力相当，为教师成长和学生发展提供一个公平竞争的舞台，力促校内教育的公平。实践表明，这样做，既有效整合了师资资源，也得到了学生、教师、家长和社会的认可。

（三）提升教师专业素养：实现教育公平和质量提升的根本保障

一支业务精良、师德高尚的教师队伍，是促进教育公平发展和质量提升的根本保障。具体说来，学校着重进行了以下探索。

1. 优化干部队伍，发挥引领作用。学校中层干部实行竞聘上岗，择优任用。对中层干部提出了“善操作、会落实、能创新、敢担当”的工作要求。落实“三带头”：带头学习、带头上课、带头研究，促进干部专业发展。加强干部业务培训，规定干部“月读一书”。所有干部深入一线，带头开设课改研讨课。实行干部“推门听课”制、巡课制。加强教研，人人参与课题研究。一系列举措的落实，充分发挥了干部的带头作用，使之成为教师中的表率。

2. 加强教研培训，促进教师发展。学校专门成立教师发展中心，进一步完善教师培训制度，先后出台校本培训三年规划、青年教师培养计划、“青蓝工程”优秀师徒评选办法、教研组常规工作及优秀教研组评估方案等规章制度。教师培训坚持“分类指导、形式多样、注重实效”的原则，实现了“青年教师有引导，骨干教师有发展，名优教师有突破”的良性教师专业发展态势。学校要求教师人人参与培训并制订自己的三年发展规划和年度计划，针对青年教师、骨干教师、名优教师、班主任、中层干部各层次特点，合理规划，分阶段、有重点制订培训方案和实施计划，如青年教师要“一年站稳讲台、二年全面提高、三年成为新秀”，激励校级骨干教师向“五年市骨干，十年市名师”的目标发展，稳步推进，逐层提高。学校坚持实施“青蓝工程”“名师工程”，努力打通青年教师、校内名师、市级名师、特级教师层级发展之路，充分发挥同侪互助，相互促进，协同发展；先后邀请二十多位专家来校讲学，促进教师教育教学理论水平提升；鼓励教师广泛读书，先后为每位教师购买了十余种教育教学理论书籍；组织教师积极参与市内外交流，引他山之石以攻玉；加大骨干教师支教、挂职锻炼、出国进修力度；教师参加的各级培训活动，回到学校后都要以谈心得或开讲座的形式共享学习收获。教科研活动丰富。坚持每两周进行一次的教研活动，围绕学校重点教学问题进行研讨，利用学校微格教室，每年开设网络课公开课、研讨课、观摩课，与徐州市区、县区，新疆奎屯，西藏尼木三省四地共同教研;组织教师进行校内磨课、赛课、同课异构活动,组织青年教师举办基本功大赛;广泛开展教学反思,举办教师讲坛;积极承办省市级教学研讨活动,如江苏省高中数学骨干教师跟岗交流活动,省特级教师上课、评课活动等,影响广泛;组织教师参加"师陶杯""科研杯"论文比赛,开展校级读书心得评比活动;鼓励教师从校级课题做起,有一定成果后再推荐申报市级省级或国家级课题。迄今,一支有着"乐于奉献、勤于学习、敏于思考、善于总结"的价值取向的教师团队已初步形成。

(四) 有教无类:公平对待每一位学生

"有教无类"的理想,深植于中华民族的意识之中。让更多的人享有更加公平、更高质量、更加多样化的教育,对教育有更多的获得感,是中国梦的必然要求和重要方面。

学生差异是客观存在的,这种差异包括学生的学习基础、学习能力、学习风格、智力倾向等等。尤其是在现行的较大班级规模授课制的条件下,教师要很好地关注每个学生确实是一个非常大的挑战。我们的具体做法是:

1. 建章立制,为每一位学生建立成长档案。学生综合素质评价实施方案、学生成长记录卡使用办法、德育学分制等规章制度的出台,或注重对学生修身、学习的具体指导,或注重对学生的发展性评价,均对学生的全面发展起到良好的促进作用,较好地落实了"面向每一位学生,尊重每一位学生,提升每一位学生,成就每一位学生"的办学原则。

2. 强化课堂教学改革,关注每一个学生的发展。学校在"守正、出新"的办学理念的指导下,坚守教育规律,坚持不懈地探索新课程改革之路。经过不断探索与反思,逐渐形成了"小组合作、学案教学"高效课堂教学模式,该模式基本环节一般为:学案预习、小组讨论、交流展示、质疑拓展、检测反馈、小结反思(教师根据具体学科、年级特点等进行自主变通、组合,形成富有成效的流程)。课堂教学的每一个步骤均努力体现对全体学生发展的关注,不仅注重学习效果,更注重学生学习方法、学习习惯、思维品质的培养。通过学生自学、互学、问学、"教"学、悟学等方式,引导学生课前认真自学、积极思考、学进去,课中交流研讨讲出来,使知识领悟更上一个层次,课末及时总结、查漏补缺。每一个步骤都是学生主动参与、主动探索、主动思考、主动实践,不仅学习了知识,养成了良好的学习习惯,还提升了能力、锻炼了思维。师生角色发生了巨大转变,学生是学习的主体,教师是学生学习的促进者,教师从知识的传授者变为课堂的设计者、组织者、评价者、答疑者,实现了教与学方式的巨大变革,学校的课堂呈现出生生互动、师生互动的良好生态。

学校出台多元化的课堂教学评价标准,不仅从学习效果,也从学生参与度、语言表达、合作情况等多方面考查,关注每一位学生,合理的评价方式更好地激发了学生学习的积极性。如建立星级小组,制订了星级小组评估办法和星级小组奖励办法,定期评选,并及时召开星级小组学习经验交流会及表彰会。这些做法较好地调动了学生学习的积极性、主动性。课堂的变革使学生的精神面貌发生了很大改观,学生变得更自信、更乐观，学习更积极、更投入，教学效果明显提升。

（五）因材施教：体现“有差别的平等”

教育起点公平和教育结果公平都强调公平地对待所有的学生，却忽视了学生的个体差异性。教育公平应是学生所受教育与其社会权利和自身素质之间的相匹配，教育公平的最终目标是使每一个学生都能得到充分的自由的发展。因此，教育过程公平还应该关注差异性地对待不同的学生。教育过程公平是指在教育过程中，根据学生的差异性优化发展的需要，给予学生公平待遇，即学生应根据年龄、资质、能力等方面的差别接受适合于自己发展的教育。我们的具体实践是：

1. 教师要真正熟悉学生。学校要求教师深入调查研究，全面了解学生情况，既要了解学生的一般特点，如知识基础、学习态度等，又要了解学生的个性差异，如兴趣、爱好、特长等，还要分析研究造成差异的家庭、社会、历史等各种原因。学生的全面情况犹如毛坯，这就是学生的材，它是雕琢的基础、施教的对象。

2. 推行导师制，让教师真正走进学生。学校每年由德育处牵头，实行导师制。每一位老师都有自己的重点帮扶对象。要求老师定期和家长联系，了解学生在家里的表现，做好家校共育；教师定期找学生谈心，真正走进他们的心灵。把培养所有学生的主体性、创造性与培养拔尖创新人才有机结合起来，对“学优生”给予适时适当的支持和指导，为每一位学生提供个性化的、适切的教育。

3. 给学生提供更多的课程选择权。课程是达成教育目标的主要载体。学校严格执行课程计划，开足开齐各类课程。同时，大力推进新课程改革，既考虑地域优势，充分挖掘学校文化资源，同时考虑满足学生的多样化需求，不断更新完善，逐渐形成了彰显“儒雅教育”特色的系列课程。近年来，我校共开发了 68 门校本课程，这些校本课程选取的课程资源涵盖校园文化、自然环境、生命健康、国防、实验操作等，为学生自主选修提供了充足的资源，为学生的个性化发展提供了充分保障。学校利用网上选课系统，组织学生进行“网上选课”和“自主选班、走班上课”的探索，深受学生欢迎，使学生在拓展视野、提升审美、养成美德、增加涵养、丰富实践等方面，收到了良好的效果。

4. 丰富多彩的社团活动，彰显学生个性风采。学校充分发挥团委和学生会在学生自我发展、自主管理中的作用，为学生搭建“自我发展、自我教育”的平台。学生会成立了学生社团联盟，先后成立了朝夕文学社、MR 囧囧动漫社、B&G 音乐社等 31 个学生社团，既丰富了学生的校园生活，又提升了学生的素质和能力。

（六）特色发展：真正实现有质量的教育公平追求

有质量的教育公平是一种可选择的教育公平，追求的不仅仅是教育“同质”，更强调“多元”，因为对学生个体来说，只有符合其个性特征的、适切的教育才是高质量的、有效的教育。有质量的教育公平坚持的是素质教育的质量内涵，不仅重视考试成绩，还强调认知能力、情感态度、身心健康等方面的发展。另外，有质量的教育公平是公平与质量问题的统一和融合，反映的是在受教育机会需求获得满足后对教育过程公平和教育结果公平的需要，以及对获得和享用优质教育资源的渴望，强调通过提高质量来促进教育公平和通过均衡发展彰显学校特色，进而提升整体教育质量。近年来，学校立足于传统文化的弘扬，通过开展"儒雅教育"系列活动，培养现代儒雅人，形成了"儒雅教育"特色品牌。

第三节　民主：学校文化建设中的价值追求

瑞士著名心理学家皮亚杰提出了"自我中心化"和"去自我中心化"的概念，在社会认知发展的研究中占有重要地位。皮亚杰用"自我中心"对儿童认知特点进行描述，"自我中心"是指儿童仅依靠其自身的视角来感知世界、不能意识到他人可能具有不同视角和观点的倾向性。"去自我中心化"主要指幼儿心理发展逐渐社会化的过程，使幼儿明确他我关系，并且学会换位思考，站在他人的角度看待问题，更好地适应社会。

在学校文化建设中强调校长的重要性绝不意味着排斥教师、学生和家长等群体作用的发挥。因此，作为校长，更需要有"去自我中心化"的意识。学校是知识分子聚集的地方，各种思想文化和信息等相互交融，校长要想建设高品质学校，就必须学会"去自我中心化"，站在他人的角度思考问题，互相交流，与他人建立合作共赢的关系。"作为校长，更应该关注并整合存在于任何学校之中的各种具有碎片化特点的亚文化。在同伴、父母或同事社群的影响下，造就了一批烦躁的、反叛的学生，或精疲力竭却又愤世嫉俗的教师，这些问题并非仅仅由教室产生，同样也无法由其独自解决。""对校长而言，强化其领导力的一个最好选择，就是带领学校的各个群体形成一个重大的共识(至少达到一种和解)。"①

那么如何才能做到"去自我中心化"呢？在中国传统文化中，管理积淀着浓厚的官本位意识，管理往往就是制度、考核、奖惩。这种自上而下的管理理念，致使许多校长将管理的价值取向定位在建立规范、秩序、权威上。而我们认为恰恰相反，应该循着师生的抱怨去寻找流程中的缺陷，通过改进工作流程，最终提高管理的绩效。因为，流程改变，管理才会改变；流程改变，学校才会改变。② 因此，校长要做到"去自我中心化"，必须要更多地关注教师、关爱教师，这也应该是学校文化建设的应有之义。

一、教师的职业压力与职业倦怠

先来看一个案例：③

A老师，女，中学高级教师，从教17年，曾做过多年的班主任工作，教育教学实绩一

① 莎朗·D.克鲁斯，凯伦·S.路易斯著，朱炜，刘琼译：《构建强大的学校文化》，北京大学出版社，2013年，第1页、第25页。

② 时晓玲：《优秀校长的管理智慧》，教育科学出版社，2010年，第112页。

③ 李桂强：《她为什么不愿做班主任》，教学与管理，2007年第1期。

直较好，在师生的口碑中也不错，现任教甲、乙两个班的语文课。3年前拿到中学高级教师资格证书后，便以种种理由为借口推掉班主任工作。暑假前夕，甲班的班主任教师突然患重病需请长期病假，这样就急需一位老师来接替该班的班主任工作，学校权衡再三，最终认为A老师来接替班主任工作最合适。但是学校领导前后与其进行了三次谈话，A老师都以种种理由推托，就是不愿意接替班主任工作……

A老师为什么不愿意当班主任呢？而且有调查表明，在中小学里像A老师这样的教师大有人在。如，某校为便于安排工作，暑假前让全校教师自愿申请担任班主任工作，然而统计的结果令人大跌眼镜，全校需要安排50名班主任，却只有7名教师递交了申请。我们可以毫不夸张地说，中小学正在面临着班主任危机。这究竟是为什么呢？这个问题困扰了笔者很长的时间，经过一段时间的调查与思考，联系自己多年来所从事教育教学管理工作的感悟，似乎找到了一些答案。

（一）超强度的工作让班主任疲于奔命

从某种程度上说，我们的基础教育比的不是学生学习的能力，而是学生在老师的监督下学习的时间和学习的毅力。

以下是某校师生的真实校园生活：

早上6:00起床，紧接着是跑步（或做早操），6:40吃早餐，7:00～11:40晨读、上4节正课和1节自习，然后是吃午饭和午休。下午14:00～18:00上3节正课和1节自习，然后吃晚饭，18:30～22:30上晚自习（学校要求这段时间必须有老师看班或进行个别辅导），23:00左右师生休息。双休日正常上课，每4周休息1天（不住校学生的在校时间比住校学生的少不了多少）。

那么在上述时间段我们的班主任老师在干些什么呢？他们的时间表几乎和学生的一样。主要工作是督促学生上自习、交作业、打扫卫生、处理班级中的各种突发事件、找学生谈心等。另外，上级安排的各种达标检查一般也少不了班主任的事。有人形容班主任工作是“兔子的腿，婆婆的嘴”，一点都不为过。当然上述这些还只是管理班级一方面的工作，班主任还有更为繁重的教学工作。一般地，当班主任的老师都是学校的教学骨干，因此，在教育教学改革方面他们也都是绝对的主力，研讨、学习、上课、听课等工作几乎把管理班级以外的时间全部填满。

绝大多数班主任都是在这样的日程安排下日复一日地重复着上述的工作，与此同时，多数班主任还担负着“上有老、下有小”的家庭重担（如果是女教师担任班主任工作，那么她的担子就更重了，本案例中的A老师的家庭情况恰好就是这种情形），这样，工作与家庭的双重压力往往使我们的班主任透不过气来。

（二）现行评价体系几乎把班主任逼上了反教育的境地

如众所知，教育体制目前还存在一些不协调的因素。如，在九年义务教育阶段，由于小学阶段没有了升学考试的压力，因此还能够比较注重学生全面素质的培养，但是到了中学，有了中考、高考两项“硬”指标，学校就不得不把“应试教育”作为其主要的奋斗目标了。

事实上,对于应试教育的弊端,谁都能说出个一二三来,可是令人奇怪的是,尽管从政府官员到社会舆论,大家都承认这是一个严重的问题,但牢骚之后,慷慨陈词之后,痛心疾首之后,生活依旧,应试依旧。显然,当教育只是以考试成绩论英雄的时候,“分数才是硬道理”的理念必然会主导着整个教育。

再具体到学校,学校对班主任(当然还包括其他老师)的评价主要是按照分数来“卡”,这已是公开的秘密了。一是学生的考试分数。对教学的评价完全按照学生的分数,学生的分数高,他们老师的评价就高。二是班级的考核分数。当下不少学校对班主任管理班级实行的是量化考核的形式,各校根据学生在校的日常行为制订出“班级管理评比细则”,如,学生迟到,扣多少分;学生打架,扣多少分;班级卫生没搞好,扣多少分……最后学校根据分数来完成对班主任的考核。有位班主任老师无奈地表示:“都说‘分是老师的法宝、学生的命根’,可现在实际上‘分也是老师的命根’。”

班主任为了使班级的考核分不被扣或少扣,于是,在一些学校里就出现了这样的怪现象:每天早自习或做广播操时,总有一些学生躲在厕所里或其他隐蔽处。因为,总有人在门口或操场检查各班的出勤情况,查到了就扣分。一些学生发现,只要没被发现,就不会被扣分,于是想到了躲起来的办法。不少班主任都知道其中的奥妙,但大多是睁一只眼闭一只眼。甚至于考试时,居然也出现了老师暗示、纵容学生考试作弊等丑恶现象。这样一来,规章制度已经不仅仅是为了教育、规范学生,有时还被利用来保住自己的成绩。教育正在逼着老师和学生一起撒谎、欺骗。学校的这些做法,其实是把班主任们(当然,也包括其他老师)逼上了反教育的境地。这个最应该坚守诚信的地方如今却充斥着虚伪与欺诈,教育到了这一步,已经走上了歧路!

另外,在教师职称评定方面的一些“硬杠杠”也将班主任逼上了反教育的境地。

在有关调查中,当回答“您当班主任最主要的一个原因是什么”时,大多数的教师选择了“当班主任对评职称有好处”。有的班主任明确表示,如果不是评职称的需要,自己也不愿当班主任。这说明在现实生活中,有相当一部分教师是为了晋升职称,而不是真正从培养人的高度去考虑当班主任的,因而就势必导致有些班主任对工作缺乏事业心、责任心。

还值得我们注意的是,由于该规定的目标指向是教师晋升职称,而对于晋升到高级职称后的教师,就没有什么具体有力的制约措施了。所以一些出于功利目的而当班主任的教师评上高级职称后,就不愿再当班主任了。据此臆测,本案例中的 A 老师不愿意当班主任就多少有点这方面的原因。

(三) 社会的过分关注让班主任害怕

当下,社会变革在加快,社会竞争更加激烈,家长和社会对教师更是寄予厚望,希望学校把所有的孩子都教育好,但是,现在学生的心态给班主任工作增加了极大的难度,“学生难教”已是不争的事实。

在这样的情境下，可以说班主任整天战战兢兢、如履薄冰：只要学生在校，心里就须臾不得安宁，不论白天还是黑夜，总有一种挂念和担心——课堂秩序好不好？自习课教室闹不闹？某某学生课后在做什么，会不会上游戏机室？有没有学生谈“恋爱”？万一……

更让班主任害怕的是社会的过分关注。现在的社会及媒体越来越关注教育，有关师生关系的报道也很多，这本是件好事情，是教育被重视的表现。但是有一些媒体报道却过分地关注某些恶性事件，这在客观上给班主任们（当然也包括其他教师）带来了极大的精神压力。这样的例子实在是太多太多，特别是年年讲、月月讲、天天讲的安全问题，并不是班主任想不出问题就不出问题的，只要“万”里有个“一”，各种媒体必定蜂拥而至，首先受“牵连”的必定是班主任，这怎能不让班主任感到害怕？

（四）低回报让班主任心理失衡

如众所知，班主任除了要和一般教师一样完成学科教学任务及进修学习等之外，还要用大量的精力承担着全班学生的管理和思想政治工作。一旦学生在校做错了什么事情，首先要找他（她）的班主任，即便是学生在上课期间，科任老师往往是将犯错误的学生往班主任那儿一交了事。班主任工作不但在校内要做，就是下班后也难得清静。这样与其他老师比较起来，班主任的心理就容易失去平衡。

一是成就感低。不少班主任认为，班主任工作不仅仅辛苦，还毫无成就可言，“就像管家婆，日复一日地重复着昨天的故事，根本谈不上什么创造性”，一位有十余年班主任经历的“老”班主任如是说。

二是班主任工作的报酬低。在很多地方，工资一涨再涨，但班主任费却多年来变化不大。有些经济状况较好的学校，会自己拿出一部分钱补贴给班主任，但经济状况不好的学校就惨了。一位班主任自我解嘲地说：“我拿钱不多、管事却不少，我当班主任每天就多挣几毛大钱！”

再有，班主任工作费力却未必能够讨好。有人形容班主任工作是“夹缝活儿”，一边是学校领导或科任教师，一边是学生家长，班里的大小事情，两边都找班主任。

另外，学校对班主任的“三重三轻”倾向，即重视使用、轻视培养，重视管理、轻视服务，重视工作成绩、轻视生活质量，也是造成班主任心理失衡的主要原因之一。

（五）职业压力让班主任几近窒息

随着我国改革的不断深入，很多人由原来的“国家人”变成了“单位人”，教师也不例外。对于教师来说，“铁饭碗”没了，生存的压力就来了，工作的压力就更大了。

同时，随着学校功能的日趋复杂化和多样化，班主任所要扮演的角色越来越多样，如班主任在学校既要充当学习的指导者、行为规范的示范者，还要充当心理辅导人员、班集体活动的领导者、教育科研人员、学生的朋友等角色，另外，他们在家庭中还有一系列角色，他们的一言一行总处在社会大众有形或无形的监视之中，往往难以处理几种不同角色间的矛盾关系，这些都使班主任感到心力交瘁。

凡此种种,其实就是当下学界热议的教师的职业压力问题。所谓教师的职业压力,可以认为是教师的一种不愉快的、消极的情绪经历,如生气、焦虑、紧张、沮丧或失落,这些均是由教师职业这一工作引起的。由于教师长时间地承受巨大的职业压力,就势必导致疲惫、紧张、挫折感和焦虑等不良反应的出现,甚至于出现职业倦怠(burnout,一种身心耗竭的状态,是不能成功应付各种负面压力的结果)。教师一旦产生了职业倦怠,就会对教育工作完全失去热情,甚至开始厌恶、恐惧教师职业,表现出明显的离职倾向,从而对教育教学质量造成严重的影响。2005 年中国人民大学和新浪网联合对中国教师职业压力和心理健康调查结果显示,有 86.2%的教师反映压力非常大或比较大,有 29%的教师出现了比较严重的工作倦怠问题。若将调查范围仅限于班主任,可以相信,相应的比例肯定会更高。

《中共中央国务院关于全面深化新时代教师队伍建设改革的意见》作为新中国成立以来,党中央出台的第一个专门面向教师队伍建设的政策文件,描绘了新时代教师队伍建设的宏伟蓝图,吹响了推进教师队伍建设改革的集结号,具有里程碑意义和战略意义,为全面深化教师队伍建设改革打下了坚实的基础。我们认为,为了整体提高教育质量,为了实现中华民族的伟大复兴,当务之急是要彻底改变中小学正在面临着的班主任危机问题。这需要教育行政部门、学校、社会等诸方面群策群力,共同关注班主任,理解班主任,为班主任营造良好的工作、生活环境。

二、学校文化建设中的民主文化

《中华人民共和国教育法》第三十一条规定:"学校及其他教育机构应当按照国家有关规定,通过以教师为主体的教职工代表大会等组织形式,保障教职工参与民主管理和监督。"就学校文化建设而言,民主意味着学校文化建设是全体教职工的责任担当。有学者认为,在学校文化建设中,校长仅仅充当着设计与倡导的角色,师生才是学校文化建设的主体,学校文化是由教师和学生共同创造的。①

随着现代学校管理制度的不断创新,学校民主文化建构的课题已成为教育理论研究者关注的热点之一,更成为一线教育管理者努力探索的方向之一。一所学校的管理离不开文化,一所学校的文化也离不开管理。管理讲求制度和规范,文化讲求氛围和契约,两者必须有机融合。规范中蕴含文化,文化中彰显规范,唯有这样才能使学校文化建设落到实处。文化离开管理的方法和策略便会成为无源之水、无本之木;管理离开文化的导向便会沦落为强权与专制的工具。因此,把学校的文化理念转化为学校管理者和师生的信念、作风和行为,转化为支持学校持续发展的民主制度和民主精神,是形成一个学校办学特色的必要前提。学校的管理过程本身就是学校文化的建构过程。但是,在管理过程中形成什么样的学校文化,是优秀文化还是不良文化,人们必然在管理

① 赵中建:《学校文化》,华东师范大学出版社,2004 年,第 250 页。

过程中以不同的管理模式作出自觉或不自觉的选择。只有当人们选择了用人文的理念、民主的方式和科学的路径来引领学校管理时，才能把学校引上可持续发展的道路，才能形成学校良好的文化氛围。法国学者米亚拉雷指出："教育民主化现已成为几乎所有教育革新和教育改革的一项固有的目标。教育民主化是目前全球教育系统演变的一个基本趋势。"①事实上，教育民主化已成为20世纪60年代以来世界教育改革的主流。教育民主化是指全体社会成员享有越来越多的教育机会，受到越来越充分的民主教育。教育民主化促使教育体制由筛选型、集权型转向综合型、分权型；教育结构由刚性、封闭性转向弹性、开放性；师生关系由权威型转向互动型；教育方式由灌输式转向启发式；教育评价由注重选择转向注重培养；教育管理由集中、封闭式转向参与式、自主式。这种"互动"的关系、启发的方式、自主的参与正是平等、自由、尊重、合作的民主精神在学校管理中的体现，反映了人们在现代学校文化建构中的价值取向。但是，在相当长一段时间以来，在较大范围的中小学校中，人们对学校文化建构较多地着力于物质层面、制度层面等显性的学校文化建设上，而对精神层面的隐性的学校文化普遍重视不够，对于学校民主文化这个既包括显性制度，又包含隐性价值观的特定文化内容，人们就更少全面、综合地在普通中小学学校管理的维度内进行研究。因而，很多学校的文化建设没有很好地为师生的和谐发展构建良好、民主的文化氛围，也就无法有效地促进学校办学特色的形成。所以，如何以学校民主文化为价值取向来建构学校文化，成为现代学校制度建设的关键问题。为此，我们提出以下观点：一是学校文化是以民主为核心价值的，是学校物质、制度、精神、行为文化的总和；二是学校民主文化是以平等为原则，以自由为基础，以尊重人的权利为宗旨，以为民主社会培养合格公民为教育目标的价值观的总和；三是把强调政、校分开，以尊重师生民主参与管理、教学的权利为核心的"校本管理"模式作为学校建设的切入点，可以有效地促进学校民主文化的建设，从而构建起支撑学校可持续发展的学校文化。

在学校文化建设的实践中，之所以常常出现"民主"缺位的现象，究其原因，我们认为：一是学校主体（主要是教师）对自身在学校文化建设中的作用认识有偏差，导致参与意识淡薄；二是教师负担过重，无暇顾及学校文化建设；三是教师自身文化素养需要再提高；四是学校民主制度不够完善，抑制了教师参与学校文化建设的积极性。

以下再通过几个案例，来看看在具体的学校管理实践中如何体现民主文化。

（一）导致学校扁平化管理低效的原因探析②

1. 扁平化管理及其特征

纵观现代组织管理的发展路径，基本上是沿着从金字塔模式走向扁平化模式方向演进的，组织的中间管理层被逐步弱化。从信息学视角来看，传统组织的信息传递是逐

① 蒲坚：《学校民主文化：学校文化建构的价值选择》，四川师范大学，硕士学位论文，2006年。

② 李桂强：《导致学校扁平化管理低效的原因探析》，中小学校管理，2005年第6期。

层进行的,高层占有的信息多,低层占有的信息少,信息分配的多少决定了权力的大小。随着信息技术的高速发展、知识和信息的迅速膨胀及有效传输,这种组织形式的缺陷日渐显现,最突出的是反应滞后,无法适应瞬息万变的市场。因此,精简中间层次、使组织“扁平化”,已成为现代组织管理的主要潮流。

所谓组织结构扁平化,是指为适应现代竞争的特点,基于信息技术,重新界定分工原理和跨度理论,使组织结构由金字塔模式转向扁平化模式的过程。显然,扁平化管理是对金字塔管理的否定,它试图通过拓展管理幅度、减少管理层次来提高管理的效率,这也是组织实行民主管理的必然诉求。一般地,扁平化管理具有如下特征:

强调系统。一个组织是一个由许多相互作用的部分组成的开放系统,管理人员应用系统方法阐明系统目标,确定评价系统工作成绩的标准,并把组织同各种环境系统更好地联系起来。

减少中间层。管理学家指出,组织结构上的基本原则是尽量减少管理层次、尽量形成一条最短的指挥链。

加大控制幅度。在现代组织中,信息化、计算机化等使组织管理幅度的加大成为可能。近年来,组织管理的趋势是加大管理幅度,构建扁平化的结构。

强调灵活指挥。统一指挥原则似乎成为管理的金科玉律。当组织相对简单时,这一原则显然是合乎逻辑的。但是,在大型组织里,统一指挥原则经常无法实现。例如,由于专业知识逐渐增加,组织中的参谋日益增多,高层主管为了使这些参谋发挥效用,常授权他们去调度某些部门,于是便产生了矩阵式组织结构。

强调影响力。影响力并非完全来自于权威,还受其他因素的影响,如知识、信息、人格魅力等。

2. 学校实施扁平化管理低效的原因

当下,新一轮课程改革的全面实施对中小学管理体制提出了新的要求,许多学校纷纷借鉴现代组织管理理论,在学校内打破原来的管理模式,实施了新的管理模式。如有的学校实施了扁平化管理模式,以试图全面提高学校的办学效率与效益。但是,从所掌握的材料来看,我们不得不承认这样一个事实:已经实施扁平化管理的学校,大多数没有收到预期的效果,有的甚至又不得不回到原来的运行体制。我们认为,导致这一事实的原因是多方面的,但是以下几个方面的因素是主要的。

第一,中层管理者的限制。显然,实施扁平化管理,将削弱学校中层管理者的权限。如众所知,层次越多,中层管理者就越安全,利益也就越多。作为既得利益者,为保护现有的和将来可能还有的利益,中层管理者将会对扁平化管理进行自觉或不自觉的抵制,设置各种障碍,从而导致变革的努力被削弱或抵消,甚至中途夭折。我们曾考察了几所实行年级级部主任制的中学,发现存在共同的突出问题是学校原来的“三大处”(教务处、德育处和总务处)主任与年级级部主任的矛盾冲突,工作中经常出现互相推诿的现象。

再有，要想使扁平化管理得到真正落实，必须调动一线教师的主动性。但是，在我们的传统文化中，“木秀于林，风必摧之”的思想根深蒂固，“不求有功，但求无过”的观念使扁平化管理难以得到有效的实施。

第二，人员素质的限制。不论是管理者还是被管理者，当素质达不到要求时，扁平化管理的效果将大打折扣。因为时间是稀缺资源，任何一方的素质达不到要求，都将占用双方宝贵的时间，从而压缩了管理幅度，难以达到预期的效果。事实上，在一些实行扁平化管理的学校，普遍存在着学校将管理权力下放给教师后，教师对于参与学校工作表现出态度冷漠和专业准备不足，这成为学校教育改革进展缓慢的直接原因。因此，在管理者和教师素质没有大的提高、从业人员素质相差悬殊的情况下，扁平结构和垂直式结构并轨运行也是明智的选择。

第三，工作性质的限制。从形式上看，管理幅度仅仅表示一名上级直接管理下级的人数，但是由于下级均承担有管理业务，因此管理幅度实际上是直接控制和协调业务活动量的多少。当下级的管理工作复杂多变且量大时，管理幅度就要减少，否则扁平化管理就难以得到有效的运作。另外，扁平化管理在缩短上下级距离、密切上下级关系、提高信息纵向流通速度和工作效率的同时，也带来了上级监督下级、上下协调较差以及同级沟通困难的问题，这样，一旦放松了管理，就很容易形成管理真空，造成管理失控。

第四，信息沟通的限制。如上所述，在传统的层级机构中，信息只掌握在少数人的手中，信息意味着权力。因此，学校管理者如果只是把信息有选择地逐级向下级传递，在这种情况下是无法推行扁平化管理的。只有当一所学校的信息技术得到相对普及，可以通过网络等手段将指令几乎可以同时传递到不同层级的人员时，实施扁平化管理才能得到保证。如果不能做到这一点，仍然维持传统的上下级沟通方式，不仅沟通的成本会很高，信息传递的线路会很长，并有可能导致信息的漏传、错传和失真，更有甚者，会被有意识地过滤和中断，以达到个人和小团体的目的，损害整体的利益。

第五，学校文化的限制。不同的学校文化反映出不同的价值观、行为规范、组织形式、管理制度等。不具备创新精神的学校，是不大可能主动去实施扁平化管理的，一些学校虽然在口头上喊着“创新”，但对创新过程中出现的失误不是理解和鼓励，而是批评和压制，并纳入到绩效考核中，从而扼杀了学校成员的创新精神和积极性，因此当学校管理者想实施扁平化管理这种新模式时，就很难得到学校成员的认真响应，这样，低效也就不足为奇了。另外，扁平化管理要求上级授权、放权，以提高效率。但是，在中国的传统文化中，权威是至高无上的，上级不会轻易把权力交给其他人。在这种组织氛围中，即使在形式上设立了扁平化组织机构，由于没有充分的授权，下级仍会事事请示、汇报，根本达不到预期的效果，扁平化管理也就徒有其表了。

综上，扁平化管理作为一种组织调整下的管理模式，必须首先厘清实施扁平化管理的阻抗因素，然后有针对性地提出切实可行的对策，才可能使扁平化管理发挥出应有的作用。

（二）学校行政办公会透视①

会议是人类生活各方面的特有形式，简单地说来，会议就是有组织、有领导地协商事情以解决某些事情的集会。而中小学学校的会议主要是体现集体领导、统一思想、发扬民主、集思广益、办好学校的一项重要的组织形式。就学校行政管理而言，具体说来，中小学学校的会议主要有校务委员会、行政办公会、各处室例会、班主任会、教研组长会、校会与班会、全体教职工会和学生家长会等。笔者在中学做行政工作多年，参加过或主持过学校的许许多多的会议，现在反思一下，感觉到其中有些会议开得比较成功，而有些会议的结果则差强人意，因此越来越感觉到有必要对学校的会议进行认真地审视。下面重点对中小学学校的行政办公会作些透视与思考。

校行政办公会是由校长主持召开的学校日常办公会议，一般是每周一次，参加人员主要有副校长、校中层管理人员（中层干部）等，党支部书记列席会议。它是校长及校中层管理人员交流学校情况、处理常规校务、解决较大问题的会议，起着推动学校整体以最佳的结构和最快的速度发挥功能的作用。具体地说，中小学学校的行政办公会至少有以下三个方面的积极作用：

1. 它是宣传校长办学思想的重要场所。校长的办学思想主要是指他的教育思想、管理思想以及在此基础上形成的一整套以办学目的为中心的办学方略，它决定了办学的方向、水平、效益和特色等，因此它是校长办好学校的主要支撑条件之一。而校长的办学思想首先要在学校的中层管理人员中得以体现。校行政办公会是中层管理人员一周最集中的时候，校长要抓住此机会，对学校的中层管理人员进行“洗脑”，倘若是新任校长，这一点尤为重要。因此，从这一角度来看，校行政办公会也是统一思想、协调关系和调整步伐的有力手段。

2. 它是一所学校中信息集中交流最为重要的时空形式。在行政办公会上，必然要将一周以来学校内所发生、发现的重要信息集中汇集起来，如教学计划的落实情况、新问题的发现等等。作为学校的领导者，应该在决策之前充分占有信息，认真听取各方面的意见，通过不同的思想观点的碰撞从不同角度来观察和思考问题，这样才能做到集思广益。

另外，这里要明确的是，交流是实行民主管理的重要环节。不管是会内还是会外，交流都是一个核心的问题，如果交流无效，那将解决不了任何问题。真正的交流包含思想的会晤和取得共识，双方（多方）对话中对自己的观点、关心的问题，以及各自的权利、责任的理解是非常重要的，而这只有通过交流和信息反馈才能达到。从心理学层面分析，这一过程应是主动地，而不是被动地影响到参与的每一方。

---

① 李桂强：《浅谈学校行政办公会》，中小学管理，2003年第5期。

3. 它是校长考察中层管理人员的一个很好的机会。一般地，在行政办公会上，学校各处室负责人员的讲话均代表他所负责的那"一块"的声音，在此之前他需要作许多调查、思考、分析和综合等工作，而在行政办公会上的发言则会集中表现出他的才干、观点和风格等。因此，行政办公会也起到了了解人进而发现人才的作用。

但是，召开行政办公会同样也面临着一个挑战——达到会议的目的，以及几乎是同等概率的失败。因此，这就要求校长们要有较高的驾驭会议的能力和高超的开会艺术，努力地寻找一些方式方法，并通过它们来保证达到行政办公会的目标。这一目的，一般可以通过加强准备工作、完善计划、保证效率等基本方面来达到。然而，令人遗憾的是，这些恰恰是对于管理来说非常宝贵而常常被我们忽视的方面。有鉴于此，我认为在保证行政办公会的主题突出和体现民主化原则的前提下，下面几个方面尤其要引起校长们的重视：

1. 讲究会议成本，以保证会议的"成本—效益"

首先，准时。其实，所有的会议都要准时开始，除非是一些不可预测或不可避免的拖延。如果会议成员可以不经批准随便迟到的话，那么会议的效率就必然会受损，而且这对准时到达的人也是不礼貌的，并且迟到还有意无意地放大了迟到者的重要性。尤其是当会议主持者对此默许时，迟到者给人的印象是："我的工作比你们的都重要。"因此，对于这些没有时间概念的人，不管他是谁，会议都要准时开始。

其次，限时。会议时间要以分钟计算，原则上不得超过，这有助于集中精力和使发言简洁。另外，会议时间过长不仅造成时间、精力、财物的浪费，也不符合人的生理、心理规律。

最后，保护。要为会议的召开创造一个良好的内外部环境，因为一个从外边进入会场的人、一个电话或个人之间的交谈都会有损于会场的和睦和集中。所以，所有的打断(除非是非常特殊的情形)都应该被禁止。

2. 有效控制议事日程

虽然会议的内容和形式多有不同，但是所有与会成员都必须准备充分，尤其是各处室的主要负责人。我们认为，每一处室的正职即为该处室的中心发言人，这样做的主要优点：一是明确了正职管理该处室的不可推卸的责任；二是有利于形成正职的权威地位，以利于其开展工作(当然，处室的副职也可作适当的补充，但原则上是在会前已将自己分管的工作情况向正职汇报过了)；三是节约了时间；四是可以实际考察一下各处室负责人的工作能力。同时，行政办公会的宗旨之一是集思广益、民主集中，所有的与会成员不仅仅要准备自己的报告，还要对所有议事日程上的主题提供信息和提出看法。对于这一点，校长尤其要注意对中层管理人员的引导和培养。

3. 找到会议的真正意义

行政办公会除了保证学校教育教学工作的高效运转之外，至少还有以下两点意义：一是提供了一个平台，以充分展示一所学校的领导班子民主、团结、进取的精神风貌，因为校级领导班子间的融洽至关重要。会议要有一个民主和谐的氛围，使与会人员做到真正意义上的信息交流与沟通。二是提供了锤炼中层管理人员队伍的一个有效平台。一所学校的中层管理人员队伍也是一所学校发展的后劲之所在，校领导要真正做到以人为本，除了将其放到教育教学的实际工作岗位上锤炼以外，在行政办公会上也要不失时机地加以磨练。

总之，行政办公会在学校的各类会议中有着举足轻重的地位，它可以协调、控制、督促、检查学校各部门的工作；制订、调整、修正学校的工作计划；集体决策、应变计划外的新情况、新问题；也充分体现和促进了学校工作的民主化、科学化进程。因此，校长们绝不可等闲视之，要想方设法开好行政办公会，以高效地推进学校的各项工作。

（三）评课中要关注的几个问题①

所谓评课，是指参与听课的人员对其所听的一节（或几节）课给予评议，对组成该节课的各构成要素及其间的关系、效果等方面进行较为全面的考察、分析，从而作出价值判断，并通过反馈进而改进教学的一种教学研究活动的过程。评课是中小学教学研究活动中的一种重要的常规活动。评课过程能够折射出一所学校的文化，科学的评课活动至少有三种作用：一是诊断作用。常言道"当事者迷，旁观者清"，上课教师在上课过程中所暴露出来的问题，如果没有别人给指出来，自己很难发现自己的成功之处和不足之处。因此，评课时如果听课人员能把上课过程中所暴露出来的问题诊断出来，然后再诚恳地给提出来，这无疑是对上课教师的莫大帮助。二是互助作用。评课的过程也是教师间互动、互助的过程，显然它有利于教师之间互相学习、切磋技艺和交流心得，所以它是大家共同提高的一个很好的机会。三是导向作用。评课时，大家在一起针对课堂教学中的优点和不足提出中肯的评议，并在此基础上形成集体的共识，这在一定意义上对以后的课堂教学起到了导向的作用。可以说，评课活动是经验交流的总结场、疑难问题的解决地、教学方法的点拨处、先进教学手段的演示台、教学特色的发掘源、现代教学思想的传播站、更新教育思想的着力点。这在强调加强对教师进行校本培训的今天，对教师而言，科学的评课活动无疑是一种行之有效的校本培训方式。

然而，在教学研究的实践中，我们也不无遗憾地发现，这种行之有效的教研活动在具体操作时却多多少少有些走样了，让人有种流于形式之感。这主要表现在评课人员的角色意识不强、评议的方式或方法有问题等，从而致使评议不到位，失去了评课应有的功能。我们认为，科学的评课过程主要是参与评议的人员之间的角色互动过程。社会学有关理论认为，角色与互动是密不可分的。一方面，互动是角色之间的互动，在日常生活中，人际之间的互动之所以能够有条不紊地进行，是因为互动的双方（或多方）都遵循一定的角色规范而进行交往，如果一方角色失调，就有可能使互动中断，或者改变

① 李桂强：《评课中要关注的几个问题》，素质教育大参考，2004 年第 3 期。

原来的互动方向。我们认为，要搞好科学的评课活动，以下几个问题是值得我们关注的：

1．“权威”与“平民”的问题。这里所说的“权威”主要有两层含义：一是所谓的领导权威，另一是所谓的学术权威。而“平民”则是指普通的教师。我们在实际的评课过程中经常会看到这样的情景：听完课后，大家被聚集于一室，召集人请大家就所听的课谈谈个人的看法，话音一落，大家就都作沉思状，低下头不说话了。为什么？他们在等待！在等待什么？是在等待那“权威”先说。一俟那“权威”的话语既出，那么，此节课的“调子”便被定了下来（尽管有的“权威”可能有言在先，所说的仅仅是个人的意见）。于是乎，接下来的便多是“平民”随声附和的声音了。这在人们看来是习以为常的事情，可是我们却认为，这是极不正常的事情，因为它早已失去了评课的真谛。倘若那“权威”确实是代表了课改的正确方向，那么，这样所带来的负面影响也许会稍许小些，如若相反，那由此所带来的损失可就大了。如此看来，在评课活动中，首先要遏止的是“权威”的话语霸权，否则，“平民”就势必会陷于“失语”的状态。

2．“教”与“学”的问题。在评课活动中，我们已经习惯于重点关注上课教师“教”的表现，而据此来设计的评价指标则多是以师为本的，这势必导致教师上课时多注重于表演而不太关注教学的实效。现在看来，这种评课思路必须加以转向。新一轮的课改正在紧锣密鼓地展开，新的教育理念是以生为本、关注学生的发展，因此，科学的评课活动首先应该正确处理好教师的“教”与学生的“学”的关系，我们认为，应该主要从学生的学习效果来评价教师的教学水平。

3．“捧杀”与“棒杀”的问题。鲁迅先生早在20世纪30年代就对文学批评中的“捧杀”与“棒杀”现象给予过有力的抨击，然而，令人遗憾的是，“捧杀”与“棒杀”现象的生命力至今还相当旺盛。表现在评课过程中，要么是对上课的教师进行一味地“捧杀”，恣意夸大优点，不讲或很少讲缺点；要么是一味地无情地“棒杀”，过于苛刻，一棍子把人打死。显然，这二者无论是哪一方面，都会对上课教师及评课教师带来严重的危害。

4．“独唱”与“合唱”的问题。评课活动中，不能由听课教师唱“独角戏”，也应该让上课教师有充分的空间来说说自己的教学设想、上课感受等，只有双方（或多方）的“合唱”，才能达成互动，也才能撞击出智慧的火花。

5．“中庸”与“中肯”的问题。评课时，有的教师奉守“中庸”的原则，走走过场，尽说些不痛不痒、无关紧要的套话和行话，如“听了某某老师的课后，收获很大，很受启发”等等。我们认为，这也是害人误己之举。评课的初衷是肯定优点、找出不足、共同提高，评课者只有给予上课教师以中肯的评议，方才是对双方都负责任的行为。

6．“沉默”与“喧嚣”的问题。有些评课教师抱持“沉默是金”的宗旨，一副“事不关己，高高挂起”的态度，还有些评课教师则恰恰相反，“评”起课来是滔滔不绝、不着边际，让人难忍“喧嚣”之苦。其实，评课不仅仅是对上课教师的评议，也是对评课者的评议，评课者在评课时，大家也同样在关注着你，关注着你的学识、你的人格魅力。所以，“沉默”与“喧嚣”都是不足取的，关键是要把握好二者之间的度。

总之，评课活动中，所有的评课人员都要有正确的角色意识，并且要积极地处于互动的角色意识之中，唯有如此，才能使评课活动不致流于形式，也才有可能使评课活动的作用最大限度地发挥出来。

主要参考文献

一、著作

[1] 中共中央宣传部:《习近平总书记系列重要讲话读本》,学习出版社、人民出版社,2016 年。
[2] 中共中央文献研究室编:《十三大以来重要文献选编(中)》,人民出版社,1991 年。
[3] 陶行知:《陶行知教育文集》,四川教育出版社,2005 年。
[4] 胡适:《中国文化的反省》,华东师范大学出版社,2013 年。
[5] 费孝通:《中国文化的重建》,华东师范大学出版社,2014 年。
[6] 梁漱溟:《中国文化要义》,上海人民出版社,2003 年。
[7] 宋志明:《中国传统哲学通论》,中国人民大学出版社,2013 年。
[8] 李建中:《中国文化概论》,武汉大学出版社,2018 年。
[9] 余清臣,卢元锴:《学校文化学》,北京师范大学出版社,2010 年。
[10] 赵中建:《学校文化》,华东师范大学出版社,2004 年。
[11] 鲍传友:《学校改进中的文化战略》,北京师范大学出版社,2015 年。
[12] 项红专:《学校文化建设的理论与实践》,浙江大学出版社,2010 年。
[13] 金耀基:《从传统到现代》,法律出版社,2017 年。
[14] 杨家富:《博雅教育》(第二版),复旦大学出版社,2015 年。
[15] 陈玉琨:《一流学校的建设——陈玉琨教育演讲录》,华东师范大学出版社,2008 年。
[16] 张新平:《教育组织范式论》,江苏教育出版社,2001 年。
[17] 陈桂生:《教育原理》,华东师范大学出版社,1998 年。
[18] 叶澜:《教育概论》,人民教育出版社,1999 年。
[19] 吴康宁:《教育社会学》,人民教育出版社,1998 年。
[20] 华国栋:《差异教学论》,教育科学出版社,2001 年。
[21] 杨全印,孙家麟:《学校文化研究——对一所中学的学校文化透视》,教育科学出版社,2005 年。
[22] 马克思,恩格斯:《马克思恩格斯选集》(第一卷),人民出版社,1995 年。
[23] 联合国教科文组织国际教育发展委员会:《学会生存——教育世界的今天和明天》,教育科学出版社,1996 年。
[24] 托尼·布什著,强海燕译:《当代西方教育管理模式》,南京师范大学出版社,1998 年。
[25] 罗伯特·G·欧文斯著,窦卫霖等译:《教育组织行为学》(第 7 版),华东师范大学出版社,2001 年。
[26] Howard A. Ozmon, Samuel M. Craver 著,石中英,邓敏娜等译:《教育的哲学基础》,中国轻工业出版社,2006 年。
[27] 雅思贝尔斯著,邹进译:《什么是教育》,生活·读书·新知三联书店,1991 年。

[28] 怀特海著，庄莲平，王立中译注：《教育的目的》，文汇出版社，2012 年。
[29] 查尔斯汉迪著，苗青译：《第二次曲线》，机械工业出版社，2019 年。
[30] 苏霍姆林斯基著，唐其慈译：《把整个心灵献给孩子》，天津人民出版社，1981 年。
[31] 莎朗·D. 克鲁斯，凯伦·S. 路易斯著，朱炜，刘琼译：《构建强大的学校文化》，北京大学出版社，2013 年。
[32] 特伦斯·E. 迪尔，肯特·D. 彼德森著，王亦兵译：《校长在塑造学校文化中的角色》，中国青年出版社，2008 年。
[33] 约翰·罗尔斯著，何怀宏等译：《正义论（修订版）》，中国社会科学出版社，2009 年。
[34] 藤田英典著，张琼华等译：《走出教育改革的误区》，人民教育出版社，2001 年。
[35] 联合国教科文组织：《反思教育：向"全球共同利益"的理念转变？》，教育科学出版社，2017 年。
[36] 霍普金斯，爱恩思科，威斯特：《变化时代的学校改进》，北京师范大学出版社，2016 年。

二、论文

[1] 陈先达：《筑牢文化自信的理论和现实基础》，光明日报，2019 年 4 月 15 日。
[2] 陈先达：《马克思主义和中国传统文化》，光明日报，2015 年 7 月 3 日第 1 版。
[3] 顾明远：《教育的国际化与本土化》，华中师范大学学报（人文社会科学版），2011 年第 6 期。
[4] 周满生：《坚持改革开放　推动基础教育的国际交流与合作》，世界教育信息，2018 年第 24 期。
[5] 程方平：《中国文化和教育的"中国化"能力》，中国教育报，2016 年 11 月 3 日第 6 版。
[6] 袁振国：《教育公平：从有教无类到因材施教》，上海教育，2016 年第 7 期。
[7] 谢利民：《学校发展规划的制定、实施与评价》，教育研究，2008 年第 2 期。
[8] 季诚钧，肖美良：《中外学校组织文化研究之比较》，教育研究，2006 年第 3 期。
[9] 翟博：《加强中华优秀传统文化教育》，中国教育报，2017 年 8 月 31 日第 1 版。
[10] 何芳：《青少年传统文化教育的现实、困境与对策》，当代青年研究，2018 年第 7 期。
[11] 郭万超，孟晓雪：《中华传统文化传承和弘扬存在的主要问题》，学术前沿，2017 年第 1 期。
[12] 黄丹：《新媒体时代中国传统文化传承的困境与反思》，重庆邮电大学学报（社会科学版），2017 年第 9 期。
[13] 人民日报评论员：《正确认识我国发展的重要战略机遇期》，人民日报，2018 年 12 月 25 日。
[14] 翟博：《紧紧抓住教育发展的重要战略机遇期》，中国教育报，2011 年 4 月 12 日。
[15] 檀慧玲：《国家义务教育质量监测：实现有质量的教育公平的有效途径》，中国教育学刊，2016 年第 1 期。
[16] 徐继存：《"互联网＋"时代教育公平的推进》，教育研究，2016 年第 6 期。
[17] 刘宇：《论敬畏》，东岳论丛，2016 年第 3 期。
[18] 谈松华，王建：《追求有质量的教育公平》，人民教育，2011 年第 18 期。
[19] 檀慧玲，刘艳：《国家义务教育质量监测：实现有质量的教育公平的有效途径》，中国教育学刊，2016 年第 1 期。
[20] 殷玉新，王德晓：《19 世纪以来英国教育公平的嬗变轨迹探寻》，外国中小学教育，2016 年第 1 期。
[21] 程红艳：《教育公平与教育质量关系之辩》，南京社会科学，2014 年第 11 期。
[22] 曾继耘：《论差异发展教学与教育公平的关系》，中国教育学刊，2005 年第 6 期。
[23] 张新平：《质疑巨型学校》，中国教育报，2006 年 10 月 30 日第 4 版。
[24] 刘凯：《创建示范性高中不利于欠发达地区县域高中教育的均衡发展》，中小学管理，2005 年第

12 期。
[25] 刘艺红,李向丽:《论教育的文化功能与优秀的民族文化教育》,许昌师专学报,1997 年第 4 期。
[26] 石书臣:《中国优秀传统文化与现代德育的内在联系》,思想理论教育,2012 年第 2 期(上)。
[27] 黄楠森:《中国优秀传统文化中的德育主义评析》,保定师专学报,2000 年第 1 期。
[28] 商宏宽:《以易学理论探讨中国传统学问的特点》,安阳大学学报,2003 年第 2 期。
[29] 郭莹:《中国传统处世之道的文化分析》,江汉论坛,1996 年第 8 期。
[30] 马军,高晓雁:《中国共产党对待传统文化态度的历史演进》,理论导刊,2017 年第 9 期。
[31] 李志峰,乐爱国:《中国共产党对待传统文化态度与政策演变思考》,人民论坛,2014 年第 11 期(中)。
[32] 杨清虎:《家国情怀的内涵与现代价值》,中共桂林市委党校学报,2016 年第 2 期。
[33] 梁峰:《建设儒雅大气的学校文化》,天津教育研究,2010 年第 10 期。
[34] 苏君阳,刘冷馨:《生态社会学视野中大学校园环境建设的误区及其超越》,北华大学学报(社会科学版),2019 年第 5 期。
[35] 宴辉:《环境哲学的另类形态:人文生态学》(上),河北学刊,2005 年第 6 期。
[36] 仝磊,尚琦:《回顾、反思与展望:我国个性化教育研究 30 年》,江苏教育,2019 年第 63 期。
[37] 王华,张小宏,侯光:《关于分层教学中教学管理的探讨》,教学与管理,2002 年第 1 期。
[38] 姜德仁:《高中"分层走班制"教学的利弊及趋利策略》,教学与管理,2002 年第 9 期。
[39] 王旭明:《分层教学模式的实验研究》,学科教育,2002 年第 2 期。
[40] 王永强,霍国强:《学校文化建设中的教师缺位及复归》,教育科学论坛,2015 年第 8 期。
[41] 魏峰:《学校发展规划制定的问题审视与改进之道》,中国教育学刊,2017 年第 11 期。
[42] 吴立宝,冯静,王光明:《我国学校文化研究的文献计量分析》,教学与管理,2019 年第 8 期。
[43] 赵付科,孙道壮:《习近平文化自信观论析》,社会主义研究,2016 年第 5 期。
[44] 王岳川,胡淼森:《大国崛起需要"大文化"守正创新》,西南民族大学学报(人文社科版),2008 年第 9 期。
[45] 赵沁平:《让教育规律成为常识》,中国大学教学,2018 年第 5 期。
[46] 伍正翔,柳海民:《教育规律研究三十年》,上海教育科研,2008 年第 10 期。
[47] 侯怀银,刘泽:《"教育规律"解析》,大学教育科学,2018 年第 4 期。
[48] 张应强,张乐农:《大中小学中华优秀传统文化教育衔接初论》,高等教育研究,2019 年第 2 期。
[49] 张瑞涛:《评价中华优秀传统文化应正确认识的六大关系》,思想理论研究,2019 年第 3 期。
[50] 石中英:《孔子"仁"的思想及其当代教育意义》,教育研究,2018 年第 4 期。
[51] 王岳川:《太空文明时代与文化守正创新》,东岳论丛,2010 年第 10 期。
[52] 任翔:《中国传统文化教育目的目标与内容初探》,中国教育学刊,2019 年第 1 期。
[53] 鲁力:《中国传统文化的伦理取向及其道德教育价值研究》,学术论坛,2016 年第 2 期。
[54] 孙刚成,贺列列,雷伟:《习近平的优秀传统文化教育观解读》,教育文化论坛,2018 年第 6 期。
[55] 李桂强:《学校发展的"BPR"理论研究》,中小学校管理(人大复印资料),2005 年第 4 期。
[56] 李桂强:《有关新课改中的几个认识问题——从当代日本基础教育改革谈起》,世界教育信息,2005 年第 1 期。
[57] 李桂强:《对"巨型学校"的理性审视》,教学与管理,2007 年第 6 期。
[58] 李桂强:《她为什么不愿做班主任》,教学与管理,2007 年第 1 期。
[59] 李桂强:《文化引领:质量提升的必由之路》,基础教育参考,2019 年第 21 期。

后　记

我此时的心情是颇不平静的。时光荏苒，岁月如梭，人生的路上，一直都在奔跑。迄今，我从事教育工作32年，曾经在6所中学和一个乡镇工作过。“身份”先后在普通教师、年级组长、教务处主任、副校长、镇党委副书记和校长等角色之间变换，其间，唯一保持不变的是一位教育人对教育的情怀：对教育事业的热爱。2013年8月，组织上将我调到徐州二中担任校长，并给我们布置了三大任务：创“四星”、建新校、抓质量。现在看来，甚感欣慰：近年来，我和我的团队精诚团结，克难奋进，圆满完成组织交给我们的三大任务。就我个人而言，还顺带整理出了这本小册子。

我此时的心情是充满感激的。首先，感激于组织的关心与培养。多年来，我在工作岗位上一直是战战兢兢、如履薄冰，也一直是殚精竭虑、兢兢业业。其次，这本小册子的完成，除了得益于导师陈玉琨教授（华东师范大学）、吴康宁教授（南京师范大学）、龚放教授（南京大学）、袁振国教授（华东师范大学）和邹正校长（南京外国语学校）的悉心指导外，还得到了倪娟教授（江苏省教育科学院）、喻小琴博士（江苏省教育科学院）、代建军教授（江苏师范大学）、杨勇诚校长、徐光静校长、沈斌校长、陈国兵校长和熊新华局长等同仁和朋友的指教和帮助。这本小册子的完成，还得益于我的团队，尤其是学校德育处张望主任、教科室赵秦乙主任、团委王莹书记等的辛勤付出。在此，谨向曾经给予我无私帮助的老师、同仁和朋友一并表示最崇高的敬意和由衷的感谢！另外，由于本人志大才疏、心雄手拙，这本小册子中定有不少疏漏之处，恳请方家指正。

我此时的心情也是满怀希望的。这希望来自于师长、同学以及朋友们对我的鼓励和帮助；这希望来自于爱妻张腾云女士对我的悉心呵护；这希望也来自于女儿的茁壮成长；这希望还来自于我自身执着地耕耘……

无论土壤是多么贫瘠，我也要用心播下种子，并用我全部的心血和汗水去浇灌、培育。我坚信，如此生命就会充满希望！

感谢我的母亲和父亲！

李桂强

2020年3月2日